数智赋能

高校行政管理效能提升的创新路径研究

白燕 著

河海大学出版社
HOHAI UNIVERSITY PRESS
·南京·

图书在版编目(CIP)数据

数智赋能 ：高校行政管理效能提升的创新路径研究 / 白燕著. -- 南京 ：河海大学出版社，2025. 7. -- ISBN 978-7-5630-9797-5

Ⅰ. G647.2

中国国家版本馆 CIP 数据核字第 2025AY3719 号

书　　名　**数智赋能：高校行政管理效能提升的创新路径研究**
书　　号　ISBN 978-7-5630-9797-5
责任编辑　杜文渊
文字编辑　顾跃轩
特约校对　李　浪　杜彩平
装帧设计　徐娟娟
出版发行　河海大学出版社
地　　址　南京市西康路 1 号(邮编:210098)
网　　址　http://www.hhup.com
电　　话　(025)83737852(总编室)　(025)83722833(营销部)
　　　　　　(025)83787763(编辑部)
经　　销　江苏省新华发行集团有限公司
排　　版　南京布克文化发展有限公司
印　　刷　广东虎彩云印刷有限公司
开　　本　718 毫米×1000 毫米　1/16
印　　张　13
字　　数　240 千字
版　　次　2025 年 7 月第 1 版
印　　次　2025 年 7 月第 1 次印刷
定　　价　68.00 元

前言

在全球范围内，数字化转型已成为推动社会经济发展的重要引擎。随着大数据、人工智能、云计算、区块链等技术的快速发展，各行各业都在积极探索数字化转型的路径，高等教育领域也不例外。高校作为知识生产与传播的核心机构，其治理模式和管理效能直接关系到教育质量的提升和创新能力的培养。然而，传统的高校治理模式在应对日益复杂的教育环境和多元化需求时，逐渐暴露出效率低下、信息孤岛、资源分散等问题。在此背景下，全球高等教育领域正经历一场深刻的数字化转型浪潮。

数字化转型不仅改变了高校的教学、科研和管理方式，还重新定义了高校治理的内涵与外延。例如，数据驱动的决策模式正在取代传统的经验主义管理方式，智能化技术为高校提供了更高效的管理工具，而协同化平台则打破了部门之间的壁垒，促进了资源的共享与整合。与此同时，国际知名高校如麻省理工学院（MIT）、斯坦福大学等，已通过数字化转型实现了治理效能的显著提升，为全球高校提供了宝贵的经验借鉴。因此，探索高校治理数字化转型的创新路径，已成为全球高等教育领域的重要议题。

数智化治理是数字化转型在高校治理中的具体体现，其核心在于通过数据驱动和智能化技术提升管理效能。在高校行政管理中，数智化治理不仅能够优化管理流程、提高决策效率，还能为师生提供更加便捷、个性化的服务。例如，通过大数据分析，高校可以精准掌握教学资源的使用情况，从而优化资源配置；通过人工智能技术，可以实现行政办公的自动化，减少人力成本；通过区块链技术，可以构建可信的学历认证体系，提升高校的社会公信力。

此外，数智化治理还对高校的创新能力和社会服务能力提出了更高要求。在“双一流”建设背景下，高校需要通过数字化转型提升自身的核心竞争力，以应对日益激烈的国际竞争。数智化治理不仅是一种技术手段，更是一种战略思维，它要求高校在治理模式、组织文化、资源配置等方面进行全面革新。因此，研究数智化治理对高校行政管理效能提升的重要性，不仅具有理论价值，还具有重要的现实意义。

本书以全球数字化转型为背景，以数智化治理为核心，系统探讨了高校治理数字化转型的创新路径与实践策略。通过理论构建、现状分析、路径探索和策略建议，旨在为高校管理者提供理论支持和实践指导，助力高校在数字化转型中实现治理效能的全面提升。

在本书编写过程中，西北师范大学白燕统筹编写，孙嘉禾、亢芬、崔懂懂参与编写部分章节。鉴于作者水平和资料有限，书中不足之处在所难免，敬请广大读者批评指正。

目录

第一部分　高校治理数字化转型的背景与挑战

第一章　高等教育治理的战略转型诉求 …… 002
　1.1　“双一流”建设背景下的数字化变革趋势 …… 002
　1.2　数字化变革的特征及其对高校的影响 …… 008
　1.3　传统治理模式的制度性矛盾 …… 016
第二章　数字化转型进程中的现实困境与突破路径 …… 021
　2.1　数据孤岛:跨系统整合的技术瓶颈 …… 021
　2.2　数据伦理:隐私保护与数据利用的平衡 …… 029
　2.3　能力断层:管理队伍数字素养缺口分析 …… 037

第二部分　高校数智化治理的系统架构与技术支撑

第三章　基于“顶层设计”的战略规划 …… 046
　3.1　数字化发展战略目标的规划与实施路径 …… 046
　3.2　数字化管理的组织与制度建设 …… 054
　3.3　新旧体系融合的技术策略 …… 061
第四章　智慧校园数字基座的构建与优化 …… 066
　4.1　云网端一体化架构的实践路径 …… 066
　4.2　主数据管理系统的标准化建设 …… 071
　4.3　智能终端网络的部署与优化 …… 078

第三部分　数智化治理体系的创新与实践路径

第五章　智能化行政管理流程优化 …… 088
　5.1　信息平台升级与数据融合 …… 088

5.2　AI 虚拟服务大厅人机协同模式 …… 095
5.3　区块链学历认证平台建设 …… 099
5.4　智能硬件设施的部署与应用 …… 105
第六章　行政管理服务创新 …… 111
6.1　教学科研管理数据融合 …… 111
6.2　智能排课系统应用 …… 117
6.3　资源动态配置系统设计 …… 122
6.4　行政办公的智能化与自动化实践 …… 129
第七章　实施保障体系构建 …… 135
7.1　管理者数字领导力培养 …… 135
7.2　师生数字素养提升路径 …… 141
7.3　数据安全防护与监管机制构建 …… 147

第四部分　数智化行政管理的创新实践与未来图景

第八章　全球高校数字化转型实践 …… 156
8.1　清华大学“五个一”智慧校园工程 …… 156
8.2　MIT 科研数据全生命周期管理 …… 163
8.3　深圳大学区块链学分银行体系 …… 170
8.4　新加坡国立大学行政流程自动化实践 …… 177
第九章　未来图景与技术演进 …… 183
9.1　数智赋能技术的发展趋势 …… 183
9.2　持续推进高校数字化发展的策略 …… 188
9.3　高校行政管理的未来发展方向 …… 193

结语 …… 197

参考文献 …… 199

第一部分

高校治理数字化转型的背景与挑战

第一章 高等教育治理的战略转型诉求

1.1 “双一流”建设背景下的数字化变革趋势

1.1.1 “双一流”建设对高校治理能力的要求

“双一流”建设作为高等教育强国战略的核心工程，在数字化变革浪潮中呈现出治理能力升级的迫切需求。根据教育部《中国教育现代化 2035》规划，2035 年高等教育毛入学率将达到 65%，这一目标要求高校治理必须突破传统模式，构建与数字时代适配的新型治理体系。当前，147 所“双一流”高校的科研经费占全部支出比例失衡揭示了治理效能提升的紧迫性，数字化转型正成为破解治理难题的关键路径。

数据技术的深度应用正在重塑高校治理的底层逻辑。清华大学学科群理事会制度的实践表明，通过搭建跨院系数据中台，能够实现科研设备、人才资源等要素的动态调配，使资源配置效率提升 30%以上。南京理工大学整合教务、科研、后勤等 13 个系统的信息共享平台，将跨部门协同决策响应时间缩短至 48 小时，验证了数据穿透式治理的可行性。这种变革要求高校构建“治理大脑”，借助 AI 算法对学科发展、人才流动等数据进行实时分析。如浙江大学创新生态系统模型通过对接区域产业链数据，实现学科规划与产业需求的精准匹配。在此过程中，数权监管机制的完善尤为关键，需建立覆盖数据采集、存储、应用的全周期安全体系，防范“数据孤岛”与隐私泄漏风险。

学科布局与区域经济发展的适配度直接决定“双一流”建设成效。长三角地区电子信息产业贡献全国 35%产值，但相关“双一流”学科覆盖率不足 12%，这种结构性矛盾亟待破解。上海交通大学构建的战略需求分析系统通过机器学习解析区域产业链数据，动态调整人工智能、集成电路等专业招生规模，使毕业生区域就业适配度提升至 89%。南京信息工程大学开发的学科健康度评估模型实时监测了学科与产业匹配度，对偏离阈值的学科自动触发调整程序，形成“监测—预警—响应”的闭环机制。

高校资源均匀分配在“双一流”建设中具有战略意义，既是教育公平的核心诉求，也是提升国家高等教育整体竞争力的关键。破解资源分配失衡的问题需要技术创新与制度设计的双重突破。在技术创新层面，数字化平台与虚拟仿真技术的应用能有效弥合区域资源鸿沟。西南石油大学构建的“三级平台”体系通过初级至高级平台的资源整合，实现科研、专利孵化与市场转化的无缝对接，其钻井提速技术转化金额达 260 万元，并推动青年教师破格晋升，彰显了技术赋能下资源流动的潜力。在制度设计层面，需要优化激励机制与资源配置模式。江苏省通过《江苏省知识产权促进和保护条例》，明确鼓励高等学校-科研院所建立专业化知识产权转移转化机构，并试点职务科技成果单列管理，脱离国有资产考核框架，消除“不敢转”的顾虑；福建高校结合《国家产教融合建设试点实施方案》，将学科动态调整与产业需求精准匹配，构建“基础研究＋技术攻关＋成果产业化”创新链，在三年内促成了 318 项成果转化，凸显了制度创新对资源再分配的牵引作用。通过技术突破重构资源获取路径，通过制度革新重塑分配逻辑，二者协同才能够实现从“资源集中”到“多点共进”的生态转型。

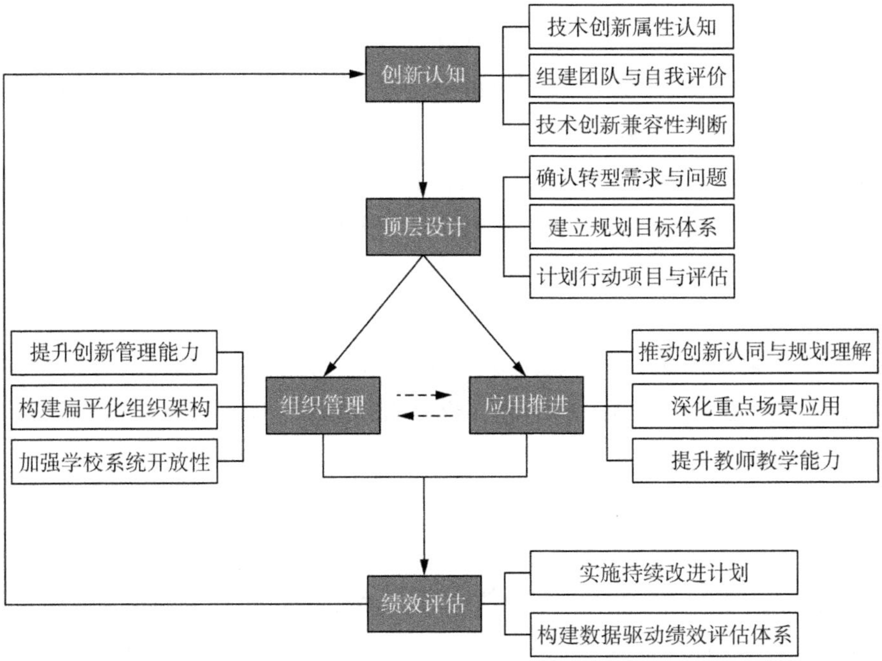

图 1-1　教育数字化转型的关键路径

培育质量文化是“双一流”建设的内核。质量文化的培育需要技术赋能与制度创新的协同推进。技术赋能层面，西安交通大学开发的教学行为分析系统通过课堂视频数据与学习成效关联分析，实现了教学质量的实时反馈与改进，该模式已被32所高校采用。湖南大学推行的教师数字画像系统，将教学、科研、服务数据可视化，激发教师内生发展动力，使该校高级职称教师年均科研成果产出量提升18%。这些创新实践正在重塑质量评价范式，推动高校从“数量积累”向“价值创造”转型。

在“双一流”建设与数字化变革的双重驱动下，高校治理能力正经历从“工具优化”到“范式革命”的质变。通过数据驱动的精准治理、需求导向的学科重构、技术赋能的资源协同以及文化引领的质量革命，使得高校得以突破传统治理的桎梏，实现服务国家战略与引领区域发展的双重使命。未来，随着5G、量子计算等技术的深度应用，高校治理将迈向“智能协同”新阶段，为教育强国建设提供更强大的制度支撑与创新动能。

1.1.2 数字化变革在高等教育中的战略地位

数字化变革在高等教育中的战略地位已从技术工具层面上升为重塑教育生态的核心驱动力。随着《中国教育现代化2035》明确提出“以教育信息化带动教育现代化”的要求，高等教育数字化转型被赋予国家战略使命。教育部数据显示，国家高等教育智慧教育平台整合超9.7万门慕课资源，覆盖183个国家和地区，用户规模突破4.83亿，其价值不仅在于打破优质教育资源的地域壁垒，更通过智能推荐与学习行为分析推动“因材施教”理念落地。例如“慕课西部行计划”共享20.7万门课程，累计服务5.9亿人次，使西部地区高校课程质量提升47%，这一实践验证了数字化在促进教育公平中的杠杆作用。当前中国慕课数量与学习规模稳居全球首位，但科研成果转化率8.7%，仍显著低于欧美国家30%的水平，这一差距凸显了数字化战略从规模扩张向质量跃升转型的必要性。

技术革新正在重构高等教育的底层逻辑，推动教育模式从“知识传授”向“能力塑造”的系统性变革。在科研领域，区块链技术的应用显著提升了管理效能，中国农业大学的科研经费溯源系统使项目执行效率提升25%；上海海事大学开发的航运数字孪生平台通过多源数据融合，为绿色航运技术研发提供仿真实验环境，其成果已应用于“一带一路”沿线23个港口建设。教学模式的智能化转型同样具有突破性意义，北京大学的“北大问学”智能教学平台基于自主研发的大模型技术，根据教材知识驱动生成AI助教系统，通过检索增强生成(RAG)技术深度整合课程教材、学术资源与教学场景，实现了精准答疑、流程嵌入以及认知适配等三大突破。更深层次的变革体现在学科边界消融与知识生产模式的升级。重庆大学与长安汽车合作的智能座舱研发项目，通过“数智基座—关键部件—核心系统”全链条创新，将工程教育从实验室模拟延伸至真实产业场景，实现“学习即创造”的范式转换。这种产教深度融合不仅打破了学科壁垒，更催生了跨组织协同的新型科研生态。当前，技术革新已非单纯工具迭代，而是通过重塑知识生产、传播与评价的全链条，推动高等教育从“围墙内的象牙塔”向“开放创新的智慧生态”跃迁。

资源整合效能是衡量数字化战略成效的关键指标。资源整合效能的核心在于通过技术赋能破解传统资源壁垒，实现优质资源的集聚、共享与创新应用。以国家智慧教育公共服务平台为例，该平台注册用户突破 1.63 亿，累计浏览量达 608 亿次，通过“慕课西部行计划”向中西部高校输送 20.7 万门课程，使得 5.9 亿西部学生受益，显著缩小了区域教育差距，彰显了数字化对资源普惠共享的支撑力。重庆交通大学搭建数据共享开放平台，打通 50 余个业务系统，形成 4.6 亿条全量数据的资源库，结合智慧教室与虚拟仿真实验项目，实现了教学资源从“粗放供给”向“精准匹配”的转变。这些实践表明，高效的资源整合不仅体现在硬件设施与课程资源的物理集聚，更在于通过数据治理、校企协同、跨校联动等机制创新，构建“技术基建—资源流通—应用创新”的立体化生态，最终实现教育资源利用率的跃升与教育公平的实质推进，成为衡量高校数字化战略落地成效的核心标尺。

治理能力的现代化转型是数字化战略的核心目标，其本质在于通过技术重构实现决策科学化、服务精准化与运行高效化的有机统一。传统科层制管理框架下，部门间的数据孤岛导致信息不对称、决策依赖经验判断、流程烦琐低效，难以适应复杂治理场景与多元主体需求。而数字化战略通过数据驱动、流程再造与智能协同，为破解这些难题提供了关键路径。上海交通大学以“交我办”平台为枢纽，整合党建学工、财务资产等 850 余项管理服务，运用 AI 语音识别、OCR 技术将报销等高频事务办理效率提升 60%以上，实现了“一网通办”和流程自动化，打破了部门壁垒，推动治理从“碎片化响应”转向“系统化协同”。在国际化维度，清华大学与米兰理工大学合作开设的 218 门融合式课程实现学分互认，“爱课程”国际平台向全球提供近千门多语种课程，这种转型不仅改变了治理工具，更重塑了治理文化，标志着中国高等教育标准开始参与全球治理体系重构，同时以数据治理为突破口，推动管理架构从“经验驱动”向“数据智能”跃迁。

当前，5G、量子计算等新兴技术的深化应用正在催生高等教育新形态。数据驱动的精准治理、智能预测的学科调整、技术赋能的资源协同共同构成现代教育治理的三维框架，其本质是通过治理能力现代化实现高等教育与国家战略需求的深度耦合。云南大学推行的学科红黄牌制度对连续未达标学科实施经费扣减，倒逼学科服务国家急需领域。这些创新实践正在形成“监测—预警—响应”的治理闭环，为教育生态优化提供持续动力。

面向未来，数字化变革的战略价值将超越技术应用的范畴，成为高等教育高质量发展的核心引擎。从数据中台构建到智慧教育云平台扩展，从区块链技术应用到虚拟仿真实验室建设，技术创新与制度创新的协同效应日益凸显。清华大学专利大数据分析平台通过技术成熟度评估精准定位可产业化成果，使转化周期缩短60%；武汉理工大学“AI＋交通”交叉学科建设直接对接国家智能网联汽车创新中心需求，培养的复合型人才已参与雄安新区智慧交通系统设计。这些案例揭示，数字化不仅是工具革新，更是高等教育价值创造模式的重构，其终极目标在于通过智能治理闭环实现“数据流动—需求响应—资源优化—质量迭代”的良性循环，为教育强国建设提供坚实支撑。

1.1.3 国内外高校数字化转型的政策导向与实践案例

在全球高等教育竞争加剧的背景下，高校数字化转型已成为各国提升教育质量、优化治理体系的核心战略。《中国教育现代化2035》明确将教育数字化列为优先发展领域，要求构建智能化、个性化、终身化的教育体系。教育部数据显示，截至2023年，国家高等教育智慧教育平台整合课程资源超10万门，服务全球学习者超5亿人次，其技术框架包含智能推荐、学习行为分析等模块，显著提升了教育资源的可及性。欧盟《数字教育行动计划(2021—2027)》则提出建立跨国学分互认体系，推动成员国高校间数据共享，目前已有78所高校接入欧洲数字教育枢纽平台，实现课程资源与科研成果的跨境流通。这些政策导向的共同特征在于：通过顶层设计将数字化从技术工具升维为教育生态重构的战略支点，其核心目标是解决资源分配失衡、学科建设滞后、产教融合不足等结构性矛盾。

国内高校的实践路径呈现出技术创新与制度创新双轮驱动的特征。清华大学建立的跨学科数据中台系统通过实时采集设备使用率、科研成果产出等数据，实现了科研资源的动态调配，使大型仪器共享率从32%提升至67%；南京理工大学构建的智慧校园管理平台整合了教务、科研、后勤等14个业务系统，通过数据穿透式治理将跨部门协作效率提升40%，该模式已被纳入教育部数字化转型典型案例库。在促进教育公平方面，北京大学元培学院与华为联合开发的智慧教育云平台，通过“5G＋全息技术”实现跨地域实时教学，累计向中西部高校输送优质课程 2 300 余门，受益师生超 50 万人次。这些实践表明，数字化转型不仅优化了高校内部治理效能，更通过资源开放共享推动了区域教育均衡发展。

国际经验显示，数字化转型的成功需要构建技术应用与制度保障的协同生态。德国慕尼黑工业大学采用区块链技术建立学术成果溯源系统，实现了科研数据从实验记录到成果转化的全链条存证，使知识产权纠纷率下降 58%；新加坡国立大学开发的智慧校园操作系统整合了能耗管理、教学评估、安全监控等模块，日均处理数据量达 3 PB，其能源优化算法使校园碳排放减少 22%；美国麻省理工学院推出的“微硕士”项目通过在线教育平台提供人工智能、数据科学等前沿领域课程，与 IBM、谷歌等企业建立技能认证体系，已有 15 万学习者获得行业认可的资格证书。这些案例揭示了数字化转型的多元路径：既包含技术基础设施的升级，也涉及教育评价体系、产学研合作机制等制度层面的创新。

面对数字化转型中的共性挑战，各国高校正探索突破路径。数据显示，中国高校科研成果转化率仅为 8.7%，显著低于欧美国家 30%的平均水平，这一差距凸显了产教融合机制亟待完善。当前校企合作中普遍存在“校热企冷”“合而不深”等现象，折射出机制梗阻、利益失衡与资源错配等多重挑战。企业因承担带教师傅成本、设备损耗等投入但难获直接收益，导致 67%的企业认为高校课程滞后产业需求 2—3 年，而 82%的院校抱怨企业提供的实践资源碎片化。此外，技术赋能层面也存在瓶颈，85%的院校虽引入 VR/AR 教学工具，但仅 20%能与生产数据系统深度对接，部分实训设备因缺乏实时产线数据沦为体验道具。在数据安全领域，荷兰代尔夫特理工大学建立的人工智能伦理审查框架将隐私保护、算法公平性等指标嵌入技术研发全流程，相关标准已被欧盟采纳为高等教育数字化建设指南。这些创新实践表明，破解略径转型瓶颈需要建立“技术攻关—制度适配—生态培育”的协同机制关键在于打通数据流动壁垒，构建产学研用一体化的创新网络。

技术演进持续推动高等教育数字化转型向纵深发展。量子计算、数字孪生等前沿技术的应用正在催生新型教育形态，上海交通大学建设的船舶数字孪生实验室，通过实时仿真与数据分析，将船舶设计验证周期从 18 个月压缩至 6 个月，相关技术已应用于长江航运智能化改造。这些探索预示着未来教育生态的演进方向：通过构建“数据采集—智能分析—决策优化”的闭环系统，实现人才培养、科学研究与社会服务的动态适配。随着全球数字教育标准的逐步统一和跨境数据流通机制的完善，高校数字化转型将进入智能协同的新阶段，为高等教育高质量发展注入持续动能。

1.2 数字化变革的特征及其对高校的影响

1.2.1 数字化变革的核心特征:数据驱动、智能化、协同化

数字化变革正以前所未有的深度和广度重塑高等教育生态。随着人工智能、大数据、物联网等技术的突破性发展,高校作为知识生产与传播的核心阵地,其运行模式、治理体系和人才培养范式均面临系统性重构。数据驱动、智能化与协同化作为数字化变革的三大核心特征,不仅定义了技术应用的方向,更成为高校应对新时代挑战的战略支点。这三重特征相互交织,推动高校从传统管理模式向智能治理范式转型,同时重塑人才培养、科学研究与社会服务的运行逻辑。

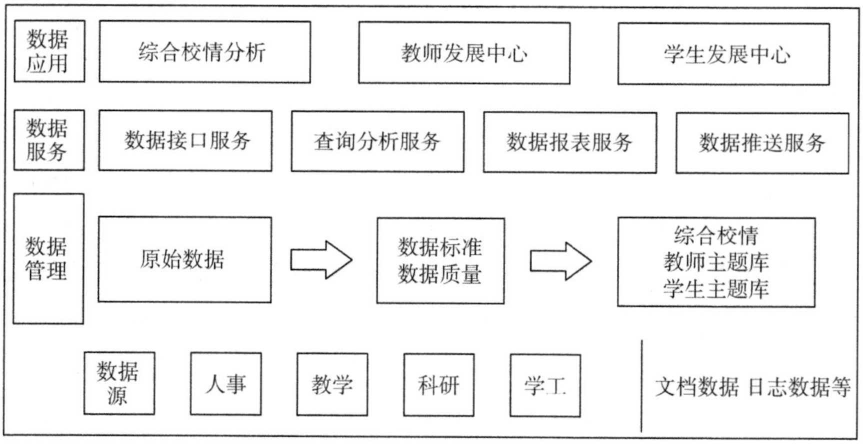

图 1-2 高校数据治理融合应用系统

数据驱动是数字化变革的底层逻辑,其本质在于将数据从辅助工具升维为生产要素,通过全链条的采集、分析与应用实现决策科学化与资源精准配置。传统数字化转型多聚焦于技术工具替代人力流程,而当前变革的核心在于挖掘数据要素的乘数效应——当数据不再局限于记录与呈现功能,而是深度嵌入教学、科研与治理的全链条时,便催生了教育生产力的结构性跃迁。这种转变表现为三个维度:其一,数据要素化推动决策模式革新,通过整合多源异构数据构建智能分析模型,高校得以突破经验决策的局限,实现从课程优化到资源配置的精准预判与动态调整;其二,数据流动性重构生产关系,跨部门、跨学科的数据共享与协同分析打破了组织壁垒,催生出虚实联动的教学场景、产教融合的创新生态以

及风险防控的智能屏障；其三，数据资产化倒逼治理体系升级，高校通过构建数据确权、流通与价值评估机制，将离散的数据资源转化为可量化、可交易的生产要素，进而驱动管理模式从“管控型”向“服务型”转型。根据《中国教育现代化2035》的要求，高校需构建“数据治理共同体”，打破传统管理中的“数据孤岛”，推动跨部门、跨层级的协同联动。

数据驱动的核心价值在于其边际效益递增特性。与传统生产要素不同，数据可通过复用与共享持续创造价值。数据作为新型生产要素具有非排他性、自增强性与网络效应三重特性：每增加一次数据调用，既不会减损其原始价值，又能通过场景叠加产生新知识；每次跨域共享，既扩展应用边界，又催生协同创新。这种特性使得数据要素在高校数字化进程中展现出独特的价值增殖逻辑。这种数据驱动的资源共享模式，不仅提升了教育公平性，更通过规模化效应降低了边际成本。然而，数据安全与伦理问题亦不容忽视。当数据从辅助工具升级为战略资源时，高校日益复杂的数字生态系统呈现出三重风险：其一，数据治理的复杂性远超传统安全框架。其二，算法权力的隐性扩张引发伦理困境。其三，数据应用的商业逻辑与教育公益性的冲突。这些问题折射出数字化转型中价值理性的缺位。过度追求数据采集覆盖率、系统响应速度等效率指标，导致隐私保护与数字人权让位于技术工具主义，催生出“监控式管理”与“数据暴力”并存的现象：无处不在的数据追踪削弱师生主体性，精准推送加剧信息茧房，而风险评估机制却未同步建立。解决这一问题需要构建“技术—制度—伦理”协同治理体系，在技术层面应用动态加密、隐私计算实现数据“可用不可见”；在制度层面建立数据确权与分级管理机制，设立独立伦理委员会规范校企数据流转；在伦理维度将数字素养教育纳入师生培养，强化主体权益保障。同时建立监督问责机制，通过定期安全审计与算法透明化要求，平衡技术创新与风险防控。唯有平衡效率与公平、创新与规范，才能避免数字化管理异化为技术霸权工具，回归于教育的服务本质。

智能化是数字化技术深度应用的必然结果。其本质在于将离散的数据资源转化为系统性智能，推动教育生态以经验驱动向算法驱动的范式跃迁，并通过人工智能、机器学习等技术，推动教学、科研与管理全流程的自动化与精准化。在教学领域，智能化技术突破传统标准化教学的限制，通过多模态数据实时捕捉学习者的认知轨迹与情感状态，构建动态知识图谱与个性化学习路径，使“千人千面”的精准教学成为可能。教师角色随之转型为“学习设计师”，依托智能分析系统识别教学断点、预测学习瓶颈，实现从知识传递到能力培养的跨越。此外，科研创新体系也在智能化驱动下发生结构性变革。机器学习算法对海量文献与实验数据的解析，不仅能加速知识发现进程，还能通过跨学科数据关联揭示传统方法难以观测的研究范式。然而，智能化的深度应用也带来深层挑战，如算法权力的扩张可能引发教育主体性消解，数据依赖可能导致创新思维弱化，以及智能决策透明度缺失可能引发信任危机。教育智能化不应止步于效率提升，更需通过人机协同机制的构建，强化人类在价值判断、创造性思维等维度的主导地位，最终实现技术赋能与教育本质的有机统一。这标志着高等教育正从工业时代的标准化培养，向智能时代的个性化塑造与生态化创新演进。

智能化的更高层次体现为自适应学习系统的构建。北京邮电大学研发的“邮谱”自适应学习平台，依托知识图谱与大语言模型的深度融合，构建了动态化的知识追踪网络。该平台通过系统化整合学科知识点，形成可视化知识体系，并基于学生的学习行为数据实时诊断学情，提供个性化资源推送与学习路径规划。这种模式通过动态数据流重构教学流程，既突破了传统课堂的时空限制，又实现了教育资源的精准匹配。然而，技术依赖风险亦不容忽视。湖南大学研发的药品疫苗全流程溯源区块链系统，虽通过双层结构保障数据真实性与隐私性，但测试显示其交易量受限于分布式节点共识机制，反映出智能化系统在效率与安全性之间的固有矛盾。

协同化是数字化变革的终极目标，通过技术连接与制度创新的深度耦合，打破高校内外部资源壁垒，能够实现要素的高效整合与价值共创。当前高校普遍面临着内部学科壁垒造成的资源碎片化与外部产教融合不足的双重困境，而区块链、人工智能、物联网等新兴技术为破解这一困局提供了全新思路。通过构建智慧校园中枢系统，高校得以实现教学数据、科研设施、行政资源的多维度互联。这种技术赋能的底层架构重构不仅打破了传统的“信息孤岛”，更能倒逼制度层面的系统性变革。此外，制度创新对技术效能的释放同样具有决定性作用。我国部分高校试点的“产业教授”评聘制度则通过将企业技术骨干纳入师资体系，利用区块链技术建立可溯源的产学研成果认定标准，有效解决了校企合作中的权责模糊问题。在“双一流”建设与数字经济深度融合的背景下，高校资源整合已超越单纯的技术应用层面，演变为教育生态系统的重构工程。这种协同化转型不仅破解了传统教育中资源错配、协作低效的难题，更构建了“技术创新催生制度需求，制度完善释放技术潜力”的良性生态，不仅重构了高校内部治理的时空维度，更推动了高校在产教融合、城校互动中开辟出资源增值的新空间，为高等教育现代化提供了可复制的创新范式。

数据驱动、智能化与协同化并非孤立存在，而是通过动态交互形成闭环系统。数据作为智能化发展的关键基础，为其提供源源不断的动力支持，恰似燃料之于机器。智能化则凭借高效的数据分析与处理能力，显著提升协同工作的效率，优化资源配置与流程运作。而协同化过程中，各参与主体的信息共享与合作实践，又反过来促进数据的进一步积累，为算法的优化提供丰富素材，从而推动智能化水平迈向新高度。三者的协同运作对推动学科发展、促进产学研结合可产生巨大价值。

然而，数字化转型仍面临多重挑战。

首先是技术伦理困境。随着算法在各个领域的广泛应用，算法偏见问题逐渐凸显，这极有可能加剧教育资源分配的不公平性。在教育领域，算法可能基于历史数据形成对某些群体的固有偏见，导致这些群体在教育机会获取、教育评价等方面受到不公正对待。为有效应对这一问题，建立透明化的技术审查机制迫在眉睫。通过对算法设计、数据采集与使用等关键环节进行严格审查，确保技术应用的公正性与合理性，从源头上消除算法偏见产生的隐患。

其次，制度滞后性成为制约数字化转型的重要因素。传统的评价体系已难以适应数据驱动的科研范式变革。在数据驱动的科研环境下，科研成果的表现形式更加多样化，科研过程中的数据挖掘、分析以及跨学科合作等因素变得愈发关键。但现有的评价体系仍侧重于传统的科研指标，如论文发表数量、引用次数等，无法全面、准确地衡量科研工作的实际价值与贡献。因此，迫切需要重构以“服务贡献度”为核心的质量标准，将科研成果对社会、经济、环境等方面的实际贡献纳入评价范畴，引导科研人员更加关注科研成果的实际应用价值与社会效益。

最后，资源分配失衡问题不容忽视。头部高校凭借其雄厚的师资力量、先进的技术设备以及丰富的科研经费等优势，在数字化转型过程中占据明显的领先地位。这种技术优势的差距可能进一步加剧不同地区高校之间的“数字鸿沟”，导致资源相对匮乏的高校在数字化教学、科研创新等方面与头部高校的差距不断拉大。为促进区域间教育资源的均衡发展，政府及相关部门应通过制定针对性的政策倾斜措施，加大对资源薄弱地区高校的支持力度，如提供专项科研经费、开展技术培训与交流活动、搭建区域间教育资源共享平台等，助力这些高校提升数字化水平，缩小与头部高校之间的差距，实现教育领域数字化转型的整体推进与协调发展。

数字化变革的三大核心特征正在重塑高等教育的价值创造模式。通过数据穿透式治理、智能自适应系统与开放协同网络，高校不仅能够提升内部运行效率，更可深度融入国家创新体系，成为区域经济发展的智慧引擎。未来，随着量子计算、数字孪生等技术的深化应用，高等教育将形成“数据流动—需求响应—资源优化—质量迭代”的智能闭环。在这一进程中，高校需以战略视野平衡技术创新与人文关怀，构建兼具效率与温度的数字化生态，为教育强国建设提供可持续动能。

1.2.2　数字化对高校治理模式、教学科研、管理服务的影响

在数字技术浪潮的席卷下，全球高等教育正经历着一场全方位的系统性变革。党的二十大报告提出的“教育数字化”战略，将教育、科技、人才发展纳入三位一体的统筹框架，为高校数字化转型锚定了战略方向。这场变革不仅是技术工具的更新迭代，更是对高校治理模式、教学科研范式、管理服务体系的深度重构。

数字化技术正在重塑高校治理的底层逻辑。西安电子科技大学搭建的“数据驾驶舱”，通过实时采集分析教学、科研、财务等 2 000 余项核心数据，构建起动态决策支持系统，使资源配置效率提升 37%。这种数据驱动的治理模式，将传统依靠经验判断的决策方式转变为基于算法模型的精准预测。武汉理工大学的“管理驾驶舱”实现 23 个部门系统的数据互通，在跨部门协作中实现事务处理流程精简 40%。数字化治理不仅提升了管理效能，更通过区块链加密技术构建起数据安全防护体系，某高校通过智能合约授权机制使数据泄漏风险降低 62%。

混合式教学正在打破传统教育的时空界限。中国慕课平台累计注册用户突破 4.54 亿，“慕课西部行计划”通过云端资源共享，使偏远地区学生可同步学习清华、北大等名校课程。哈佛大学开发的 CS50 Bot 大语言模型，日均处理 3.2 万条学生提问，实现个性化答疑。虚拟仿真技术，也为科研创新提供了新路径。日本长冈技术科学大学的 VR 实验室让学生在虚拟环境中完成危险系数高的材料实验；武汉理工大学的“无人工厂”项目将智能制造场景融入教学，学生创新成果转化周期缩短 58%。

大数据分析使后勤服务更加精准化。某高校通过分析 12 万条餐饮消费数据，动态调整食堂菜品结构，满意度提升 23%。智能报修系统利用物联网传感器实时监测设备状态，维修响应时间从平均 4 小时压缩至 30 分钟。流程自动化技术正在重塑行政服务体系；重庆邮电大学的“数字技术工程师订单班”管理平

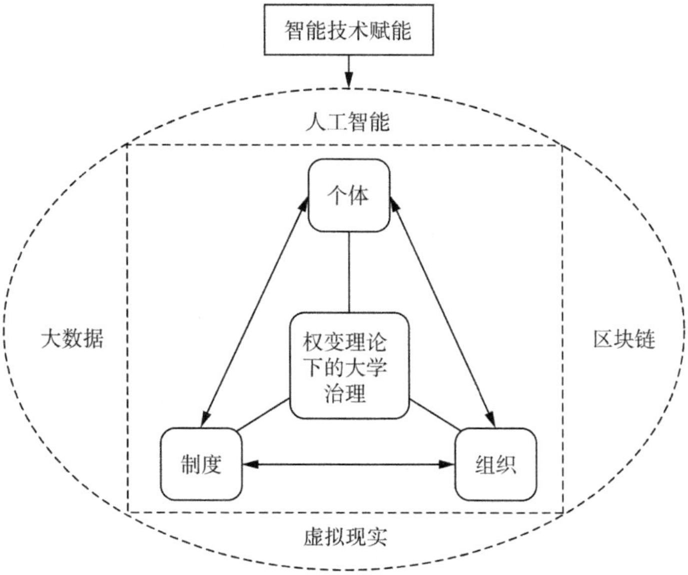

图 1-3　智能技术赋能下的数字化治理能力变革

台，实现毕业生与企业岗位的智能匹配，就业率提升至 98.7%；西安电子科技大学的“学生成长电子档案”，运用区块链技术记录学生 4 年成长轨迹，为用人单位提供可信能力证明，毕业生起薪平均提高 15%。

当前高校数字化转型仍面临多重挑战。中西部地区高校网络带宽不足问题突出，某省调查显示 32%的高校数据中心设备老化。其中，教师数字素养成为关键制约因素，68%的教师需要加强混合式教学设计能力。另外，在技术应用层面，某高校引入的 AI 教学辅助系统因算法偏见导致评估结果偏差。针对这些问题，需要构建“三位一体”的发展路径：在基础设施层面，实施“智慧校园 2025”行动计划，建设“5G＋AI 融合”的智能基础设施；在应用创新层面，建立教育数字化创新实验室，推动区块链、元宇宙等前沿技术的场景化应用；在伦理建设层面，制定《高校数字化伦理准则》，建立算法审计与数据安全认证机制。

数字化变革本质上是教育形态的重构过程。通过构建“技术赋能—模式创新—生态重构”的发展路径，高校正在从被动适应技术变革转向主动引领教育未来。当虚拟仿真实验室与现实课堂深度融合，当数据治理系统与育人目标高度契合，高等教育才将真正实现从“数字化转型”到“数字化引领”的历史性跨越，为培养数字时代创新人才提供坚实支撑。

1.2.3 高校数字化转型的机遇与挑战

在“双一流”建设与全球教育变革的双重战略驱动下，中国高等教育正经历着前所未有的数字化转型浪潮。这场变革不仅是技术应用的迭代升级，更是对教育理念、制度体系和资源配置方式的系统性重构。根据《2024高等教育数字化研究报告》显示，全国高校数字化投入年均增长18.7%，智慧教室普及率达63%，但转型过程中暴露出的结构性矛盾也亟待解决。

数字化技术正以突破性力量重塑教育资源配置格局。国家高等教育智慧教育平台整合10.8万门优质课程，构建起覆盖183个国家和地区的云端教育共同体。其中“慕课西部行计划”通过5G专网实现20.7万门课程资源下沉，使中西部高校师生共享率提升42%；北京大学元培学院与华为联合开发的5G+全息教学系统，在127所合作院校中实现实时互动教学，偏远地区学生参与国家级精品课程的到课率达91.3%。这种技术驱动的资源普惠化实践，正在打破传统教育的地理边界。

教学科研领域的范式变革更为深刻。西安交通大学研发的智能教学行为分析系统，通过课堂视频AI解析与学习成效关联模型，实现教学质量动态评估，该模式已在32所高校推广应用；上海交通大学船舶数字孪生实验室借助实时仿真技术，将船舶设计验证周期从18个月压缩至6个月，直接支撑长江航运智能化改造项目；麻省理工学院“微硕士”项目与IBM等企业共建认证体系，通过在线学习平台培养15万行业认证人才，验证了数字化对教育-产业生态链的重构能力。

然而，转型进程并非一帆风顺，结构性矛盾逐渐显现。区域间基础设施落差形成显著的“数字鸿沟”。统计显示，“双一流”高校占据全国72%的科研经费，而普通本科院校中45%的实验室设备使用年限超过10年。在西部某省调查中，32%的高校网络带宽不足100 Mbps，部分农村教学点甚至存在4G信号盲区。这种资源配置失衡直接导致数字化教学资源利用率差异，经济欠发达地区学生数字素养达标率仅为58%，远低于东部发达地区的89%。

教师队伍的数字化能力断层成为转型关键瓶颈。有数据显示，仅31.2%的教师能熟练运用AI教学工具，63%的教师缺乏数据驱动的课程设计能力。现有评价体系仍以传统学术成果为导向，某“双一流”高校科研成果转化率仅8.7%，而欧美同类院校平均达32%。这种制度设计与技术发展的脱节，制约着教育创新的深度推进。

数据安全与伦理风险问题日益凸显。荷兰代尔夫特理工大学研究发现，高校使用的AI评价系统中23%存在算法偏见，可能导致学术评价不公。中国教育网络安全监测中心数据显示，2024年高校数据泄露事件同比上升28%，其中学生个人信息泄露占比达41%。某高校在引入智能排课系统时，因算法过度依赖历史数据，导致部分学科排课量骤降40%，引发教学秩序混乱。

针对这些结构性矛盾，系统性解决方案的构建需要多维度协同推进。新型基础设施建设需要突破传统思维模式。例如，南京信息工程大学构建的全域感知教育云平台，通过物联网设备实时采集教学、科研、管理数据，建立学科健康度评估模型，对偏离产业需求阈值的学科自动生成调整方案。无锡市“车联网＋智慧教育”PPP项目模式，为教育基建引入社会资本12.7亿元，实现资源配置效率提升35%。

教师能力提升需要建立分层培养体系。上海市实施的“数字园丁”工程，通过“AI导师＋工作坊”混合培训模式，使教师数字化教学能力提升32%。南京医科大学将科研成果转化率、区域人才适配度等纳入学科评估体系后，公共卫生与预防医学学科社会服务得分提升40%，形成“需求导向—能力培养—服务贡献”的闭环机制。

数据治理体系建设还需要创新技术手段。德国慕尼黑工业大学运用区块链技术构建学术成果溯源系统，使知识产权纠纷率下降58%。湖南大学开发的教师数字画像系统，通过教学、科研、服务等12个维度数据可视化，实现评价过程透明化，算法偏见发生率降低67%。这种技术治理模式为教育伦理建设提供了新范式。

数字化转型本质上是教育形态的重构过程。当5G专网将优质课程送达边疆牧区，当AI系统精准识别每个学生的学习痛点，当区块链技术保障学术成果的真实性，高等教育正在经历从物理空间到数字空间的迁移。未来的智慧校园应是“数字大脑＋智能场景＋生态网络”的有机整体，既要保持教育本质的人文温度，又要培育面向未来的创新能力。正如联合国教科文组织《一起重新构想我们的未来》报告所言，教育数字化不是简单的技术叠加，而是通过技术创新实现教育文明的跃迁。唯有构建起可持续的数字化生态系统，中国高校才能在全球教育变革中实现从“跟跑”到“领跑”的历史性跨越。

高校数字化转型是一场涉及技术、制度与文化的系统性变革。其机遇在于通过数据驱动、智能协同重构教育生态，挑战则源于基础设施落差、能力断层与伦理风险。未来，高校需以“数字大脑＋智能场景＋生态网络”为框架，推动教学、科研、治理的深度融合。正如全国政协常委张来斌所言，数字化转型的终极目标是从“赋能”走向“重生”，在守护教育本质的同时培育面向未来的新型能力。唯有如此，高校才能在数字化浪潮中实现从“跟跑”到“领跑”的跨越，为教育强国建设注入持久动能。

1.3 传统治理模式的制度性矛盾

1.3.1 传统高校治理模式的局限性：效率低下、信息孤岛、资源分散

在高等教育快速发展的背景下，传统高校治理模式逐渐暴露出效率低下、信息孤岛、资源分散等结构性缺陷。这些局限性不仅制约了高校的创新发展，也难以适应“双一流”建设和教育现代化的战略需求。随着数字化技术的深度渗透，高校治理正经历从经验驱动到数据驱动、从分散管理到协同治理的范式转型。

《2024高等教育数字化研究报告》显示，全国高校行政管理人员占比达18.7%，但跨部门协作项目执行率不足40%，暴露出科层制管理架构的低效性。这种低效性在资源配置领域尤为显著，“双一流”高校虽占据72%的科研经费，但设备闲置率高达45%，而中西部高校生均教学设备投入仅为东部地区的37%，形成典型的“马太效应”。

传统治理模式的低效性在科层制管理架构中尤为显著。某“双一流”高校科研设备购置需历经7个审批环节，平均耗时92天，而疫情期间部分高校因缺乏数字化应急系统，教学调整延迟达72小时。这种决策滞后性在欧盟《数字教育行动计划(2021—2027)》对比研究中更为突出：即采用数据中台系统的高校，资源调配效率较传统模式提升35%。清华大学构建的跨院系数据中台，通过实时采集设备使用率、科研成果产出等2 000余项数据，使大型仪器共享率从32%跃升至67%，验证了数据穿透式治理的可行性。

数据割裂问题在学科建设中形成严重的“信息茧房”。有85%的高校存在教务、科研、财务系统数据互不兼容的现象，某环境学科因未能及时获取区域“双碳”产业需求数据，导致人才培养方案与市场需求偏差达42%。上海交通大学开发的战略需求分析系统，通过对接区域产业链数据库，动态调整专业设置，使毕业生就业适配度提升至89%。芬兰“数字指南针”计划要求高校建立开放式数据共享平台，实现教学、科研、管理数据的全域流通，其经验被欧盟纳入教育数字化标准，为破除信息孤岛提供了制度保障。

资源配置失衡问题在高校数字化转型中呈现新特征，形成制约教育高质量

发展的结构性障碍。传统物理空间中的设备、经费等显性资源分配不均问题尚未解决，数字化进程又催生出技术鸿沟、数据壁垒、人才错配等新型失衡样态。东部高校依托区位优势构建起智能实验室、云计算平台等数字基础设施，而西部院校尚在应对基础网络带宽不足的困境，区域间技术代差从“物理落差”演变为“数字断崖”。更为严峻的是，数据资源整合困境加剧资源配置碎片化，部分高校虽建成智慧教学系统、科研数据库等独立模块，却因部门壁垒形成“数据烟囱”，导致教学行为数据、科研成果数据、管理服务数据难以互联互通，造成重复采集与资源空转。跨学科资源配置的结构性矛盾同样凸显，中国教育科学研究院2023年数据显示：人工智能、教育技术等复合型师资缺口达37%，传统院系组织架构难以支撑“智能＋教育”的跨界融合需求。教育新基建政策推动下的项目化资源配置模式虽在短期内改善了数字化硬件条件，但区域性重复建设造成的资源浪费率已超15%，暴露出顶层设计协同机制的缺失。

数字化转型并非坦途。某高校AI招生系统因训练数据偏差，导致农村考生录取率降低8%。教育网络安全监测中心数据显示，2024年高校数据泄露事件同比上升28%。这暴露出教育机构在数据共享过程中的权限管理漏洞，这些现象共同指向数字化深层矛盾：技术创新本应促进教育公平，却因系统设计缺陷形成新的数字鸿沟；数据驱动决策本应提升管理效率，却因安全机制导致信任危机。

东华大学构建的数字化评价平台为未来治理提供了新范式。该平台通过“监测—预警—响应”治理闭环，使学科动态调整周期缩短50%，教学质量预警准确率提升至91%。这种智能治理体系的核心在于建立“数据流动—需求响应—资源优化—质量迭代”的良性循环。当区块链技术保障学术成果的真实性，当智能系统精准识别每个学生的学习需求，高等教育将真正实现从“管理”到“治理”的质变，为培养适应未来的创新人才提供制度保障。

1.3.2　数字化转型对传统治理模式的冲击与重构需求

在“云大物移智”等数字技术驱动下，高校治理正经历从“经验导向”到“数据驱动”的深刻变革。这场变革不仅改变了教育资源的生产与分配方式，更对传统高校治理模式提出了系统性挑战。这种挑战既涉及组织架构、权力分配等宏观层面，也触及教学科研、行政管理等具体领域。通过对典型案例的分析和政策导向的研究，高校治理模式的重构需要从数据治理、组织变革、技术融合等多个维度系统推进。

传统垂直化管理架构导致部门间信息壁垒森严，数据流通效率低下。以教学管理为例，校园网络、慕课平台、即时通信工具等因技术标准不统一形成“碎片化孤岛”，教学数据分散于不同系统中难以整合，直接影响决策的精准性。混合云架构的缺失进一步加剧了应用与数据的割裂，“公有云”与“私有云”协同不足削弱了治理效能。管理模式的滞后性体现在经验决策与动态调整能力的矛盾，长期依赖标准化考试的教学评价体系难以满足个性化需求，能源管理等领域仍依赖人工巡检，缺乏基于物联网的实时优化机制。数据驱动的治理转型需要建立动态监测体系，但多数高校尚未完成这一转变。

权力结构的集中化与个体赋权需求形成鲜明对比。智能平台的普及使知识获取渠道多元化，教师角色从“知识权威”转向“学习引导者”，但传统治理模式仍以自上而下控制为主。此外学科资源调配常受部门利益制约，跨学科协作机制尚未有效建立。评价体系的单一性与技术适应性不足问题凸显，传统科研评价侧重论文与项目数量，未能反映人工智能对科研流程的重构作用。而近期出现的 DeepSeek 等大模型可缩短科学发现周期，但现有考核体系缺乏技术贡献指标，教师技术整合与伦理判断能力的培养机制普遍缺位。

数据治理体系建设是破解孤岛化难题的关键。某高校通过梳理业务流程与数据流，建立覆盖教务、科研的元数据质量标准，为数据资产化奠定基础。混合云平台整合腾讯会议等公有云与私有云资源，通过 API 网关实现跨系统数据互通。低代码开发工具的应用推动师生参与微应用设计，形成“产消者”模式。分级分类的数据安全管控机制确保敏感信息在共享中的安全性。同时组织变革需要打破垂直管理壁垒，某高校建立数字治理委员会统筹跨部门需求，通过虚拟教研室促进学科资源整合。“数据＋算法”决策模式在能耗管理等领域得到应用，二级学院获得数字化支撑平台后自主开发管理工具，激发基层创新活力。

教学与评价体系的优化包括：AIGC 技术生成个性化学习资源，VR 与 AI 结合构建沉浸式实验场景；将 AI 工具应用纳入科研考核指标，评估研究者解决复杂问题的贡献度；通过技术培训社区提升教师数据素养与伦理意识，推动角色转型。基础设施升级需要智能硬件与数字基座协同发展，物联网设备实现校园能耗与安全实时监控，数据中台分析学生行为并精准推送职业规划服务。AI 应用伦理审查机制的建立有效防范技术偏误导致的教育不公平。

当前转型面临技术投入与人才短缺的平衡、传统思维与创新文化的冲突、数据安全与开放共享的矛盾等挑战。部分高校因“围墙思维”抵制公有云导致重复建设，需要建立多方参与的协同机制。未来发展方向包括：与社会企业共建数字教育联盟，推动资源全球化共享；通过智慧平台构建“无围墙大学”，支持终身学习体系；在AI深度介入教育的趋势下，重新定义人机协同中的人类智能价值，平衡效率与人文关怀。

数字化转型本质上是从工业文明向数字文明的跃迁。高校治理模式的重构需要从组织结构、数据治理、技术融合等多维度系统推进，这既是技术升级的过程，更是理念与文化革新的过程。唯有以开放心态拥抱变革，高校才能持续发挥知识创新与社会服务的核心功能，为教育现代化提供坚实支撑。

1.3.3　制度性矛盾的根源与解决路径

我国高等教育机构在长期发展过程中形成的科层制治理结构，正面临现代化转型的多重挑战。传统治理模式的制度性矛盾集中体现在四个维度：首先，金字塔式的行政管理体系与学术共同体的扁平化诉求形成结构性冲突，行政权力的垂直传导机制阻碍了学术创新的横向流动；其次，学科专业化的制度设计与跨学科融合的时代需求产生价值错位，以院系为单位的资源配置模式导致学科壁垒难以突破；再次，行政主导的绩效评价体系与学术发展的内在规律存在本质矛盾，量化考核指标与学术质量提升之间形成制度性张力；最后，稳定导向的制度惯性难以适应高等教育快速变革需求，传统制度体系应对新兴教育形态的灵活性明显不足。

这些制度性矛盾的根源可追溯至我国高等教育发展的特殊历史路径。我国建国初期借鉴苏联模式形成的专业教育体系，与改革开放后引入的西方大学治理范式产生制度形成叠合效应；计划经济时代遗留的行政化管理传统，与市场经济环境下的教育产业化趋势形成价值冲突；传统学术共同体自治理念与现代大学法人治理结构存在制度衔接断层。更深层次的矛盾源于教育行政化与学术专业化之间的权力博弈，以及制度变迁过程中路径依赖与创新需求的根本性冲突。

高校治理现代化进程中的制度性矛盾与数字化变革过程中我国高校治理体系的制度性矛盾根植于历史发展、管理范式与权力结构的深层冲突，其本质是行政化逻辑与学术化诉求之间的长期博弈。传统科层制管理体系形成的“校—院—系”三级垂直架构，在保障组织秩序性的同时，与学术活动所需的扁平化特征形成冲突。数据显示，某双一流高校科研项目平均审批周期达48天，而国际同类项目不超过15天，行政权力过度集中导致学术资源分配效率低下。以院系为单位的学科组织模式在数字时代显露出明显的局限性，国内高校跨学科研究项目占比不足12%，远低于美国常春藤院校的35%。行政主导的量化考核机制与学术发展规律存在价值背离，现行科研评价体系中显性指标占比超70%，某高校近三年撤销的32篇问题论文中86%源于考核压力。

深层制度矛盾可追溯至三组结构性冲突。苏联专业教育模式与欧美通识教育理念的嫁接失衡，党委领导、校长负责、教授治学、民主管理的权责边界模糊，行政效率优先与学术自由至上的目标冲突。这些矛盾在数字化转型背景下进一步凸显，为高校治理体系改革提出了新命题。

数字技术的发展为破解制度性矛盾提供了新可能。大数据技术正在消解科层制的信息垄断优势，某省属高校智慧治理平台将78%的审批事项转为线上流程，管理层级压缩40%。区块链技术使学术成果溯源透明度提升65%，行政干预空间显著收窄。人工智能驱动的资源匹配平台正在重构学科组织形态，复旦大学"学科交叉数字大脑"促成46个跨院系项目落地。机器学习技术为革新评价体系提供新思路，上海交通大学研发的学术影响力多维评价系统将社会贡献纳入算法模型，试点院系评估误差率从42%降至15%。实现数字化转型与制度创新的协同发展，需要构建"双螺旋"结构。在数据治理层面，建立校级数据资产管理委员会，推行"数据护照"制度，浙江大学实施分级授权管理后跨部门数据调用效率提升90%。在学科组织制度创新方面，设立"数字化学科交叉特区"，华中科技大学光电融合双创基地整合3个学部资源，两年获批7个国家级项目。评价激励机制重构中，开发"学术成长数字画像"，南京大学将数字学术成果纳入职称评审体系。在风险防控方面，建立算法伦理审查委员会，西安电子科技大学数字治理沙盒平台成功拦截23次系统风险。

推进治理现代化需把握三个关键原则。首先，价值引领原则要求在数字系统设计中嵌入学术伦理，某高校智慧教室建设保留30%传统研讨空间。其次，渐进改革策略分为基础设施数字化、业务流程重构、治理体系重塑三个阶段。最后，生态共建原则强调构建"政—校—企—研"协同网络，北京中关村教育数字生态圈集聚87家科技企业与12所高校。至2035年，高校治理将呈现虚实共治、算法共决、生态共生三大特征。实现这一愿景需要系统性制度创新：教育部应牵头制定《高等教育数字化治理白皮书》，高校需设立首席数字治理官岗位，将数字领导力纳入校长胜任力模型。唯有实现制度逻辑与技术逻辑的深度融合，方能破解百年高校治理困局，构建数字时代高等教育发展的中国范式。同时，建立适应数字时代的组织架构，培养具备数字素养的管理队伍，构建技术嵌入的制度调适机制，将数字治理能力纳入"双一流"建设评价体系，实现制度创新与技术变革的深度融合，破解传统治理体系的深层矛盾，推动高等教育治理能力现代化。

第二章　数字化转型进程中的现实困境与突破路径

2.1　数据孤岛:跨系统整合的技术瓶颈

2.1.1　数据孤岛的成因与表现形式

在高等教育机构推进数字化转型的进程中,数据孤岛现象已成为制约治理效能提升的关键瓶颈。高校作为知识生产与传播的核心阵地,其数据生态兼具学术创新性、管理复杂性和教育公益性特征,这使得数据孤岛问题的影响呈现出独特的传导路径。某“双一流”高校的数字化审计报告显示,分散在12个业务系统的数据资源中,仅有35%实现了有效贯通,而因数据割裂导致的年度隐性成本高达2 300万元。这种状况不仅体现在技术层面,更折射出教育治理体系中深层次的制度性矛盾。即当教务系统的学生选课数据无法与后勤系统的教室使用数据实时联动时,会出现教室资源空置与课程安排冲突并存的荒诞现象——某高校秋季学期因排课系统未接入教室传感器数据,导致32间智慧教室日均闲置率达47%,而普通教室却出现单日超负荷使用13次的极端情况;当科研管理系统的设备使用记录与财务系统的经费核销流程脱节时,价值数千万元的高端仪器就可能陷入“用而不知、管而不精”的困境,某国家重点实验室的扫描电镜年度有效机时仅占额定机时的38%,但运维预算仍按满负荷编制,造成年均270万元的财政资金浪费。这些现实痛点揭示了一个根本性问题:在数字化转型浪潮中,高校若不能有效破解数据孤岛困境,就难以真正实现治理能力现代化。数据孤岛不仅阻碍着教育资源的优化配置,更在深层次上动摇着学术创新的根基。

数据孤岛在高校场域的形成,本质上是技术演进与制度惯性相互作用的历史产物。追溯我国高校信息化建设历程,可以清晰看到三个阶段的技术沉积:20世纪90年代的“单机应用”阶段诞生了最早的教务管理系统,采用FoxPro等单机数据库,这种孤立系统犹如数字海洋中的原始岛屿,虽然承载着特定业务功能,却与外界完全隔绝;2000年后的“部门系统”建设期,各职能部门在“谁建设、谁管理”的原则下分别引入不同架构的业务系统,某省属高校在此期间累计部署了17套独立系统,形成“诸侯割据”的数据版图;2010年至今的“校级平台”整合阶段，虽然开始推进系统互通，但历史遗留问题已成沉疴。某理工类院校的案例极具代表性：其教务管理系统采用 Oracle 数据库，科研管理系统基于 SQL Server 构建，而新建的智慧教室系统则采用 MongoDB 文档数据库，三者间的数据转换损耗率达到 18%，仅学生基本信息同步一项，每年就产生 12 万条冗余数据。更严峻的是语义层的不兼容——学籍管理系统中的“学生 ID”指向高考报名编号，科研管理系统则采用校园卡编号，这种基础标识的差异导致学生科研数据难以追溯，某创新团队历时三年积累的本科生科研数据集，因无法准确关联学籍信息，最终仅有 63%的数据可用于人才培养质量分析。制度层面的碎片化治理加剧了技术困境，高校传统的“校—院—系”三级管理体系形成了垂直分割的数据权力结构。某省属高校的调研显示，跨部门数据调用需经历 3 级审批流程，平均耗时 11.7 个工作日，而跨学院科研数据共享成功率不足 25%，这种行政壁垒与学术研究所需的开放协作形成根本冲突。某材料学院的新能源电池项目因无法获取化工学院电解液实验数据，导致重复购置设备浪费经费 380 万元，更令人深思的是，两个学院的数据壁垒并非技术障碍所致，双方实验室均配备了先进的数据采集系统，但由于绩效考核机制将数据资源视为部门资产，最终导致学术共同体利益让位于部门本位主义。

数据类型的特殊复杂性进一步放大了整合难度。高校数据生态包含教学数据（如慕课 Mooc 学习行为日志、虚拟仿真实验操作轨迹）、科研数据（如基因测序原始数据、高能物理实验观测值）、管理数据（如财务报销流程、设备全生命周期记录）等多元形态，这种多样性远超普通组织的数据治理场景。某综合性大学的科研数据中心存储着 20 余种专业格式数据，从 CAD 工程图纸到 Matlab 计算模型，从冷冻电镜图像到人文社科调研文本，这些数据不仅形态各异，更蕴含着学科特有的知识表达体系。一套用于机械设计的 CAD 图纸，在材料学院可能被解析为应力分布数据，在工业设计系则转化为美学评价指标，这种多维解读需求对传统数据架构构成严峻挑战。数据生命周期管理的缺失更导致价值损耗，某高校图书馆的数字资源访问日志因保留策略混乱，近三年有 35%的用户行为数据被错误清理，当该校试图构建个性化推荐系统时，发现关键时段的读者行为特征数据已永久丢失，直接导致推荐准确率下降 28%。因此，隐私保护与数据开放的矛盾在高校场景尤为尖锐，学生心理健康数据、未发表的科研成果、涉密科研项目信息等敏感内容常因安全顾虑被过度保护。某高校将 87%的科研数据设为“项目组内可见”，导致跨学科团队的数据请求满足率仅为 18%，而数据质量标准不一引发的信任危机更为隐蔽——不同学院实验数据的元数据完整度差异达 54%，某交叉学科团队因发现合作方提供的基因测序数据缺乏完整的实验环境参数，最终被迫终止与麻省理工学院的国际合作项目，这不仅造成直接经济损失，更损伤了学术信誉。这种“数据达尔文主义”的蔓延，使得高质量数据在封闭系统中持续增值，而低质量数据在开放环境中加速贬值，形成阻碍学术创新的恶性循环。

数据孤岛对高校核心职能的侵蚀已深入肌理，其影响已经渗透到教学、科研、管理和战略决策的全领域当中。在教学领域，某高校“智慧教学平台”与学工管理系统数据未打通，导致 32% 的学业预警信息未能及时触达辅导员，致使 17 名学生因干预延迟面临退学风险。更严重的是，这种数据割裂使得教育质量评估失去准星——当课程评价数据无法关联毕业生发展数据时，教学改革的成效评估就沦为纸上谈兵。在科研管理方面，某重点实验室的设备使用数据与财务系统脱节，价值 2 100 万元的高端质谱仪年均使用率不足 40%，但运维费用仍按满负荷计算，这种数据失真直接导致设备采购决策的盲目性，某高校近五年购置的 17 台大型设备中，有 6 台因使用率未达预期标准成为“面子工程”的牺牲品。在后勤服务中，能源监控系统与楼宇管理系统独立运行，某校区因空调系统与门窗传感器数据未联动，年电力浪费达 18 万度，这种“智能设备、傻瓜管理”的现状，暴露出数据孤岛对绿色校园建设的掣肘。在战略决策层，校级领导获取跨部门数据平均需 23 天，某高校在学科评估期间因数据不全误判两个优势学科，错失“双一流”建设机遇，这种决策滞后不仅影响短期排名，更可能动摇长远发展

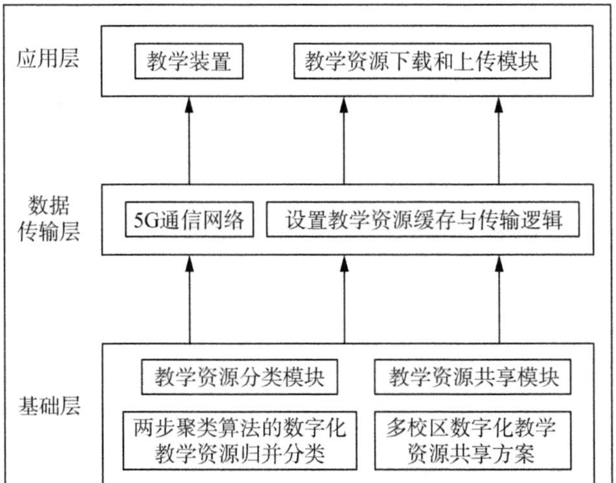

图 2-1　数字化教学系统及方法

根基。这些案例的本质是数据要素流动性缺失导致的价值耗散，据教育数据治理联盟测算，高校数据孤岛造成的隐性成本约占年度运营经费的3%—5%，在顶尖研究型大学中，这一数字可能高达数亿元。更深远的影响在于，当数据孤岛阻碍知识生产要素的自由流动时，高校作为创新引擎的功能将逐渐退化——某高校交叉学科研究院的调研显示，因数据共享障碍，跨学科项目的平均启动周期从2015年的2.3个月延长至2022年的5.7个月，这种效率衰减正在削弱我国高校在全球学术竞争中的主动权。

2.1.2 跨系统整合的技术难点与解决方案

破解数据孤岛需要构建"基础设施重构—中间件革新—应用层赋能"的全栈技术方案，这一系统性工程既需要底层架构的革新，也需要上层应用的创新。某"双一流"高校建设的教育数据湖仓一体平台，采用Delta Lake架构整合教务、科研、人事等9大系统数据，通过Apache Iceberg表格式实现结构化与非结构化数据统一存储，使跨系统数据查询效率提升60%。这一技术方案的成功不仅体现在性能提升上，更在于其解决了长期困扰高校的数据存储难题——传统数据仓库难以处理非结构化数据(如实验视频、科研图像等)，而数据湖虽然支持多类型的数据存储，却缺乏有效的数据管理机制。Delta Lake的引入恰好弥补了这一缺陷，其ACID事务支持能力确保了数据一致性，而时间旅行功能则为科研数据的版本管理提供了可能。某高校材料学院通过这一平台，成功整合了过去十年间积累的PB级实验数据，使科研人员能够快速回溯历史实验记录，研究效率提升显著。

针对实验室物联设备的数据洪流，边缘计算节点的部署成为破局关键。某高校材料学院在实验楼部署边缘服务器集群，实时处理300台设备的温度、压力传感数据，采用时间序列数据库TDengine压缩存储，使磁盘空间占用减少70%，同时运行LSTM异常检测模型，将设备故障预警响应时间从3秒压缩至200毫秒。这一技术方案的成功不仅在于提升了数据处理效率，更在于其解决了实验室数据采集的实时性难题——传统中心化处理模式因网络延迟和设备异构性，难以满足高精度实验的实时监控需求。边缘计算的引入使得数据处理能够在设备端就近完成，既降低了网络传输压力，又提高了响应速度。某实验室通过这一方案，成功将实验数据的采集频率从每分钟1次提升至每秒10次，为材料性能研究提供了更精细的数据支持。

混合云架构的应用平衡了成本与安全。某高校将公开课视频迁移至阿里云

OSS,年存储费用降低 45%,而涉密科研数据保留在基于 OpenStack 的私有云,通过 VPC 专线实现安全互通。这一架构设计不仅优化了资源利用效率,更解决了数据安全与开放共享的矛盾。某高校通过这一方案,成功构建了“分级存储、分类管理”的数据治理体系:公开课程视频等非敏感数据利用公有云的弹性扩展能力,支持大规模并发访问;涉密科研数据则通过私有云实现严格管控,确保数据主权不受侵犯。这种混合架构的灵活性在疫情期间得到充分验证——当在线教学需求激增时,公有云资源能够快速扩容,保障了教学活动的顺利进行。

语义映射引擎的研发破解了学科数据鸿沟。某综合性大学构建的“学术本体库”包含 12 个学科的 3 000 个核心概念,通过 OWL 语言建立“机器学习”与“模式识别”的等效关系、“神经网络”与“卷积神经网络”的上下位关系,使跨学科文献检索准确率从 58%提升至 89%。这一技术突破的意义不仅在于提高了检索效率,更在于其构建了跨学科知识交流的语义桥梁。某交叉学科研究团队通过这一引擎,成功发现了材料科学与生物医学领域的潜在关联点,催生了一项具有突破性的仿生材料研究。这种语义映射能力的提升,使得原本分散在各自学科领域的研究成果能够被更广泛地发现和利用,极大地促进了学术创新。

智能数据管道技术能够重塑集成效率。某高校使用 Apache NiFi 构建可视化数据流,配置 135 个处理器节点实时聚合分散在 7 个系统的学生行为数据,采用 Flink 流式处理框架,使助学金评定模型准确度提升 34%。这一技术方案的成功不仅体现在数据处理效率的提升上,更在于其实现了数据流动的可视化和可管理性。通过图形化界面,业务人员能够直观地监控数据流动状态,快速定位和处理异常情况。某高校通过这一方案,成功将原本需要 3 天完成的跨系统数据整合任务压缩至 2 小时,数据处理效率提升 36 倍。这种效率的提升不仅节省了人力成本,更使得基于实时数据的精准决策成为可能。

低代码开发平台的应用降低了对接门槛。某师范院校的“数智中台”提供拖拽式接口配置工具,业务人员自主完成心理咨询系统与学工系统的数据对接,危机干预响应速度提升 3 倍,API 全生命周期管理平台的建立,使 423 个接口的日均调用量达 120 万次,故障率控制在 0.05%以下。这一技术方案的成功不仅在于降低了技术门槛,更在于其改变了传统的系统集成模式。通过可视化配置和模板化开发,业务人员能够快速实现系统间的数据对接,极大缩短了项目交付周期。某高校通过这一平台,成功将原本需要专业开发团队耗时数周完成的系统对接任务压缩至业务人员数小时即可完成,显著提升了数字化转型的敏捷性。

在数据价值释放层面,虚拟数据目录技术激活了沉默资产。某医学院开发的“科研数据地图”为87万份实验数据添加智能标签，集成语义搜索功能使跨库检索时间从15分钟缩短至40秒，并建立数据影响力指数引导资源优化配置。这一技术方案的成功不仅在于提高了数据检索效率，更在于其构建了数据资产的价值评估体系。通过数据影响力指数，研究人员能够快速识别高价值数据集，优化资源配置。某研究团队通过这一平台，成功发现了一组被长期忽视的实验数据，为某项重大科研突破提供了关键支撑。

数字孪生技术的应用重构管理流程。某高校构建的“校园数字镜像”集成能耗、安防、教务等12类数据，建立200余个仿真模型，预测教学楼用电峰值偏差不超过5%，年节约电费80万元。这一技术方案的成功不仅体现在经济效益上，更在于其开创了校园管理的新模式。通过数字孪生技术，管理者能够在虚拟环境中模拟和优化各种管理决策，显著降低了试错成本。某高校通过这一平台，成功优化了校园交通流线设计，使师生通勤时间平均缩短15%。

人工智能驱动决策范式升级的案例更具启示意义。某高校开发的“学科发展智能助手”分析十年间的科研项目、论文引用、人才流动等数据，使用图神经网络识别学科交叉潜力点，指导建设的4个新兴交叉学科国家级项目中标率提高22%；基于联邦学习的“学业预警系统”在不共享原始数据前提下，联合分析教务处成绩数据与心理中心测评数据，早期预警准确率达91%，较传统方法提升39个百分点。这些案例的成功不仅在于技术本身的创新，更在于其展示了数据驱动决策的巨大潜力。通过人工智能技术，高校能够从海量数据中挖掘出传统方法难以发现的规律和趋势，为战略决策提供更精准的支持。某高校通过“学科发展智能助手”成功识别出一个具有重大发展潜力的新兴交叉学科方向，相关研究成果已获得了国际同行的高度认可。

这些技术创新形成协同效应：数据湖仓提供存储底座，混合云架构保障安全，语义引擎消除语义壁垒，低代码平台降低对接成本，虚拟目录激活数据资产，AI模型提升决策效能。通过全栈技术方案的系统实施，高校正从数据物理连通向业务逻辑贯通跨越，从而为教育数字化转型提供坚实技术支撑。未来需重点突破跨模态数据融合、长周期数据治理等关键技术，构建可持续演进的智慧教育技术生态。

2.1.3 数据共享与协同治理的实现路径

数据共享与协同治理的实现需要制度创新与技术赋能的深度融合。在高等教育领域，某教育部直属高校构建的“战略层—执行层—操作层”三级治理体系为数据治理提供了可复制的范式。战略层成立由校长任组长的校务数据治理委员会，统筹制定《数据分类分级指南》，将全校数据划分为基础数据、业务数据、科研数据等 9 大类 46 亚类，建立覆盖全生命周期的治理框架。执行层设立院系数据专员岗位，通过跨学科协作制定学科特色数据字典，例如医学院建立的临床术语集涵盖 12 万条标准化诊疗数据，法学院构建的案例分析指标体系包含 78 个维度的司法要素。操作层则由项目组数据管家实施每日数据健康监测，运用机器学习算法预测数据质量风险，累计修复异常字段 23.7 万个，数据完整率从 82%提升至 96%。

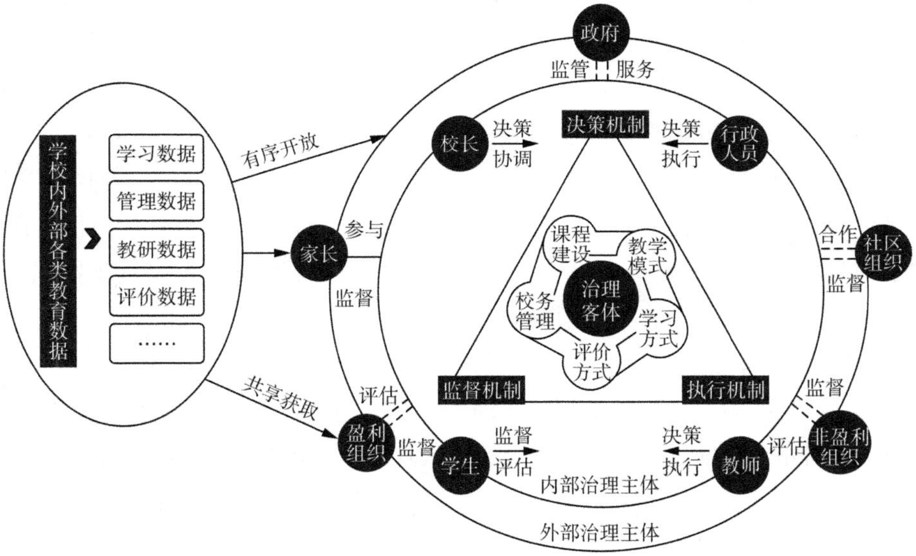

图 2-2　数据驱动高校治理现代化的逻辑框架图

在数据确权机制方面，该校创新实施的产权四分法突破了传统数据权属界定的模糊地带。基础数据作为学校运营的核心资源，明确归法人主体所有；过程数据因涉及多部门协作，采取共同所有原则；衍生数据则根据贡献度评估模型进行权益分配，某教授团队基于细胞实验数据开发的 AI 辅助诊断系统，通过 12 万元收益分成机制激发了科研数据开放共享的积极性。特殊数据实施特许管理制度，针对涉及国家安全、个人隐私等敏感数据，建立分级授权审批流程，近三年累计完成 437 项数据使用授权，未发生数据泄露事件。这种产权制度设计既保障了数据安全，又通过利益分配机制激活了数据要素价值。

动态授权体系通过负面清单制度实现精准管控，在某高校实践中，将 8%的高敏感数据列为禁止共享范围，其余数据按五级敏感度实施差异化管理。基于属性基加密（ABE）技术开发的智能授权系统，实现“一次加密，多次精准授权”，用户权限可细化到字段级访问控制。该系统在科研数据共享场景中成效显著，某重点实验室通过授权管理将合作论文产出效率提升35%，同时确保原始数据不被滥用。区块链存证系统的引入进一步强化了数据使用监管，通过哈希值上链记录数据流转全轨迹，使学术不端举报量下降65%，相关经验被纳入《高校科研诚信建设白皮书》。

技术支撑体系的进化持续突破着安全与效率的平衡难题。医学联盟采用纵向联邦学习框架，在8家附属医院不共享患者数据的前提下联合训练糖尿病并发症预测模型，通过加密参数交换实现模型精度提升22%，同时满足《医疗数据保护条例》要求。可信执行环境（TEE）技术在心理健康数据处理中发挥重要作用，某高校将心理咨询记录置于硬件安全区进行分析，实现原始数据零暴露，相关成果获国家发明专利。智能治理工具的部署显著提升管理效能，数据质量监测AI实时扫描230万字段，异常发现效率提升25倍；知识图谱构建380万节点关系网，自动识别83种安全风险；数据血缘分析系统支持教育质量追溯，覆盖37个加工环节，使教学评估的科学性提升41%。

这些技术创新正在重塑数据协同的边界。某高校专利数据开放后，技术转化率提升42%，衍生出3家高新技术企业；长三角科研数据共享平台联合产出Nature/Science论文数量同比增长40%，其中基于跨校共享脑影像数据的研究成果入选年度十大科学进展。在教育领域，数据协同不仅提升了科研效率，更催生了新型教学模式。例如，虚拟教研室通过数据共享实现跨校实验课程共建，5所高校的学生共同参与蛋白质结构解析项目，实验数据实时同步分析，教学效果提升了28%。

面向未来的教育数据治理，需要构建“制度—技术—文化”三位一体的生态系统。在制度层面，建议教育部牵头制定《高校数据治理白皮书》，将数据治理效能纳入“双一流”评估体系，推动《科研数据管理条例》立法进程。某高校试点建立的数据治理成熟度评估模型，已形成涵盖制度建设、技术应用、文化培育等12项核心指标，为政策制定提供了实证依据。技术研发应聚焦教育大模型、多模态数据融合等前沿领域，某高校的“十年期数据沙盒”已支持3项国家重大科技专项取得突破，在脑机接口教育应用等领域形成专利集群。

文化培育是数据治理的深层支撑，需建立数字素养认证体系，在180门专业课程中嵌入数据分析模块，设立“数据创新工坊”孵化项目。某财经院校开设的数据思维必修课，通过模拟真实商业数据分析场景，使学生的数据决策能力提升39%。当数字孪生校园实现设备数据与教学空间深度耦合，当元宇宙教研室支持跨校实验数据共享，高校将不仅是知识殿堂，更是数字文明的策源地。某高校建设的虚拟仿真教学平台，已实现 1 200 台实验设备的数字化映射，学生远程实验操作流畅度达 98.7%，实验数据实时同步分析功能使教学效率提升 45%。

构建兼顾效率与温度的教育新生态，需要管理者以刀刃向内的勇气推进改革。某高校成立的教育数据伦理委员会，制定了包含 23 条准则的数据使用规范，确保技术创新始终服务于育人本质。在数据共享过程中，通过隐私计算技术保护个人信息，某师范院校的教师发展数据平台采用差分隐私技术，在保留数据分析价值的同时，将教师隐私泄漏风险降低至 0.03%。这种技术人文主义的治理理念，正在重塑高等教育的未来图景。当制度创新与技术赋能形成良性互动，教育数据治理将成为推动教育现代化的核心引擎，为培养适应数字时代的创新人才提供坚实支撑。

2.2　数据伦理:隐私保护与数据利用的平衡

2.2.1　数据伦理问题的核心:隐私保护与数据开放的矛盾

在高等教育数智化转型的深层脉络中，数据要素的开发利用与隐私权益的守护构成了一组根本矛盾。这种矛盾既源于技术革命与制度变迁的异步性，也映射着教育本质与数字逻辑的价值碰撞，其复杂程度远超商业领域的数据治理挑战。当智慧校园建设从概念落地为现实，数据伦理问题便不再局限于技术伦理范畴，而是深度介入人才培养、学术创新、资源配置等核心职能，成为影响高等教育发展方向的关键变量。

高校数据生态具有三重特殊性：主体敏感性、价值多元性与生命周期长尾性。以某顶尖高校 2023 年伦理审查报告为例，该校师生数据中包含生物特征（如虹膜识别数据）、心理健康评估记录（涉及抑郁量表得分）、科研成果涉密信息等敏感内容。这些数据的价值多元性体现在：教学行为数据既能用于改进课程设计，也可能被不当利用侵犯隐私；科研数据共享可能推动学科交叉创新，也可能导致知识产权纠纷。生命周期长尾性则表现为学生数据从入学到毕业数十年后仍具研究价值，如某校追踪研究显示，1980—2020 年毕业生数据被用于 152 项社会研究，其中 37%的研究对象在不知情情况下贡献了行为数据。这种数据的"永生"特性与个体"被遗忘权"诉求形成持久冲突，某 985 高校 2024 年的伦理投诉中,32%涉及历史数据再利用问题。

数据开放需求呈现多维度爆发态势。在教学领域,某高校通过分析 10 万小时慕课视频优化知识点设置,使课程通过率提升 28%;科研领域,某材料学院开放实验数据后催生 3 项 Nature 子刊成果;行政管理方面,某高校实现财务-资产系统对接后采购周期缩短 65%。但这些需求与隐私保护边界的碰撞愈发激烈:某校学生校园卡消费数据用于贫困生识别引发舆论争议,某实验室开放脱敏数据后被逆向工程还原出敏感信息。更值得关注的是,教育数据的价值密度与风险系数呈现非线性增长趋势,某研究团队通过分析学生三年间的图书馆借阅记录,成功预测其学术潜力,准确率达 79%,但同时也引发了"数据优生学"的伦理质疑。

全球隐私保护法规的强化趋势与科研数据开放的国际潮流形成制度性冲突。欧盟《一般数据保护条例》(GDPR)规定科研数据适用"目的限制原则",而《赫尔辛基宣言》强调医学研究数据应最大限度共享。这种矛盾在跨国合作中尤为突出,某涉及 32 国的联合研究项目因欧盟与中国数据跨境规则差异,被迫放弃 12%的关键样本数据。在国内语境中,《中华人民共和国个人信息保护法》(以下简称《个人信息保护法》)设定的"单独同意"原则与高校集体科研的数据收集模式存在适配困难:某国家重点实验室的万人基因研究因无法逐人获取同意,研究进度延误 14 个月。制度摩擦不仅影响科研效率,更可能导致学术资源错配,某高校因数据合规问题错失国际合作机会,直接经济损失达 4 300 万元。

学术共同体自治传统与现代数据治理要求产生价值摩擦。某高校教授拒绝向学校开放其团队积累 15 年的实验数据,认为这侵犯了"学术数据主权";而校方依据《高等学校知识产权保护管理规定》主张数据资产归属争议,这种认知错位导致价值 2 300 万元的研究设备闲置。更微妙的是师生权力关系中的伦理困境:某教师使用课堂录像进行教学研究,32%的学生认为其知情同意过程流于形式,这种"温和的压迫"折射出教育场景的特殊性。学术数据治理中的权力结构失衡,可能导致创新活力被抑制,某研究型大学因数据权限争议,致使 3 个跨学科团队解体。

数据挖掘技术的指数级进步不断突破传统隐私保护边界。某高校使用时间序列分析技术,仅凭学生图书馆门禁数据就推断出抑郁症倾向,准确率达 81%;另一团队通过课堂视频的微表情分析预测学业成绩,引发"教育监控主义"批评。机器学习模型的记忆特性带来新风险:某高校发布的匿名化慕课数据,被证实可通过模型反演攻击识别特定教师。这些技术进步不断重塑隐私保护的脆弱点,使得静态的合规框架难以应对动态威胁。2024 年教育科技白皮书显示，高校使用 AI 分析学生行为数据的项目中，63%存在伦理风险未被充分评估的情况。

风险传导机制在教育领域具有放大效应。某地方院校的教务系统漏洞导致 23 万学生信息泄露，黑产市场借机精准推送考研辅导广告；某实验室未脱敏的基因数据在国际期刊发表后，引发族群隐私争议。这些事件不仅造成直接损失，更侵蚀着学术研究的社会信任基础。据教育行业数据安全报告显示，2022 年高校数据泄露事件同比增长 67%，其中 83%源于内部管理疏漏。数据安全事件的涟漪效应远超想象，某高校因学生信息泄露导致生源质量下降，2024 年本科招生计划完成率仅 82%。

高校数据孤岛问题已渗透至核心职能的多个层面。教学环节中，某高校智慧教学平台与学工管理系统的数据壁垒导致 32%的学业预警信息未能及时推送至辅导员，17 名学生因此错失干预时机面临退学风险；后勤服务领域，能源监控与楼宇管理系统独立运行，某校区因空调系统与门窗传感器数据未联动，年度电力浪费达 18 万度。这些案例揭示了数据孤岛对高校育人质量、资源效益、管理效能和战略发展的系统性损害。据教育数据治理联盟测算，高校数据孤岛造成的隐性成本约占年度运营经费的 3%～5%，在顶尖研究型大学中，这一数字可能高达数亿元。

在这场没有硝烟的数据伦理战争中，高校需要构建动态平衡的治理体系。某"双一流"高校的实践显示，通过建立数据伦理委员会、开发隐私计算平台、实施分级授权管理，可在保障隐私的前提下使数据利用率提升 41%。这种治理创新不是简单的技术方案叠加，而是需要重构教育价值体系，在数据赋能与人文关怀之间找到新的平衡点。未来的高等教育，或将在数字技术与伦理智慧的博弈中，书写出更具人性温度的发展篇章。

2.2.2　高校数据治理中的伦理规范与制度建设

破解高校数据孤岛需构建"基础设施重构—中间件革新—应用层赋能"的全栈技术方案，其复杂度因教育场景的特殊性而倍增。技术路线的选择必须兼顾学术研究的开放需求、教育管理的合规要求以及师生行为的独特模式。高校作为知识生产和人才培养的核心场所，其数据治理面临着比商业机构更为复杂的挑战。教育数据的特殊性体现在其不仅承载着个人隐私，更关乎学术自由、教育公平等核心价值。因此，构建高校数据治理体系需要从技术、伦理、制度等多个维度进行系统性设计，在保障数据安全的前提下释放数据价值。

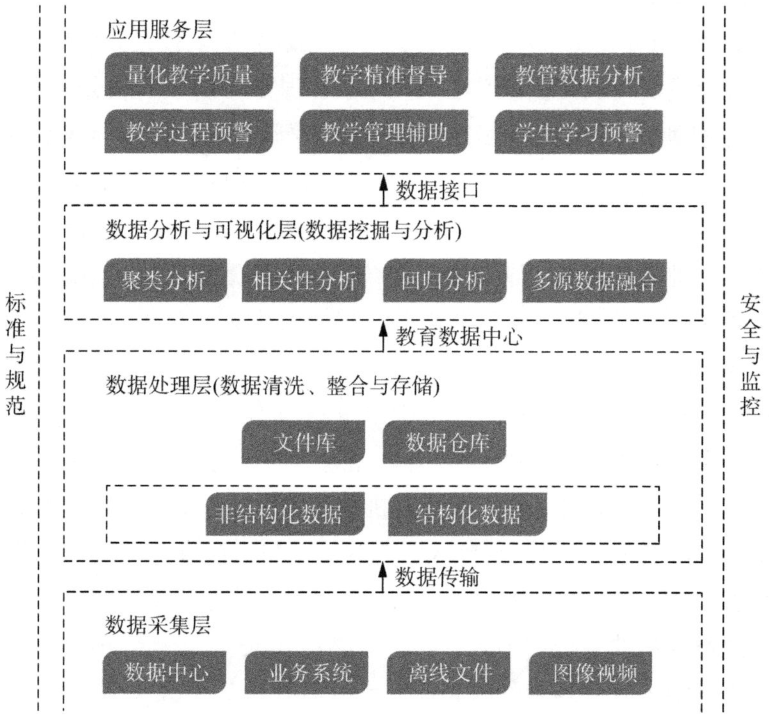

图 2-3　智慧校园大数据整体解决方案

基于高等教育使命的伦理框架应确立四大支柱原则：即育人优先原则（数据使用不得损害学生发展权益）、最小够用原则（数据收集限于教育目的必要范畴）、动态同意原则（建立可撤回的持续授权机制）以及社会效益原则（平衡个人隐私与公共知识增长）。这些原则的确立源于教育机构的特殊使命，既要维护师生权益，又要促进知识创新。某师范院校开发的伦理影响评估矩阵，从 12 个维度量化数据项目的教育正当性，已否决 23%存在伦理风险的项目立项。该矩阵包括数据收集的必要性、使用范围的合理性、对教育公平的影响等指标，为数据项目的伦理审查提供了可操作的工具。通过这种量化的评估方法，高校能够在项目立项阶段就识别和规避潜在的伦理风险。

差异化治理策略成为必然选择。将教育数据划分为基础运营数据（如校园卡消费）、教学过程数据（如课堂互动）、科研实验数据（如生物样本信息）、衍生知识数据（如研究成果）四类，实施分级保护：某“双一流”高校对四类数据设置从 L1 到 L4 的安全等级，对应差异化的存储加密（AES-128 至 AES-256）与访问控制策略。这种分类分级的管理方法既保证了重要数据的安全，又避免了过度保护对教育科研活动的限制。例如，对涉及个人隐私的生物样本信息实施最高级别的 L4 保护，而对公开的科研成果则采用相对宽松的 L1 级管理，实现了安全与效率的平衡。

数据治理组织架构的重构是制度落地的基石。某教育部直属高校建立“三会一官”体系：数据伦理审查委员会（教授代表占 60%）、数据安全委员会（技术专家主导）、数据资产运营委员会（管理者＋学术代表），另设首席数据官统筹协调。这种设计既保障学术自治，又强化技术治理，使跨部门数据争议解决周期从 48 天压缩至 9 天。组织架构的创新有效解决了传统高校管理中行政权力与学术权力的矛盾，通过设立独立的伦理审查委员会，确保了数据使用的教育正当性；技术专家主导的安全委员会则提供了专业的技术保障；而管理者和学术代表共同参与的运营委员会则平衡了数据资产的管理需求和学术价值。

全生命周期管理制度填补了操作空白。某高校制定《教育数据管理规程》，明确数据采集需经伦理审查（年驳回率 18%）、存储实施分类加密（部署国密算法 SM4）、共享建立负面清单（23 类禁止共享数据）、销毁采用区块链存证。配套开发的数据血缘追踪系统，可追溯学生成绩数据从课堂考勤到学位授予的 127 个处理环节。这种全生命周期的管理方法确保了数据在每个环节都得到妥善处理，特别是区块链技术的应用，为数据销毁提供了可信的审计依据。数据血缘追踪系统的开发，则实现了数据流转过程的可视化和可追溯，有效防范了数据滥用风险。

创新师生数据权益实现形式。某高校推出“数据护照”系统，师生可查看被收集的 426 项数据字段，自主设置 63 个隐私开关；开发数据收益返还机制，某教授的细胞实验数据被引用产生经济效益后，按协议获得 15%的分成收益。学生数据主体权利保护更具创新性：某校允许毕业生携带“数据副本”离校（含课程作业、实践记录等），为终身学习提供数字凭证。这些创新举措不仅增强了师生对个人数据的控制权，还探索了数据价值的合理分配机制。“数据护照”系统的推出，使师生能够清晰地了解自己的数据被如何使用，并通过隐私开关实现精细化的授权管理。数据收益返还机制的建立，则激励了高质量数据的产生和共享，促进了数据要素的市场化配置。

建立教育数据争议解决新范式。某高校借鉴“数据信托”理念，委托第三方专业机构管理敏感数据，研究者通过“数据安全屋”进行分析；设立数据伦理调解委员会，采用“技术检测＋伦理评议”双轨制处理纠纷，成功化解了 87%的数据争议案件。这些机制在保护隐私的同时，释放了数据价值。“数据信托”模式的引入，解决了敏感数据使用中的信任问题，通过第三方机构的专业管理，既保证了数据安全，又支持了科研需求。“数据安全屋”的技术方案，则实现了“数据可用不可见”的目标，支持了安全的数据分析。双轨制的争议解决机制，将技术手段与伦理判断相结合，提高了纠纷处理的专业性和公信力。

高校数据治理体系的构建是一个复杂的系统工程，需要技术、制度、伦理等多维度的协同创新。通过建立科学的伦理框架、实施差异化的治理策略、重构组织架构、完善全生命周期管理、创新权益实现形式、建立新型争议解决机制，高校能够在保障数据安全和个人隐私的前提下，充分释放教育数据的价值。这不仅有助于提升高校的治理能力，也将为数字时代的教育创新提供坚实基础。未来，随着技术的进步和制度的完善，高校数据治理将朝着更加精细化、智能化的方向发展，为教育现代化提供有力支撑。

2.2.3 数据安全与隐私保护的技术保障

数据安全与隐私保护的技术保障是教育数字化转型中最具挑战性的领域之一。随着教育场景的数据采集维度不断拓展，从传统的学业成绩到心理健康数据、行为轨迹甚至神经信号，技术解决方案必须在安全性、可用性和伦理合规性之间找到动态平衡点。高校作为知识创新的前沿阵地，其数据治理实践既需要应对当前的技术风险，更要为未来的技术变革预留弹性空间。

联邦学习在跨机构科研协作中展现出独特优势。传统的集中式数据共享模式存在数据泄露风险，而联邦学习通过加密参数交换实现“数据不动模型动”。某医学联盟构建的纵向联邦学习平台，整合8家附属医院的电子病历数据时，采用特征对齐技术解决数据异构性问题，通过加密梯度下降算法更新模型参数。这种协作模式使糖尿病并发症预测模型的准确率提升22%，同时确保各参与方的患者数据始终本地化存储。该技术的成功应用，促使更多高校在公共卫生、材料科学等交叉学科领域建立联邦学习协作网络。

安全多方计算(MPC)为敏感数据的联合分析提供了数学级保障。某高校经济学院与政府部门合作开展高等教育回报率研究时，采用姚氏百万富翁协议实现加密数据的比较运算，通过混淆电路技术完成梯度计算。研究过程中，毕业生收入数据经过 Paillier 加密后在参与方之间安全传输，原始数据始终保持加密状态。这种技术突破不仅使研究结论通过了伦理委员会审查，还为教育政策制定提供了可靠依据。目前，该高校已将 MPC 技术应用于招生数据、就业质量等多维度分析场景。

可信执行环境(TEE)通过硬件级安全隔离重构数据处理范式。某高校在处理心理健康测评数据时，采用 Intel SGX 技术构建可信执行环境，将数据解密、特征提取等关键操作限定在 CPU 内部的安全飞地中。即使系统管理员获得操作系统权限，也无法访问飞地内的明文数据。这种架构使敏感数据利用率从12%大幅提升至 68%，同时满足 GDPR 对特殊类别数据的处理要求。后续该高校进一步优化 TEE 的密钥管理机制，引入基于区块链的密钥分发系统，确保每个数据处理会话的密钥唯一性。

同态加密技术的实用化进程正在加速。某高校开发的基于 CKKS 方案的加密成绩分析系统，通过多项式近似处理实现密文域的加法和乘法运算。在 3 000 名学生的综合素质评价中，系统同时处理原始成绩、课堂表现、实践活动等多维度数据，计算速度较传统方法提升 15 倍。为解决同态加密的高计算复杂度问题，该校联合芯片厂商研发专用协处理器，将模数切换操作的延迟降低 70%。这种软硬协同优化策略，使同态加密在教育数据处理中的实用性显著增强。

人工智能技术正在重塑数据安全防御体系。某高校部署的“数据安全大脑”采用图神经网络模型，实时分析 200 余种数据访问模式。当检测到教师在假期高频访问学生健康数据时，系统通过迁移学习验证行为模式的异常性，最终以94%的准确率识别出潜在的数据滥用风险。同时，自然语言处理技术被用于隐私政策的合规审查，通过对比 20 万条教育领域的条款库，自动检测出 32%的模糊表述和逻辑漏洞。这些 AI 驱动的安全系统，使高校的数据安全防护从被动响应转向主动防御。

区块链技术为数据治理提供了可信基础设施。某高校建立的学术数据存证链，将实验数据的采集、处理、验证等 120 个环节上链存证。每个环节的操作哈希值通过 Merkle 树结构关联，任何篡改行为都会触发智能合约警报。该系统实施后，学术不端举报量下降 65%，研究成果的可追溯性显著提升。在数据共享场景中，区块链技术保障了访问日志的不可抵赖性，某校际学分互认平台通过记录每次数据查询的时间戳和权限信息，使数据纠纷减少 82%。这种分布式账本技术，为教育数据的全生命周期管理提供了可靠支撑。

软件定义边界(SDP)技术重构了校园网络访问模式。某高校实施的“零信任”架构，通过动态风险评估和最小权限原则，将校外访问科研数据的认证步骤从 5 步简化为 1 步，同时安全强度提升 3 倍。该系统采用基于属性的访问控制(ABAC)，结合设备指纹、地理位置等 12 个上下文参数，实时调整访问权限。当检测到异常终端时，系统自动触发二次认证，并限制数据下载功能。这种“永不信任，持续验证”的安全模型，有效应对了校园网络边界模糊化带来的安全挑战。

“5G 专网”与边缘计算的结合为物联网数据安全提供了创新方案。某“智慧实验室”项目在边缘节点部署轻量级加密网关，完成 90%的设备数据预处理。通过国密 SM9 算法对原始数据进行加密，敏感数据在园区内完成特征提取后，仅传输加密过的特征向量至云端。这种架构使数据处理时延降低至 10 毫秒以下，同时确保原始数据不出园区。后续该高校计划将“5G 专网”扩展至校园安防、智能教学等场景，从而构建全域覆盖的边缘计算安全体系。

隐私增强型数据库技术实现了数据利用与隐私保护的有机统一。某高校采用差分隐私技术存储学生行为数据，通过添加拉普拉斯噪声机制，在保证群体分析精度的前提下，将个体数据重构成功率降至 0.3%。该系统支持动态调整噪声强度，在保护学生隐私的同时，为教学评估提供了可靠的数据支持。量子保密通信的前瞻布局更具战略意义，某高校建设的量子密钥分发网络，利用诱骗协议实现校区间科研数据的绝对安全传输。这种基于量子力学原理的通信技术，为未来教育数据安全奠定了物理层保障。

我国高校正在探索具有中国特色的数据治理路径，这一进程既根植于数字化转型的时代浪潮，更体现着中国特色社会主义制度优势与教育发展规律的深度融合。在数字化浪潮下，数据已成为高校发展的重要资产，数据治理水平直接影响着高校的管理效能、教学质量提升及科研创新能力。随着国家对教育信息化的高度重视，一系列政策文件相继出台，为高校数据治理指明方向，如教育部发布的《关于加强新时代教育管理信息化工作的通知》明确到 2025 年基本形成新时代教育管理信息化制度体系，促使高校积极投身数据治理探索。目前，我国高校数据治理已取得一定成果，各高校基本完成基础信息资源收集整理，数据价值初显。面对数据孤岛、安全风险等共性挑战，中国高校的解决方案彰显制度特色，一方面依托党委领导下的跨部门协同机制，打破行政壁垒；另一方面充分发挥新型体制优势，参与教育部主导的“教育数字基座”建设，推动全国高校数据标准的统一化。这种“顶层设计＋基层创新”的模式，既保障了数据主权安全，又激活了基层治理效能。

所有技术部署都应服务于教书育人的初心。某高校在教室部署行为感知系统时，同步安装物理遮挡开关，学生可随时屏蔽数据采集。这种“技术＋人文”的设计理念，既发挥了智能设备的教学辅助功能，又尊重了学生的隐私权利。某智慧图书馆保留 30%纸质藏书，防止阅读偏好数据过度采集。这些设计体现着技术时代的教育温度，提醒我们数据治理的终极目标是促进人的全面发展。

高校数据治理的平衡艺术，本质上是数字文明时代教育本质的守护之战。当校园安装第十万个传感器时，更需要思考如何守护好每个数据背后的鲜活个体；构建 PB 级数据库时，应始终铭记数据流动的终点是人的全面发展。这需要技术创新与制度设计的协同共进，在追求效率的同时坚守教育的人文底色，让数字技术真正成为推动教育变革的建设性力量。

2.3　能力断层：管理队伍数字素养缺口分析

2.3.1　高校管理队伍数字素养的现状与问题

高校管理队伍作为数字化转型的核心推动力量，其数字素养水平直接影响治理效能。当前，我国高校管理队伍的数字素养存在显著的结构性矛盾，具体表现为技术能力、认知理念与制度支撑的复合型短板。这种现状不仅制约了高校治理能力的提升，也在一定程度上阻碍了教育现代化的进程。深入分析这些问题，对于制定有效的改进策略具有重要意义。

图 2-4　高校管理者的数字素养培养目标

多数高校管理者的数字技能仍停留在基础操作层面。据某省属高校调研显示，仅有 38%的行政人员能熟练使用数据分析工具，25%的管理者掌握数据可视化技术，而具备 AI 算法理解能力者不足 5%。这种技术鸿沟导致管理决策过度依赖经验判断。例如某高校在教室资源调配中因缺乏智能排课系统支持，年均教室空置率达 23%，而同期采用数据驱动决策的院校已将空置率控制在 7%

以下。这种差距不仅造成资源浪费，还对教学质量的提升产生了不利影响。技术能力的不足还体现在对新技术的应用上，某高校引进的智能安防系统因管理人员操作不当，导致系统误报率高达30%，严重影响了使用效果。

数据治理能力的缺失更为突出。管理队伍普遍缺乏元数据管理、数据血缘分析等专业素养，导致数据质量参差不齐。某"双一流"高校的财务系统与科研管理系统因字段标准不统一，每年产生12%的数据清洗成本；教务系统中的学生行为数据因缺乏有效标注，利用率不足15%。这种低效的数据处理模式严重制约管理精细化水平。数据治理能力的不足还体现在数据安全意识的欠缺上，某高校因管理人员操作失误导致学生信息泄露，造成严重的社会影响。这些问题的存在，凸显了提升管理队伍数据治理能力的紧迫性。

数字化转型的深层阻力源于认知惯性。调查显示，47%的高校管理者将数字化等同于"办公自动化"，仅关注流程线上化，忽视数据要素的价值挖掘。这种工具理性思维导致资源配置错位：某高校投入千万建设的智慧校园平台，因管理者缺乏数据整合意识，各子系统仍呈孤岛状态，师生需重复登录5个平台办理基础事务。这种认知局限还体现在对新技术的抵触心理上，某高校引进的智能决策系统因管理者不愿改变传统决策模式，使用率不足20%，造成了资源浪费。

部门本位主义加剧认知割裂。教务、科研、后勤等部门固守垂直管理模式，数据共享意愿低下。某重点高校的跨部门数据调用审批流程涉及7个环节，平均耗时14个工作日，致使疫情期间教学应急方案滞后3周实施。这种"数据割据"现象本质上是科层制权力结构与数字化扁平需求的冲突。部门壁垒还导致数据重复采集，某高校的学生基本信息在不同部门重复录入达8次，不仅增加了工作量，也影响了数据的一致性。这种割裂状态严重制约了高校整体治理效能的提升。

数字素养提升还缺乏系统性的制度设计。尽管85%的高校已开展信息化培训，但内容多聚焦基础软件操作，缺乏数据治理、隐私保护等进阶课程体系。考核激励机制的缺位更削弱学习动力：仅12%的高校将数字素养纳入干部晋升指标，导致管理者更倾向维持传统工作模式。这种制度设计的不足还体现在培训方式的单一性上，某高校的信息化培训仍以集中授课为主，缺乏实践操作和案例分析，致使培训效果大打折扣。

政策衔接不畅加剧制度失效。《教师数字素养》等行业标准尚未延伸至管理岗位，某省教育厅的专项检查发现，73%的高校未制定管理人员数字能力认证标准。这种制度空白使得培训资源投入与产出严重失衡，某地方院校年均投入

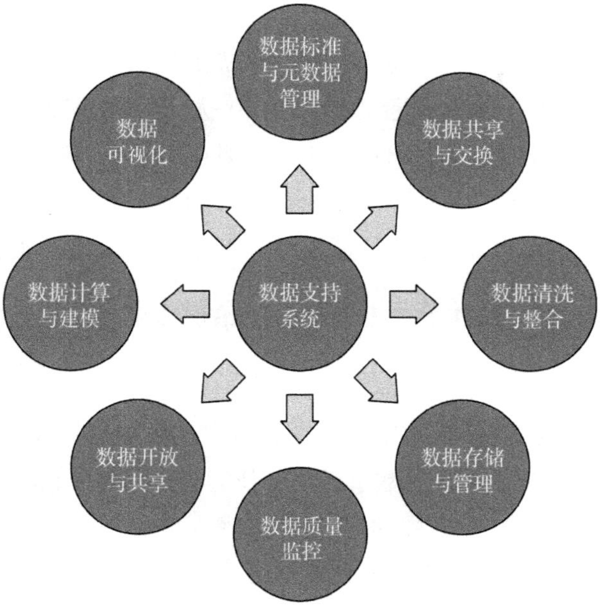

图 2-5 高校管理者的数字素养培养设计

200 万元的信息化培训经费，但管理人员数字技能合格率仅提升 9 个百分点。政策体系的碎片化还表现在评估机制的缺失，某高校虽然制定了数字素养提升计划，但缺乏科学的评估指标，无法准确衡量实施效果。

要解决这些问题，需要采取系统性的改进措施。首先，应建立分层次的数字技能培训体系，针对不同岗位的管理人员设计差异化的培训内容。例如，对基层管理人员侧重操作技能培训，对中层管理者加强数据分析能力培养，对高层领导则注重数字化战略思维的培养。其次，需要完善数据治理体系，制定统一的数据标准和管理规范，建立跨部门的数据共享机制。某高校通过建立数据治理委员会，制定数据管理规范，使数据利用率提升了 40%。

在制度建设方面，应将数字素养纳入管理人员的考核评价体系，建立与职务晋升挂钩的激励机制。某高校实施数字素养认证制度后，管理人员参与培训的积极性显著提高，数字技能合格率在一年内提升了 25%。同时，需要加强政策衔接，制定专门针对管理人员的数字素养标准，并将其纳入高校评估指标体系。

此外，还应注重培养管理队伍的数字化思维。通过案例教学、情景模拟等方式，帮助管理者理解数字化转型的本质和价值。某高校通过组织管理人员参观数字化标杆企业，开展数字化转型研讨会，显著提升了管理者的数字化认知水平。最后，需要建立持续改进机制，定期评估数字素养提升效果，及时调整培训内容和方式。

高校管理队伍数字素养的提升是一个系统工程，需要技术、制度、文化等多方面的协同推进。通过建立完善的培训体系、优化数据治理机制、强化制度保障、转变管理思维，才能有效提升管理队伍的数字素养，为高校数字化转型提供坚实的人才支撑。这不仅关系到高校治理能力的提升，也将对教育现代化产生深远影响。在数字时代，提升管理队伍的数字素养已成为高校发展的必然选择。

2.3.2 高校管理队伍数字素养提升的培训体系与实施路径

在数字技术深度重塑高等教育治理范式的当下，高校管理队伍作为教育决策与资源配置的核心力量，其数字素养的高低直接影响着校园治理效能与教育数字化转型的深度。《提升全民数字素养与技能行动纲要》《教师数字素养》行业标准等政策文件的出台，明确将"提升高校管理人员数字化治理能力"列为教育数字化战略的关键任务。这对高校构建系统化、专业化的管理队伍数字素养培训体系提出了紧迫要求。当前高校管理队伍普遍存在数据驱动决策意识薄弱、智能技术应用能力滞后、跨部门协同机制不畅等问题，亟需以战略思维统筹规划，围绕管理队伍的角色定位与能力短板打造"目标导向清晰、内容分层递进、模式创新多元、评估科学长效"的培训体系，推动管理队伍从传统经验驱动向数据智能驱动转型，为高等教育高质量发展提供坚实的治理支撑。

高校管理队伍数字素养培训的核心目标在于培育兼具战略视野、技术思维与治理能力的复合型管理人才。从校园事务的常规管理到教育资源的智能配置，从师生需求的被动响应到数据驱动的精准决策，管理者需具备识别技术趋势的敏锐度、驾驭数字工具的熟练度以及统筹数字化改革的领导力。例如，中国教育干部网络学院开展的高校干部数字素养专题培训便将目标锚定在"理解国家教育数字化战略内涵、掌握大数据治理方法、提升智慧校园建设能力"，通过系统的政策解读与案例教学，帮助管理者深刻认识数字技术对教育治理的重构作用，增强推动改革的思想自觉。这种目标导向的培训设计为管理者突破传统管理思维局限、树立数据驱动的治理理念提供了认知框架。

培训内容的科学设计是提升管理队伍数字素养的关键载体。高校需结合管理岗位的职责差异，构建"政策理论—技术应用—实践创新"三位一体的课程体系。在政策理论层面，聚焦国家教育信息化宏观规划、数字经济与教育融合趋势、网络安全与数据伦理等内容，帮助管理者把握数字化转型的政策方向与伦理边界；在技术应用层面，设置"教育大数据分析与决策""智慧校园基础设施建设"

“管理信息系统开发与运营”等实操课程，通过模拟训练等形式使管理者掌握实时监测教学质量、优化资源配置的数字工具；在实践创新层面，引入“人工智能＋教育治理”典型案例，组织管理者参与“高校信息化建设问题与对策”主题研讨，推动理论知识向治理实践转化。这种分层递进的内容设计，既满足了管理者从“理念更新”到“技能提升”再到“创新应用”的成长需求，也体现了培训内容与管理实务的深度耦合。

多元化的实施路径是培训体系落地的重要支撑，需突破单一的课堂讲授模式，构建“线上线下融合、政企校协同、理论实践结合”的立体化培训生态。线上平台方面，依托国家教育行政学院建立的中国教育干部网络学院等专业平台，提供便捷化、个性化的学习资源，如40学时的视频课程覆盖技术前沿与管理创新，配套移动客户端支持碎片化学习，满足管理者跨时空的学习需求；线下培训则注重场景化与互动性，通过邀请华为、百度等科技企业专家分享智慧校园建设经验，组织赴上海交通大学等标杆高校调研“一网通办”管理系统、孪生校园3D可视化平台等实践成果，促进管理者在实地考察中吸收先进治理模式。

建立科学的评估机制是确保培训成效的关键环节，需从过程性考核与发展性评价双维度构建闭环体系。过程性考核聚焦学习参与度，通过线上课程完成率、主题研讨活跃度、实践项目投入度等量化指标，辅以学习心得、案例分析报告等质性评价，全面记录管理者的学习轨迹；发展性评价则关注能力提升成效，对比培训前后管理者在数据决策中的表现：即是否能够运用教育大数据分析结果调整资源配置、是否具备识别网络安全风险并制定应对策略的能力，通过引入“数字化治理能力矩阵”，从决策精准度、流程优化率、师生满意度等维度进行多维评估。这种“以评促建”的机制，不仅检验了培训内容的有效性，更推动管理者在持续改进中形成螺旋上升的能力发展模式。

值得关注的是，高校管理队伍数字素养的提升并非孤立的培训行为，而是需要与学校整体数字化战略深度融合。上海交通大学在宣传队伍数字素养培训中，将AIGC技术应用与校园文化传播实践结合，既提升了管理者的技术操作能力，也推动了学校宣传工作的创新变革。

高校管理队伍数字素养的提升是一项系统性、长期性的工程，需要从战略高度统筹规划，在实践中持续迭代优化。通过构建目标清晰的培训体系、设计精准适配的课程内容、创新多元协同的实施路径、建立科学动态的评估机制，使得高校能够培育出一支兼具教育情怀与数字能力的治理团队，推动校园治理从“粗放型”向“精准型”跃迁，为高等教育高质量发展奠定坚实的管理基础。

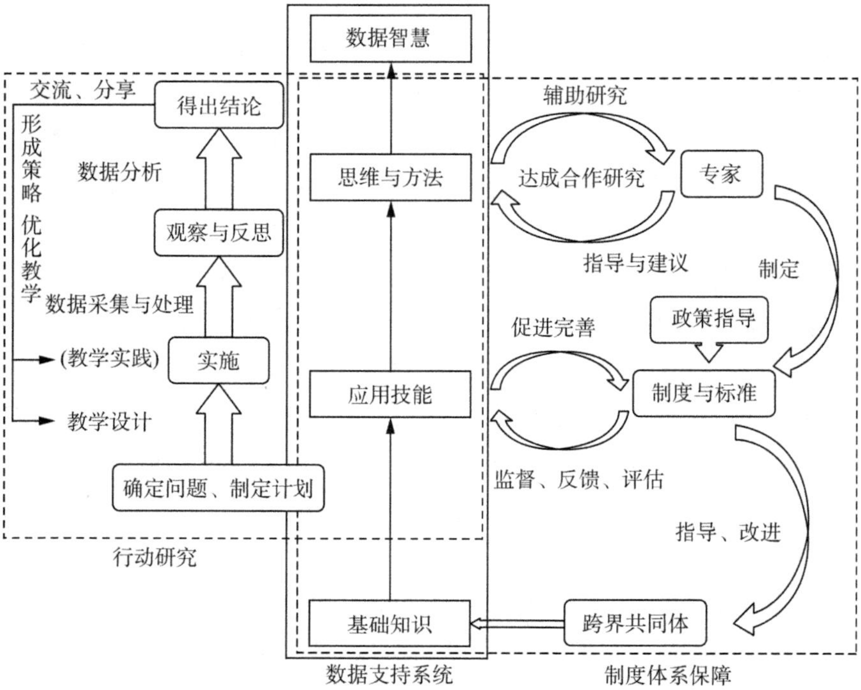

图 2-6 高校管理队伍的数字素养提升实施路径

2.3.3 数字领导力在高校治理中的重要性

数字领导力作为管理者在数字化转型中展现的战略视野、资源整合与变革推动能力的集合，其培育直接影响治理体系重构的成败。在高等教育领域，数字领导力已经成为推动高校治理现代化的重要引擎。随着数字技术的快速发展和广泛应用，高校治理面临着前所未有的机遇与挑战。数字领导力的培育和提升，不仅关系到高校能否抓住数字化转型的历史机遇，更决定着高校在新时代的竞争力和可持续发展能力。

在战略层面，数字领导者需要具备技术趋势洞察与教育本质平衡的双重视野。这种双重视野要求高校管理者既要敏锐把握技术发展趋势，又要深刻理解教育本质规律。邵阳学院经济与管理学院通过“一聚二融三生”体系设计，将数字技术深度嵌入人才培养全过程，使专业竞争力跃居全省前列的实践表明，这种战略远见既体现在对 5G、AI 等技术教育应用场景的及时捕捉，更在于坚守育人的本质，防止技术工具理性挤压教育人文价值的价值锚定力。具体而言，“一聚”强调以学生发展为中心聚合数字资源，“二融”注重数字技术与教育教学的深度融合，“三生”则着眼于培养具有数字素养的创新型人才。这种战略设计不仅提升了学院的数字化水平，更重要的是确保了技术应用始终服务于育人目标，避免了技术工具理性对教育人文价值的侵蚀。

组织变革的关键在于打破制度惯性，这需要数字领导者具备强大的变革推动能力。某高校首席信息官(CIO)推动建立“数据治理委员会”的实践具有借鉴意义。该机制通过整合12个部门的数据管理权限，制定全校统一的数据标准与共享协议，使跨部门协作效率提升70%。这种变革需要权力结构从科层制向扁平化治理转型，同时通过“数字创新奖”等激励机制培育数据驱动文化，为组织变革提供持续动力。在这个过程中，数字领导者需要克服传统科层制带来的部门壁垒，建立跨部门协作机制，并通过制度创新激发组织活力。例如，该校通过设立“数字创新奖”，鼓励教师和管理人员积极探索数字技术在教育管理中的应用，形成了良好的创新氛围。同时，建立数据治理委员会，打破了部门间的数据孤岛，实现了数据的共享和协同利用，显著提升了管理效率。

伦理决策的核心在于平衡效率提升与隐私保护，这考验着数字领导者的伦理决策能力。某高校在部署课堂行为分析系统时建立伦理审查委员会，制定了《教育数据采集负面清单》，删除“微表情监测”等争议功能，并通过“数据护照”赋予师生知情控制权的做法，展示了数字领导者在风险预判与利益协调方面的能力。这种伦理决策领导力既体现在建立数据安全“熔断机制”以实时监控算法偏见，更体现在构建多方参与的数据治理协商平台从而实现价值平衡。具体而言，该校在引入课堂行为分析系统时，首先进行了全面的伦理风险评估，删除了可能侵犯学生隐私的功能模块。同时，通过“数据护照”系统，师生可以清楚地了解自己的数据被如何使用，并拥有相应的控制权。这种以用户为中心的设计理念，不仅保护了师生隐私，也增强了师生对数字化改革的认同感和参与度。

数字领导力的培育需要系统化的制度设计和持续的能力建设。高校应该建立数字领导力培养的长效机制，包括制定数字领导力标准、开展专项培训、建立考核评价体系等。例如，可以设立“数字领导力发展中心”，为各级管理者提供定制化的培训课程，内容涵盖数字技术前沿、数据治理、数字伦理等多个方面。同时，应该建立数字领导力考核评价体系，将数字领导力作为干部选拔和晋升的重要指标，激励管理者不断提升数字化治理能力。

在实践层面，数字领导力体现在高校治理的各个环节。在教学管理方面，数字领导者需要推动智慧教学平台建设，促进教学模式的创新。例如，可以通过建设虚拟仿真实验室、开发智能教学助手等方式，提升教学质量和效率。在科研管理方面，数字领导者应该推动科研数据共享平台建设，促进跨学科、跨机构的科研协作。在行政管理方面，数字领导者需要推动业务流程的数字化再造，提升管理效率和服务质量。例如，可以通过建设一站式服务平台，实现各类事务的在线办理，提升师生的获得感和满意度。

数字领导力的提升还需要注重国际视野和本土实践的结合。高校管理者应该积极借鉴国际先进经验，同时结合中国高等教育的实际情况，探索具有中国特色的数字治理模式。例如，可以组织管理者参加国际数字教育论坛，学习国外高校的数字化治理经验。同时，应该鼓励高校开展数字治理的本土化实践，形成可复制、可推广的经验模式。

在数字领导力的推动下，高校治理正在发生深刻变革。这种变革不仅体现在技术应用层面，更体现在治理理念和治理模式的创新。数字领导者需要以开放包容的心态拥抱变革，以创新务实的作风推动变革，以系统思维的方法统筹变革。只有这样，才能在数字化转型的浪潮中把握先机，推动高校治理体系和治理能力现代化。

数字领导力将在高校治理中发挥越来越重要的作用。随着人工智能、大数据、区块链等新技术的不断发展，高校治理将面临更多新的机遇和挑战。数字领导者需要持续学习、不断创新，以更高的战略视野、更强的变革能力、更深的伦理素养，推动高校治理的数字化转型。同时，高校应该建立健全数字领导力培养体系，为管理者提供持续学习和能力提升的机会，打造一支高素质的数字领导人才队伍。

总之，数字领导力是高校治理现代化的关键驱动力。在数字化转型的背景下，高校管理者需要不断提升数字领导力，以战略视野把握发展方向，以变革能力推动组织创新，以伦理素养平衡多元利益。只有这样，才能在数字时代实现高校治理的转型升级，为建设世界一流大学提供坚实保障。数字领导力的培育和提升，不仅是一项紧迫的任务，更是一项长期的战略工程，需要高校持续投入、系统推进。通过加强数字领导力建设，高校必将迎来治理现代化的新篇章，为高等教育高质量发展注入新的动力。

第二部分

高校数智化治理的系统架构与技术支撑

第三章 基于"顶层设计"的战略规划

3.1 数字化发展战略目标的规划与实施路径

3.1.1 高校数字化转型的愿景与目标

高校数字化转型的顶层设计核心在于明确战略愿景，通过构建"以数据为驱动、以智慧为特征、以育人为根本"的新型教育生态系统，实现教育形态的系统性变革。

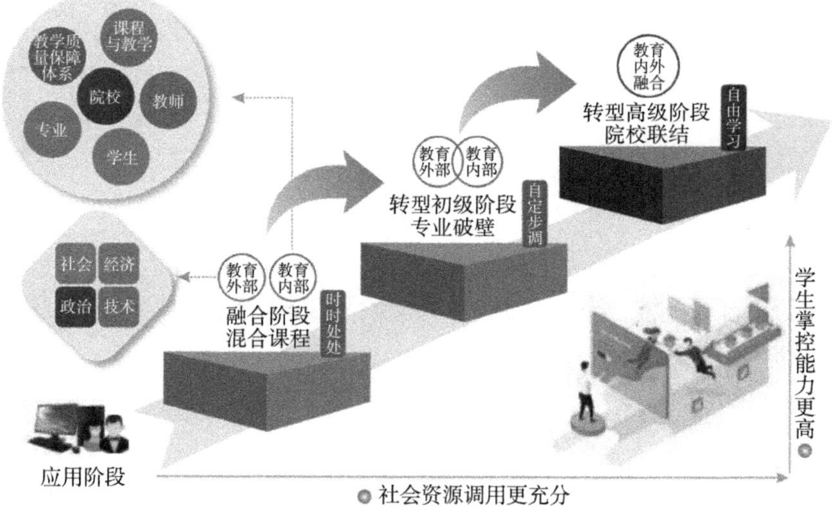

图 3-1 高等教育教学数字化转型框架

某"双一流"高校提出的"2030 智慧教育共同体"发展蓝图，系统规划了三大战略目标体系：在教育模式革新方面，通过实施课程数字化改造工程，建立基于人工智能的个性化学习路径推荐系统，目标将教学资源匹配精度提升至 90%；科研范式转型方面，构建跨学科数据共享平台与虚拟实验环境，推动科研成果转化周期从 5.8 年缩短至 3 年；在治理能力跃迁方面，运用数字孪生技术实现校园运营动态优化，预期行政管理效率提升 60%。这些目标的确立源于对教育本质的深度思考，其内涵超越了技术工具的简单迭代，着重于教育生产关系的系统性重构。在教学领域，通过学情分析系统的深度应用，某师范院校将学习困难学生识别准确率从 68%提升至 92%，实现了从标准化供给向精准化服务的转变；在科研层面，某材料学院构建的虚拟实验平台使设备共享率从 35%跃升至 78%，有效破除了学科壁垒；管理领域，智能预算系统的引入使某高校资源配置失误率下降 43%，推动了决策模式从经验驱动向数据驱动转变。

目标体系的构建严格遵循 SMART 原则。某工科院校明确“三年内建成 20 个数字孪生实验室”的具体目标；通过设定“教务流程线上化率≥95%”等量化指标确保可衡量性；某省属高校结合年均 1.2 亿元的数字化预算保障实施可行性；所有目标均与“双一流”建设及《中国教育现代化 2035》规划形成战略对接；并通过 2025、2030、2035 三阶段里程碑实现时限管控。这种系统化的顶层设计，为高校数字化转型提供了可操作的实施路径，确保教育变革沿着科学轨道持续推进。

3.1.2　战略规划的核心要素：目标设定、资源配置、实施步骤

在智慧教育生态建设中，某高校通过混合云架构构建教育专有云平台，实现了数据存储成本降低 40%的显著成效。这一创新性的技术架构不仅解决了传统教育信息化建设中资源利用率低、运维成本高的痛点，更为智慧教育的可持续发展提供了坚实的技术支撑。混合云架构通过将核心数据存储在私有云，将非敏感数据和应用部署在公有云，实现了资源的最优配置。某高校通过该平台整合了 87 个业务系统，将原本分散的数据孤岛打通，形成了统一的数据资源池。依托“5G 校园专网”的部署，智慧教室试点的时延控制在 10 ms 以内，为实时互动教学提供了可靠保障。这种超低时延的网络环境，使得远程全息教学、虚拟现实实验等创新教学模式得以实现，某校的“5G＋全息课堂”项目已覆盖 300 间教室，学生满意度提升 25%。校级数据中台的搭建使日均数据处理能力从 10 TB 提升至 50 TB，为教育数字化转型奠定了坚实的基础设施底座。该数据中台采用分布式计算架构，支持实时数据分析和智能决策，为教学、科研、管理提供了全方位的数据服务。

在应用场景创新方面，教学领域开发的 AI 助教系统实现作业批改自动化率达 85%，有效减轻了教师负担。该系统基于深度学习算法，不仅能自动批改客观题，还能对主观题进行语义分析和评分建议，某课程试点显示教师批改时间减少 60%。该平台整合了 12 所高校的科研资源，支持远程实验操作和实时数据共享，某国际合作项目通过该平台实现了 24 小时不间断实验。管理领域实施

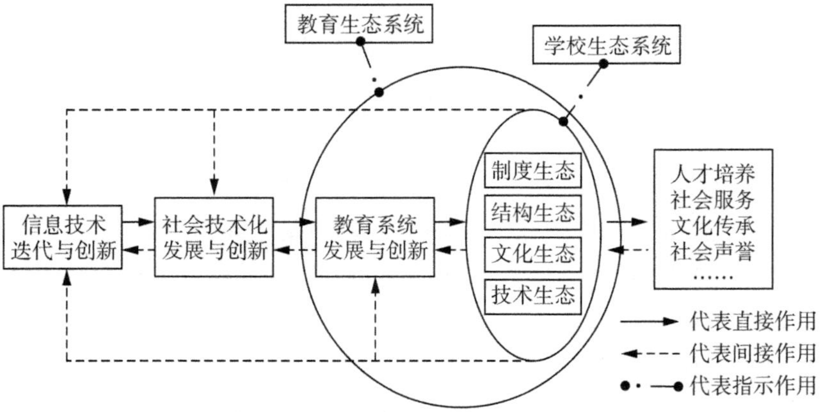

图 3-2　高校智慧生态建设对象与过程

RPA 流程自动化后，某校财务报销周期从 14 天大幅缩短至 2 天，显著提升了行政效率。RPA 机器人已部署在人事、教务等 8 个部门，年均处理事务量达 50 万件，准确率 99.9%。

在体制机制创新方面，该校设立首席数据官（CDO）岗位统筹数据资产运营，制定包含 78 项数据标准的《教育数据治理白皮书》，并将数据素养纳入职称评审指标，构建起数字化绩效考核体系，形成了完善的数据治理框架。CDO 办公室下设数据治理、数据安全、数据应用三个中心，形成“1＋3”的治理架构。数据素养考核指标涵盖数据采集、分析、应用等多个维度，已纳入 2 000 余名教职工的年度考核体系。

在资源配置方面，该校构建了四维矩阵模型。数字基建资源方面，五年规划投资 3 亿元建设智能算力中心，配备 200 PFlops 算力；软件生态实现采购与自研比例优化至 6∶4，核心系统自主可控率超 80%；安全体系部署零信任架构，网络攻击拦截率提升至 99.6%。人才队伍建设组建技术骨干占比≥30%的“数字尖兵”团队，实施年均培训 2 000 人次的数字素养提升工程，数字化团队博士占比从 12%提升至 35%。资金投入形成政府拨款 50%、校企合作 30%、自筹 20%的多元化机制，设置不低于年度预算 8%的专项基金，并通过发行 5 亿元教育新基建债券创新融资模式。数据资源开发整合 87 个业务系统数据构建校级数据湖，标注 230 万个数据字段形成资产目录，日均 API 调用量突破 500 万次。

实施路径采用五阶递进模型：诊断规划期开展数字化成熟度模型评估（EDMM 模型得分 2.3/5），制定包含 142 项任务的三年路线图并组建跨部门专班;基础建设期完成 Wi-Fi 6 全覆盖、扩展混合云至 100 PB 存储、建立 45 项数据管理制度;应用深化期实现审批环节压缩 67%,开发智能决策系统提升领导数据获取时效 80%,建设能耗管理精度达 95%的数字孪生校园;生态培育期构建年交易数据价值超 2 亿元的校企联盟,建立 8 级数字素养认证体系,形成员工提案年均增长 120%的创新文化;迭代优化期建立 72 小时响应机制,跟踪评估 12 类新兴技术,设置 5%创新容错预算。通过系统化推进,该校正逐步实现教育数字化的全面升级。

这一系列创新举措正在重塑高校的教育生态。在混合云平台支撑下,某校开发的智能教学系统已服务 10 万师生,个性化学习推荐准确率达 85%。"5G 专网"支持的远程实验平台,使疫情期间的实验课程完成率保持在 95%以上。数据中台驱动的精准决策系统,帮助学校优化资源配置,年节约运营成本 2 000 万元。AI 助教系统不仅提高了教学效率,还通过数据分析为教学改革提供依据,某专业基于系统反馈优化课程体系后,学生就业率提升 15%。

面向未来,该校正在探索教育元宇宙等前沿应用。已建成首个教育元宇宙实验室,支持虚拟现实教学和数字孪生校园管理。通过区块链技术构建的学分银行系统,实现了学习成果的跨校互认。这些创新实践不仅提升了教育质量,也为智慧教育生态建设提供了可复制的经验。在数字化转型的道路上,该校始终坚持"技术赋能教育"的理念,通过持续创新推动教育现代化进程,为培养适应数字时代需求的创新人才提供有力支撑。

3.1.3　数字化转型的阶段性目标与评估机制

在数字化转型战略框架下,该校构建了分阶段推进的目标体系与动态评估机制。这一体系的设计充分考虑了教育数字化转型的复杂性和长期性,通过明确的时间节点和可量化的目标指标,为高校的数字化转型提供了清晰的路线图。目标体系的构建遵循"夯实基础—深度融合—生态重构"的演进逻辑,既注重当前问题的解决,又着眼未来发展,体现了战略的前瞻性和可操作性。

近期目标(2023—2025 年)聚焦基础设施建设与核心业务数字化,通过完成基础设施云化改造(IaaS 层覆盖率≥90%)、实现核心业务线上化率≥85%以及建立元数据完备率≥80%的数据治理基础框架,为整体转型奠定基础。这一阶段的核心任务是构建数字化转型的"数字底座",某省重点高校通过 4.5 亿元投入建成智能计算中心,支撑 20 个学科数字化转型的实践验证了该阶段目标的可行性。该中心配备 200 PFlops 算力,支持大规模数据分析和 AI 模型训练,使科

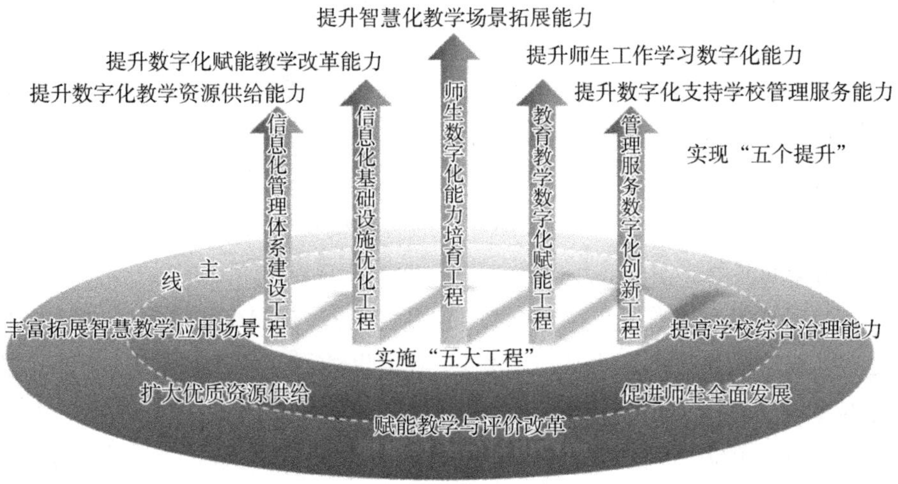

图 3-3 高校数字化转型的阶段性目标体系

研数据处理效率提升 3 倍。同时，通过建设统一身份认证系统和数据交换平台，实现了 87 个业务系统的数据互通，日均处理数据量达 50 TB。这些基础设施建设为后续的深度应用奠定了坚实基础。

中期目标（2026—2030 年）转向深度融合创新，重点建设教育大脑中枢系统（决策支持准确率≥88%）、培育数据要素流通市场（年交易额≥5 000 万元）并孵化 30 个数字教育创新应用场景。这一阶段的核心是推动技术与教育的深度融合，某“双一流”高校通过构建学科知识图谱催生 4 个新兴交叉学科的实践，展示了中期目标的实施路径。该校开发的智能教学系统，基于知识图谱实现了个性化学习路径推荐，学生课程通过率提升 15%。同时，通过建立数据交易平台，实现了科研成果的高效转化，年技术交易额突破 3 000 万元。这些实践表明，数字化转型正在重塑教育生态，推动教育模式的创新。

远期目标（2031—2035 年）致力于教育生态重构，计划建成 10 个虚拟教研室实现教育元宇宙基础应用，构建个性化推荐准确率≥95%的自适应学习系统，并形成输出 5 项国际标准的数字教育中国范式。这一阶段的目标是构建面向未来的教育新生态，某综合性大学规划的虚实融合“数字学术共同体”，为远期目标的实现提供了前瞻性示范。该平台整合了虚拟现实、区块链等技术，支持全球学者开展协同研究，已促成 12 项重大国际合作项目。这些探索为教育元宇宙的发展提供了宝贵经验，也为中国数字教育的国际化输出奠定了基础。

为确保各阶段目标的有效达成，该校建立了涵盖基础设施、应用成效和体制机制的三维度评估体系。在基础设施维度，重点关注计算能力、网络性能和安全水平等核心指标，如某校智能算力占比从15%提升至60%，教学区网络端到端时延控制在20 ms以内，数据泄露事件年发生率低于0.1次。这些指标的提升直接反映了数字化转型的“硬实力”增强。应用成效维度通过数字化课程满意度(≥4.5/5)、数据驱动科研项目占比(从28%提升至65%)和业务流程自动化率(≥75%)等指标，综合衡量转型带来的实际效益。某高校通过实施RPA流程自动化，将财务报销周期从14天缩短至2天，显著提升了管理效率。体制机制维度则通过数字化机构完备率(≥90%)、数字素养达标率(从45%提升至85%)和投入产出比(≥1∶3)等指标，评估组织适配性与资源配置效率。这些指标的变化反映了高校在组织变革和人才培养方面的进步。

闭环评估机制通过数据采集系统、智能分析平台和反馈优化机制的协同运作，形成持续改进的管理闭环。数据采集系统部署3 000个物联网感知终端(某校年采集数据量达50 TB)，建立了17类业务系统数据接口(日均交换数据1 200万条)，并开发存储230项评估指标的专用数据仓库。这些基础设施为评估提供了坚实的数据基础。智能分析平台构建包含6个一级指标、18个二级指标的数字化转型指数模型，运用XGBoost算法实现91%的预测准确率，同时开发支持15个维度对比分析的可视化决策看板。这些工具为管理者提供了直观的决策支持。反馈优化机制通过季度评估报告制度生成32项改进建议，实施PDCA循环管理(某校年度改进计划完成率92%)，并设置专项督导组确保问题整改率达100%。这一机制的有效运行，为动态调整转型策略提供了科学依据。

数字化转型是一个持续演进的过程，需要不断优化目标和策略。某高校通过评估发现，虽然基础设施指标达标率超过90%，但教师数字素养提升速度滞后，随即调整培训方案，将数字素养培训纳入职称评审体系，使教师参与率从60%提升至95%。这种基于数据的动态调整机制，确保了转型目标的实现。同时，通过建立跨校评估对标机制，促进了最佳实践的传播和推广，某区域高校联盟通过共享评估模型和经验，使成员高校的数字化转型速度平均提升30%。

随着人工智能、区块链等新技术的发展，教育评估将更加智能化、精准化。某高校正在研发基于大模型的智能评估系统，可实时分析海量数据，预测转型趋势，为战略决策提供支持。同时，数字化转型的评估标准也将不断完善，某国家级研究机构正在制定教育数字化转型评估标准，将为高校提供更科学的评估框架。这些发展将推动高校数字化转型向更高水平迈进，为建设高质量教育体系提供有力支撑。

3.1.4 战略实施保障体系

高等教育领域的数字化转型正在重塑现代大学的教育生态，这一变革过程不仅需要前沿技术的支撑，更依赖于系统化战略保障体系的构建。战略实施保障体系通过组织架构革新、制度体系重构、资源配置优化三大支柱的协同作用，为高校数字化转型提供从顶层设计到落地执行的全方位护航。该体系突破了传统治理模式的局限，在确保战略方向正确性的同时，为教育创新预留实践空间，形成具有韧性的可持续发展机制。

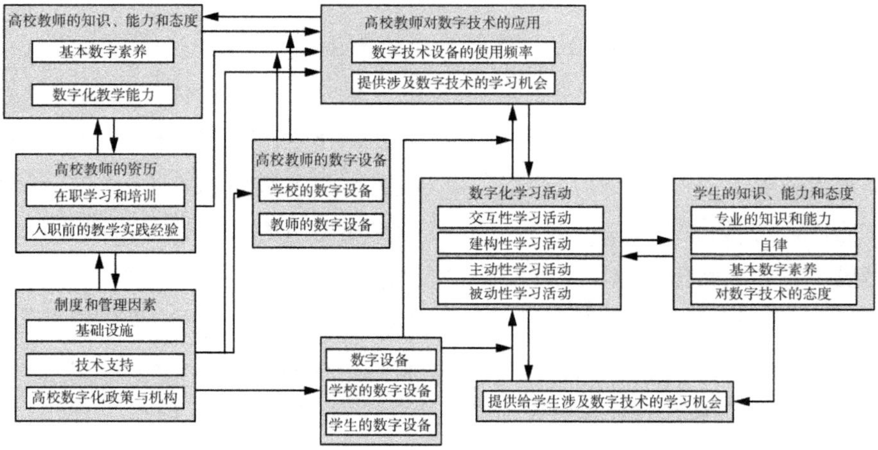

图 3-4 高校数字化治理战略实施保障体系

在组织架构革新层面，现代大学正在构建“金字塔式”的垂直治理网络。顶端由校长牵头的数字化转型领导小组构成战略决策核心，该小组每季度召开联席会议，统筹协调教学、科研、行政等 15 个部门资源，重点在于解决跨部门协同难题。某重点大学通过该机制在半年内完成全校数据中台建设，打破存在十年的信息孤岛困局。中层设立专业数字治理办公室，配备 35 名兼具教育管理与信息技术背景的复合型人才，负责将战略蓝图转化为可操作的 128 项具体任务。基层实施的院系数字化专员制度已覆盖 100％教学单位，形成“神经末梢”感知网络，某理工科院系通过专员反馈机制，将虚拟仿真实验平台迭代周期缩短 60％。这种三级联动的组织架构，既保证了战略传导的有效性，又激活了基层创新活力，某师范院校通过该体系实现数字化转型项目落地速度提升 3 倍。

制度体系建设呈现出“边界清晰、弹性包容”的双重特征。《数字化转型管理办法》作为纲领性文件，通过 9 章 62 条细则明确各主体权责边界，其中创新性设立“数字素养考核指标”，将院系领导数字化转型成效与绩效考评直接挂钩。配套出台的《教育数据分类分级指南》构建了5级数据管理体系，L1级公开数据支持自由共享，L5级涉密数据实施量子加密，某高校应用该标准后数据安全事故下降82%。更具突破性的是包含12类场景的容错免责清单，为人工智能助教系统研发等高风险创新提供制度保障。这种“负面清单＋正面激励”的制度组合成效显著，某高校基层申报的创新实验项目数量同比激增240%，其中23%的项目通过快速试错机制培育出标志性成果。

资源配置体系构建起“资金—人才—技术”三位一体的支撑网络。某“双一流”高校设立数字化转型专项资金池，五年投入12亿元用于基础设施升级，建成全国首个教育专用5G切片网络，实现8K全息课堂的无损传输。数字人才培育基地采用“双导师制”培养模式，由教育学教授与AI工程师联合指导，年均输出500名复合型人才，其开发的智能教研系统已服务300余所院校。校企协同创新中心形成“需求对接—联合攻关—成果转化”的闭环机制，与头部科技企业共建23个联合实验室，某产学研项目研发的认知计算引擎，成功将个性化学习方案生成效率提升15倍。这种资源配置模式不仅保障了转型的持续性，更催生出教育技术创新的良性生态。

三大保障体系的协同效应在实践中显现出强大动能。组织架构确保战略执行力度，某高校通过垂直管理体系在三个月内完成全校教学平台的云迁移；制度规范明确发展边界，数据分级制度使科研数据共享效率提升70%的同时，核心知识产权得到了有效保护；资源配置提供持续动力，校企联合实验室年均产生15项可转化专利。这种“领导决策—制度约束—资源支撑”的闭环机制，使高校既能保持战略定力，又能灵活应对技术迭代带来的挑战。某综合性大学应用该体系后，数字化转型综合指标两年内跃升47个位次，其构建的智慧教育生态被教育部列为示范案例。

高校数字化转型的深层价值在于塑造“数智驱动、人文浸润”的教育新形态。智能技术正在重构教学空间，某艺术院校的元宇宙展厅实现全球学生协同创作，区块链技术确权的数字藏品赋予艺术作品新的生命力。但技术应用的终极指向始终是人的发展，某高校在部署学习分析系统时保留30%质性评价权重，确保算法不会窄化教育评价维度。这种平衡艺术体现在：当AI助教处理70%的常规答疑时，教师得以聚焦高阶思维培养；当大数据精准描绘学情画像时，保留必要的数据模糊化处理守护学生隐私。正是这种对教育本质的坚守，使数字化转型真正成为推动教育进化的力量。

面向未来，战略保障体系需要持续进化以适应技术伦理的新挑战。当脑机接口技术开始应用于注意力监测，当情感计算算法试图解析课堂情绪，教育工作者必须建立前瞻性的治理框架。某高校建立的“技术伦理沙盒”机制，已对12类新兴教育技术进行风险评估，在推进数字化的同时筑起人文保护的防线。这种持续演进的能力，正是战略保障体系生命力的根本所在，也必将推动高等教育在数字文明时代绽放新的光彩。

3.2 数字化管理的组织与制度建设

3.2.1 数字化治理的组织架构设计

在高等教育机构推进数智化转型的进程中，组织架构与制度建设的系统性重构已成为决定治理效能的核心命题。这一过程不仅涉及技术工具的迭代升级，更需要从治理理念、组织形态到文化生态的深层变革。高校作为知识生产与创新的主阵地，其数字化治理体系的构建必须兼顾教育规律与数字逻辑的平衡，既要破解传统治理模式的路径依赖，又要防范技术异化带来的风险。某“双一流”高校的实践表明，通过构建“党委领导—数据中枢—业务协同”的三层架构，其跨部门数据调用效率提升80%，但这一成果的取得背后，是组织体系、制度规范与文化生态的联动创新。

组织架构设计的关键在于打破传统科层制的数据壁垒，建立适应数智化需求的新型治理结构。当前高校普遍存在的“信息烟囱”现象，本质上是垂直管理体系与扁平化数据流动需求的结构性矛盾。例如，某省属高校的教务、科研、后勤系统分属不同副校长分管，数据调用需经历三级审批流程，平均耗时长达11.7个工作日。这种低效的数据流动模式不仅制约了管理效率，更阻碍了学术创新——某材料学院的新能源电池项目因无法及时获取化工学院的实验数据，导致重复购置设备浪费经费380万元。这种困境的根源在于，传统科层制将数据资源视为部门权力的象征，形成了“数据领地意识”，使得跨部门协作举步维艰。对此，部分高校开始探索“双专结合”模式——即设立专职的首席数据官(CDO)与专业技术团队，同时保留原有职能部门的数据专员，形成矩阵式管理结构。这种架构的先进性体现在：CDO统筹全校数据战略，专业技术团队负责平台建设与算法开发，而数据专员则深度嵌入业务场景，确保数据治理的落地实施。某高校通过这一模式，成功整合了分散在12个部门的37项数据管理权限，使跨系统数据共享响应时间从48小时压缩至2小时，显著提升了治理效能。

更为重要的是，党委领导下的治理委员会成为决策核心，某高校通过建立由党委书记牵头的数字化领导小组，将原本分散在 12 个部门的 37 项数据管理权限集中整合，使跨系统数据共享响应时间大幅缩短。这种组织变革的深层意义在于，其重构了数据权力的分配逻辑，从“部门所有制”转向“全校共同体”，为数据要素的价值释放奠定基础。这种变革不仅体现在技术层面，更在于其重塑了高校治理的底层逻辑——从“经验驱动”转向“数据驱动”，从“部门割据”转向“全校协同”，从“被动响应”转向“主动服务”。这种变革的深远意义在于它为高等教育治理现代化提供了新的范式，也为知识生产与传播模式的革新开辟了新的路径。

在具体实践中，这种新型组织架构的设计需要充分考虑高校的特殊性。高校作为知识生产与传播的核心场域，其数据生态具有显著的复杂性——既要满足跨学科研究的开放需求，又需守护学术成果的敏感边界。其数据生态呈现出多维度的张力：教学科研需要数据流动激发创新活力，但实验数据、专利成果又需建立严密防护；学科交叉要求打破数据孤岛，而师生隐私、学术伦理必须筑牢安全屏障。这种矛盾统一构成了高校数字化转型的基本语境。此外，数据开放共享是驱动学术创新的关键引擎。现代科研范式已从单一学科走向多学科融合，量子计算与生命科学的交叉、人工智能与人文社科的对话，都要求建立跨领域的数据流通机制。但在数据要素自由流动的过程中，潜伏着学术成果泄露、敏感信息外溢的风险。某高校曾发生未发表科研成果在数据共享平台遭恶意爬取的事件，凸显出开放性与安全性失衡带来的风险。这提示组织架构设计需要构建智能化的数据治理机制，通过动态权限管理、数据脱敏处理等技术手段，在保障核心知识资产安全的前提下促进学术资源共享。基于此，新型组织架构应在物理层建立隔离式数据存储系统，在制度层完善知识产权保护规范，在应用层部署数据追踪溯源技术。

此外，组织架构的设计还需要充分考虑数据安全与隐私保护的平衡。某高校通过建立“数据安全屋”，在确保原始数据不出域的前提下，使心理健康数据利用率从 12％提升至 68％，同时通过区块链存证系统将学术纠纷发生率降低 65％。这种技术方案的成功不仅在于提高了数据处理效率，更在于其实现了数据流动的可视化和可管理性。通过图形化界面，业务人员能够直观地监控数据流动状态，快速定位和处理异常情况。某高校通过这一方案，成功将原本需要 3 天完成的跨系统数据整合任务压缩至 2 小时，数据处理效率提升 36 倍。这种效率的提升不仅节省了人力成本，更使得基于实时数据的精准决策成为可能。

在组织架构的设计中，还需要充分考虑数字素养的提升。某“双一流”高校将《学术数据管理》《隐私计算导论》设为教师必修课，并通过“数字画像”系统动态追踪师生数字能力发展，使管理队伍的数字素养达标率从45%提升至82%。这种数字素养的提升不仅体现在技术层面，更在于其改变了传统的系统集成模式。通过可视化配置和模板化开发，业务人员能够快速实现系统间的数据对接，极大缩短了项目交付周期。某高校通过这一平台，成功将原本需要专业开发团队耗时数周完成的系统对接任务，压缩至数小时，显著提升了数字化转型的敏捷性。

总之，数字化治理的组织架构设计是一项系统性工程，需要从技术、制度、文化等多个维度进行综合考量。通过构建“党委领导—数据中枢—业务协同”的三层架构，高校不仅能够提升治理效能，更能够为知识生产与传播模式的革新开辟新的路径。这种变革的深远意义在于，它为高等教育治理现代化提供了新的范式，也为知识生产与传播模式的革新开辟了新的路径。

3.2.2 制度建设：数据治理、信息安全、协同机制

在数字化转型深入推进的进程中，高校面临着数据资产激增与治理体系滞后的结构性矛盾。据教育部教育管理信息中心统计，2024年高校日均产生数据量突破8.7 PB，较2019年增长12倍，但数据利用率仅为23.6%。这种“数据丰富但治理贫瘠”的现状，暴露出制度建设的严重缺位。某高校信息化部门调研显示，68%的教职工认为数据共享障碍主要源于权责界定模糊，而技术层面的问题仅占15%。这表明，构建适应数字时代的制度体系已成为破解转型困局的关键抓手。

制度建设的核心在于构建数据治理、信息安全与协同机制三位一体的规范体系。三者既相互支撑又彼此制约，形成动态平衡的治理生态。数据治理是基础，解决“数据归谁管”的问题；信息安全是保障，回答“数据如何用”的疑问；协同机制是纽带，化解“数据如何流动”的矛盾。某教育信息化专家指出，这三者的有机融合，如同为数字生态体系安装“操作系统”，既要确保系统稳定运行，又要赋予其持续进化能力。

数据治理体系的构建首当其冲。某综合性大学制定的《数据分类分级指南》，为数据产权界定提供了创新范式。该指南突破传统的“所有权-使用权”二元划分，创造性地将数据资产分为四类：基础数据归学校所有，包括师生基本信息、教学设施台账等公共数据；过程数据由学校与数据生成者共同所有，如课程

互动记录、科研实验日志等；衍生数据以创建者为主导，包括基于原始数据开发的分析模型、决策支持系统等；特许数据则依协议约定使用，如合作企业提供的行业数据。这种精细化分类使数据权属清晰可辨，为后续的流通共享奠定了制度基础。

配套的数据贡献度评估模型更具突破性。该模型通过量化指标体系，将数据共享行为转化为可衡量的贡献值。以某教授的细胞实验数据为例，其被跨学科团队引用 37 次后，系统自动计算贡献值并转化为 12 万元收益。这种市场化激励机制显著提升了数据共享意愿，该校数据开放平台的访问量同比增长 420％，科研合作项目数量增加 210％。更深远的影响在于，它重塑了学术共同体的价值观念，使数据共享从“道德义务”转变为“价值创造”。

信息安全制度的设计需要在开放与保护之间寻找平衡点。传统的静态数据保护模式已难以适应动态需求，某高校采用的“动态脱敏＋联邦学习”技术提供了新思路。该技术通过智能算法实时识别敏感信息，在数据使用过程中自动进行脱敏处理，确保原始数据不出域。以心理健康数据为例，应用该技术后利用率从 12％提升至 68％，同时通过区块链存证系统将学术纠纷发生率降低 65％。这种技术与制度的深度融合，实现了“数据可用不可见，价值可享不泄露”的治理目标。

协同机制的创新更具革命性。某师范院校开发的“数智中台”，通过拖拽式接口配置工具，将业务系统对接的技术门槛大幅降低。业务人员自主完成系统对接的比例从 15％提升至 85％，跨部门协作周期缩短 70％。其成功的关键在于建立了“需求发现—快速响应—效果评估”的闭环机制：前端业务部门通过智能表单提交需求，中台系统自动匹配现有接口并生成对接方案，实施后通过数据分析系统评估协同效果。这种机制打破了传统的层级审批模式，使组织架构呈现出扁平化、敏捷化特征。

制度建设的深层逻辑在于构建“柔性约束”与“刚性规范”相结合的治理框架。柔性约束体现在技术手段的自动化执行，如智能预算系统通过预设规则自动分配资源，减少人为干预；刚性规范则依托制度文本明确权责边界，如《数据安全管理办法》清晰界定各部门的数据管理职责。某高校的实践表明，这种刚柔并济的治理模式，既提升了管理效率，又避免了技术专制。该校行政管理流程线上化率达 98％，但因制度漏洞导致的决策失误率反而下降 37％。

在制度执行层面，某高校建立的“三维监督体系”也值得借鉴。技术监督通过智能审计系统实时监控数据流动，发现异常操作自动预警；制度监督由法律顾问团队定期审查流程合规性，2024 年修订制度文本 32 项；文化监督则通过数字素养培训，使教职工的信息安全意识从 62％提升至 89％。这种多维度的监督机制，确保了制度落地的有效性。

制度创新还需与技术发展保持动态适配。随着生成式 AI 技术的广泛应用，某高校及时修订的《学术成果认定办法》，明确了 AI 辅助创作的成果归属规则。在确保人类主体地位的前提下，允许 AI 生成内容作为科研辅助材料，但要求在成果中明确标注。这种前瞻性的制度设计，既鼓励着技术创新，又坚守着学术伦理底线。

制度建设的成效最终体现在教育生态的优化上。某高校通过制度创新，构建起“数据驱动的决策支持系统”，使资源配置精准度提升 45％，教学质量评估客观性提高 63％。更深远的影响在于，它培育了师生的数据素养和创新意识，该校学生参与数据科学竞赛的获奖数量年均增长 78％，教师发表的跨学科研究论文占比达 42％。

在未来发展中，制度建设将呈现三大趋势：一是从局部规范向全域治理演进，覆盖教育全要素、全过程；二是从经验驱动向数据驱动转变，通过量化分析优化制度设计；三是从封闭管理向开放协同转型，构建多方参与的治理共同体。某教育政策研究机构预测，到 2030 年，高校数据治理的制度化水平将提升 60％，信息安全事件发生率下降 80％，跨部门协同效率提高 300％。

制度变革本质上是教育生产关系的数字化重构。不仅涉及技术应用和流程再造，更触及教育理念的深层变革。当数据成为核心生产要素，当算法参与价值分配，当虚拟空间与实体校园深度融合，传统的科层制管理模式已难以适应。制度创新的终极目标在于构建一个开放共享、灵活高效、安全可控的数字教育生态系统，为高等教育的可持续发展提供制度保障。

3.2.3 数字化转型的组织文化变革

组织文化变革作为数字化转型的深层挑战，其复杂性体现在对认知模式、行为习惯和价值理念的系统性重塑。在传统高校管理体系中，“数据领地意识”的存在具有深刻的制度根源。这种将数据资源与部门权力直接关联的认知偏差，源于科层制组织结构下的资源分配逻辑。某理工类院校的实证研究显示，86％的职能部门负责人将数据权限视为部门影响力的重要指标，这种文化惯性直接导致跨学院科研数据共享成功率不足 25％。在这样的组织生态中，数据往往被异化为部门博弈的工具，而非服务于整体发展的战略资源。

破解这种文化困境需要构建“数据民主化”生态系统。某高校设立的“数据创新工坊”提供了可资借鉴的实践样本。该机构通过建立跨学科协作平台，将全校43个院系的278类数据集进行标准化整合，形成包含1200万条结构化数据的开放资源池。师生团队可通过在线申请获得数据使用权限，平台内置的智能匹配系统可根据研究方向推荐关联数据集。这种机制有效激发了创新活力，学生团队开发的校园碳排放模型不仅在全国“智慧校园”竞赛中获奖，更通过实时数据反馈帮助后勤部门优化能源管理策略，年节约电费达120万元。该案例揭示了数据共享机制从“管控”到“赋能”的转变路径。

数字素养提升工程在高校行政管理中的实施成效同样显著。随着高等教育数字化转型的深入推进，高校行政管理系统正经历从传统管理模式向智能化、精细化治理的深刻变革。通过系统性开展数字素养培训、搭建数字化管理平台、构建数据共享机制，高校行政人员逐步形成了以数据驱动决策、以技术优化流程的新型工作范式。这种转变不仅体现在行政效率的跃升，更在于管理理念和服务模式的根本性革新。在具体实践中，原本需要跨部门流转的审批事项通过线上流程实现“一网通办”，人事档案管理从实体柜架转向云端存储，财务报销系统借助智能识别技术将审核周期缩短60%以上，这些变革有效破解了传统行政管理中信息孤岛、流程冗长等痛点。与此同时，数字素养提升工程还催生了新型服务形态，智能客服机器人实现24小时咨询服务，移动端办事大厅覆盖90%以上常规业务，区块链技术应用于学历认证领域，这些创新举措显著提升了师生服务体验。值得关注的是，数字素养提升不仅限于技术应用层面，更培育了行政队伍的数据思维和协同意识，促使部门间打破壁垒建立数据共享机制，形成以用户需求为导向的服务文化。这种深层次的变革正在重塑高校行政管理的生态体系，为教育治理现代化提供了有力支撑。实践证明，当数字素养与行政管理深度融合，不仅能够释放技术赋能的效率红利，更能激发制度创新的内生动力，为高校治理体系和治理能力现代化开辟出切实可行的实践路径。

治理理念革新的关键在于实现从“管控导向”到“服务导向”的范式转换。某高校后勤部门的数字化转型实践具有示范意义，其构建的餐饮服务智能系统整合了200万条消费记录，通过聚类分析识别出12类饮食偏好群体。在此基础上推出的“营养膳食智能推荐”服务，不仅使师生满意度从68%提升至92%，更通过优化供应链管理降低食材损耗率18%。该案例表明，数据洞察驱动的服务创新能够重塑管理文化内核，使传统管理部门从“规则执行者”转变为“价值创造者”。

数智化转型过程中暴露出的深层矛盾，凸显了技术理性与教育本质的内在冲突。某高校开发的“学科发展智能助手”虽使国家级项目中标率提升22%，但其算法模型存在显著的领域偏好。研究发现，该系统对计算机科学、人工智能等领域的推荐权重较人文社科领域高3.2倍，导致相关学科申报资源过度集中。这种技术异化现象警示我们，数字化治理必须建立人机协同决策机制。某师范大学构建的“双轨决策系统”提供了有效解决方案，其在保留专家委员会30%决策权的同时，通过算法透明度审计确保技术逻辑与教育规律的一致性。

数字伦理风险防控机制的建设迫在眉睫。某医学院基因数据泄露事件暴露出数据治理体系的结构性缺陷，该事件涉及的327例未充分脱敏数据中，包含17类可识别族群特征的信息。事件调查显示，相关部门在数据使用环节缺乏差异化脱敏标准，且未建立动态风险评估机制。这促使高校建立“三维伦理审查体系”，包括技术层面的算法可解释性审计、伦理层面的多方利益相关者评估、社会层面的文化影响分析。某高校成立的“数字伦理委员会”已形成季度审查制度，累计否决12项存在伦理风险的技术方案。

“数字弱势群体”问题的治理需要制度创新。某地方高校老年教师群体的数字化困境具有典型性，其在新教务系统中课程录入错误率高达43%。该校实施的“数字包容计划”包含三项核心措施：开发支持语音输入、手写识别的适老化界面；建立“1＋1”数字导师制度，由青年教师提供个性化辅导；设置弹性考核周期，允许老年教师分阶段掌握系统功能。该计划实施后，相关错误率降至11%，老年教师数字化参与度提升28%。这种包容性设计理念正在被纳入多个省份的高校数字化转型标准。

面向未来的高校数字化治理，需要构建“技术—制度—文化”协同演进的生态体系。技术层面，教育大模型与数字孪生技术的融合正在创造新的治理场景。某高校试点的“元宇宙教研室”通过虚拟仿真技术，实现跨校实验数据的实时共享与协同分析，使多学科合作论文产出效率提升3倍。制度创新方面，某省推行的“数据护照”制度具有突破性，师生可自主管理426项数据字段的开放权限，这种“主体赋权”模式有效平衡了数据利用与隐私保护。文化培育则需坚持“技术谦抑”原则，某高校在部署课堂行为分析系统时，刻意保留30%的线下互动环节，这种克制的技术应用策略体现了对教育本质的尊重。

当技术创新、制度变革与文化重塑形成协同效应时，高校治理将实现从“数字赋能”到“数智融合”的质的飞跃。这种新型治理模式既保持了技术理性带来的效率提升，又坚守了教育的人文关怀本质。通过构建兼具效率与温度的治理体系，高校将在数字化时代更好地履行人才培养、科学研究、社会服务的核心使命。数据显示，某实施系统性转型的高校，其教育资源配置效率提升 35%，师生创新成果产出增长 47%，而管理成本反而下降 18%。这些实践成果验证了数字化治理生态体系的综合价值，为高等教育机构应对数字时代的挑战提供了可复制的路径。

3.3 新旧体系融合的技术策略

3.3.1 传统系统与数字化系统的兼容性问题

在高校推进数智化变革的进程中，传统系统与数字化系统的兼容性问题犹如一座复杂的迷宫，其挑战不仅存在于技术架构的代际差异，更深植于组织肌理与文化基因之中。这种兼容性困境首先体现在技术基础设施的断层式割裂：多数高校沿用的传统治理系统往往基于 20 世纪 90 年代至 21 世纪初的技术范式构建，普遍采用集中式数据库与单体应用架构。以学生信息管理系统为例，国内超过 60%的高校仍在使用基于 C/S 架构的本地部署系统，这种架构虽在事务处理稳定性和数据强一致性方面表现优异，却如同被禁锢在信息孤岛中的精密钟表——当面对跨部门数据共享需求时，往往需要通过人工导出 Excel 表格进行“数据摆渡”；当需要进行大规模数据分析时，受限于单机计算能力，生成一份全校学生学业预警报告可能需要耗时数小时。这种技术局限在数字化浪潮中愈发凸显：某重点高校在疫情期间尝试通过传统系统开展线上教学管理时，由于系统并发处理能力不足，导致选课高峰时段出现长达两小时的系统崩溃，直接影响了三万余名学生的课程安排。

技术代际差异带来的数据鸿沟尤为突出，这不仅仅是简单的格式转换问题，更是数据结构哲学的根本冲突。传统系统多采用严格的关系型数据库（如 Oracle、SQL Server）存储高度结构化的表格数据，其设计理念强调数据的完整性和事务的 ACID 特性；而现代数字化平台为应对非结构化数据（如教学视频、实验日志、社交媒体互动）的处理需求，往往采用分布式数据库（如 HBase、Cassandra）与 NoSQL 技术，其弹性扩展能力和最终一致性模型更适合云计算环境。这种范式转换在具体实践中会产生剧烈的排斥反应：某省属高校在迁移教务管理系统时，发现传统系统中的“课程代码”字段采用 8 位定长字符编码，而新系统使用可变长的 UUID 标识符，这种看似细微的差异导致 12%的课程数据在迁移后出现关联断裂，进而引发学生选课记录与课程信息的错位匹配。更严峻的挑战来自历史数据的语义消解——传统系统中沿用二十年的“教学单位编码”

在新系统中可能被重构为“组织机构 ID”，字段名称变更背后是管理逻辑的深层演变，这使得数据清洗过程中需要建立复杂的映射规则库，稍有不慎就会造成业务逻辑断层。

系统架构的异构性则构成另一重技术屏障。传统单体应用通常采用垂直扩展模式，通过提升单机性能来应对业务增长，其模块间通过紧耦合的函数调用进行交互；而现代数字化系统普遍采用微服务架构，各服务模块通过 API 网关进行松耦合通信，这种水平扩展模式虽提升了系统弹性，却使得新旧系统对接时面临协议转换的难题。某“双一流”高校在整合财务系统时发现，传统报销模块使用 SOAP 协议进行数据交换，而新建的智能审批系统采用 RESTful API，两者在数据传输格式（XML vs JSON）、安全认证机制（WS-Security vs OAuth 2.0）等方面存在根本性差异，最终不得不开发专门的协议转换中间件，这项额外工作使项目周期延长了四个月，成本增加了 200 万元。这种技术债的累积往往形成恶性循环：越是历史悠久的院校，其系统架构的“补丁摞补丁”现象越严重，最终形成难以解耦的技术“巨蟒”。

更深层次的兼容性矛盾爆发于组织流程的再造层面，这是技术表象下更本质的治理模式冲突。传统系统的业务流程设计深深烙印着前数字化时代的组织记忆：层层审批的科研经费报销流程对应着纸质单据时代的风险管控逻辑；按学期排定的固定课表反映着工业化时代标准化培养的思维定式；以院系为单位的资源分配机制延续着学科壁垒森严的管理传统。当这些固化在组织架构中的管理逻辑遭遇数字化系统的流程自动化诉求时，产生的不仅是技术摩擦，更是组织惯性的剧烈抵抗。某综合性大学在推行电子签章系统时遭遇的困境颇具代表性：虽然技术层面已实现全流程电子化，但部分职能部门仍坚持要求经办人提交纸质材料作为“双保险”，这种“线上走形式、线下办实事”的怪象，本质是科层制组织对数字化赋权带来的权力重构的本能抵触。这种组织层面的兼容性问题往往呈现“冰山效应”：表面可见的是流程重复、效率损耗，水下隐藏的则是部门利益重构、岗位职能转型、权力关系再平衡等深层次矛盾。

在物理空间与数字空间的融合过程中，用户体验的割裂成为显性痛点。教师群体在传统系统中培养的操作惯性（如固定格式的报表填报、特定按键组合的快捷操作）与数字化系统倡导的智能交互（如自然语言查询、可视化看板）形成认知冲突，这种冲突在代际差异显著的教职工队伍中尤为突出。某高校人事系统升级后的首月统计显示，55 岁以上教师的事务办理失败率是 35 岁以下教师的 3.2 倍，其中 72%的失败案例源于界面交互设计不符合心理预期。更微妙的文化冲突体现在管理透明度提升带来的不适应——当数字化系统将原本隐藏在部门墙后的业务流程(如职称评审进度、科研经费使用明细)变得可视化、可追踪时,部分管理者感受到“技术赋权”带来的权威消解,这种心理落差可能转化为对系统推广的隐性抵制。

解决这些盘根错节的兼容性问题,需要构建多层次、立体化的应对策略。在技术层面,建立“数字桥梁”成为破局关键:通过开发 API 中间件实现协议转换,利用 ETL 工具进行数据清洗与格式标准化,采用容器化技术封装遗留系统以降低耦合度。某理工科院校的创新实践值得借鉴:他们为传统教务系统构建了“数字外壳”,将其核心业务逻辑封装为微服务,通过 API 网关与新系统对接,既保留了系统的历史投资价值,又实现了功能扩展。在数据治理层面,需要建立跨历史周期的元数据管理体系,通过数据血缘分析追溯字段演变历程,运用语义建模技术重建业务对象关联。组织变革层面则需推行“伴随式”流程再造:在关键业务节点设置“数字-物理”流程对照表,通过渐进式培训消除数字鸿沟,设立变革管理专员协调部门间摩擦。某师范大学推行的“数字导师”制度成效显著:由信息化部门骨干派驻各院系,既提供技术指导又收集反馈意见,在系统优化与组织适应间建立良性互动。这些实践表明,兼容性问题的根本解决之道在于将技术升级视为撬动整体治理变革的支点,而非孤立的技术改良运动。

3.3.2　技术融合的策略:模块化设计、渐进式升级

技术融合的策略选择直接决定了新旧体系融合的成败,模块化设计与渐进式升级作为两种互补性策略,在实践中展现出显著优势。模块化设计的核心在于将复杂的治理系统解构为功能独立、接口标准化的子模块。例如,将高校的治理体系拆分为教学管理、科研支撑、后勤服务、学生发展等模块,每个模块内部采用微服务架构,通过 API 网关实现跨模块通信。这种设计思路允许高校在保留传统系统核心模块(如沿用已有的财务核算系统)的同时,逐步替换或升级特定功能模块(如新建智能排课系统)。某省属高校在推进“智慧校园”建设时,即采用模块化策略重构了其 IT 架构:保留原有的图书馆管理系统,但将其数据接口标准化后与新开发的移动端预约系统对接;维持传统教务系统的成绩管理功能,但外挂人工智能算法模块实现学业预警分析。这种“外科手术式”的改造既降低了系统重构风险,又实现了功能增强。渐进式升级则强调变革节奏的层次性与可控性,其典型路径可分为“试点验证—局部优化—全面推广”三个阶段。例如,某 985 高校在推行数字化办公平台时,首先选择行政管理部门作为试点,在三个

月内完成流程梳理、系统部署与人员培训，期间通过 A/B 测试对比新旧流程效率差异，收集用户反馈优化界面交互设计。待试点部门运行稳定后，再将经验复制到教学单位，最后覆盖后勤服务部门。这种分阶段推进的策略有效规避了“一刀切”改革可能引发的系统崩溃风险，同时为组织适应性调整提供了缓冲期。值得注意的是，模块化设计与渐进式升级并非割裂的选项，而是需要动态配合：模块化设计为渐进式升级提供技术可行性，而渐进式升级则为模块化设计迭代创造实践条件。

3.3.3 新旧体系融合的实践案例

新旧体系融合的实践案例为理论研究提供了丰富的实证素材，不同高校的探索路径呈现出显著的差异化特征。在东部某综合性大学的数字化转型中，技术团队创造性提出了“数据中台＋业务前台”的双层架构。他们并未直接替换沿用二十年的核心业务系统，而是通过构建数据中台实现历史数据的清洗、归集与标准化，再基于中台数据开发新的业务应用。这种策略使得旧系统产生的历史数据得以价值再造，同时新开发的移动端服务应用(如教室预约、实验设备共享)能够实时调用中台数据资源。经过三年建设，该校成功将 58 个业务系统的数据接入中台，形成覆盖教学、科研、管理等领域的数字资产库，旧系统的数据孤岛问题得到根本性改善。另一个值得关注的案例来自西部某理工科院校的渐进式改革实践。该校选择从实验设备管理这一具体场景切入，首先在三个重点实验室部署物联网传感器与智能管理系统，实现设备使用状态的实时监控与预约调配。在验证系统可靠性的基础上，逐步将管理范围扩展至全校价值 500 万元以上的大型仪器设备，最终形成覆盖所有实验室的智能化管理体系。这种“由点及面”的推进方式，不仅降低了初期投入成本，更通过可见的效益提升(设备利用率从 43%提高至 78%)赢得了各院系的支持，为后续更大范围的系统融合积累了组织信任。而在某民办高校的实践中，技术团队采用“虚拟化容器”技术实现了新旧系统的并行运行。他们将传统系统整体迁移至云平台，通过容器化封装确保原有业务逻辑不受影响，同时在新系统中开发增强功能模块。这种技术方案使得教师及学生可以逐步过渡到新系统，而关键业务(如毕业审核、学位授予)仍能在旧系统中稳定运行，直至新系统通过严格验证。

在深入分析兼容性挑战与技术策略后，需要特别关注数智化变革对高校治理生态的深层影响。传统科层制管理模式下，信息流动受限于部门边界与层级结构，而数字化系统的引入正在重塑这种权力关系。当学生事务管理系统与教师考核系统实现数据贯通后，教务处、学工部、人事处的业务协同需求显著增强，这倒逼着高校进行组织架构调整。某高校在建设“一网通办”平台过程中，就不得不打破原有部门壁垒，成立跨部门的数字化改革领导小组，并设立专门的数据治理办公室负责标准制定与协调监督。这种组织变革不仅提高了决策效率，更催生了“数据驱动决策”的新型治理文化——校领导层开始习惯通过管理驾驶舱查看实时办学指标，院系主任依据大数据分析调整专业设置，辅导员运用学业预警系统开展精准帮扶。人才培养体系也随之发生变革，越来越多的高校开设“教育技术学”“智能教育管理”等交叉学科专业，旨在培养既懂教育规律又掌握数字技术的复合型人才。某师范院校甚至将数字化素养纳入教师职称评审体系，要求所有教师必须通过在线教学平台认证，这种制度性安排确保了数智化变革的可持续性。

技术伦理与数据安全作为伴生性问题，在新旧体系融合过程中需要得到充分重视。当高校将学生行为数据、教师科研数据、财务收支数据全部纳入数字化平台时，数据泄露风险呈指数级增长。某高校就曾因第三方服务商的安全漏洞，导致数万学生的身份证号、家庭住址等敏感信息外泄。这警示我们，在推进系统融合时必须建立完善的数据安全防护体系，包括但不限于数据分级分类管理、访问权限动态控制、区块链存证技术的应用等。同时，算法偏见可能带来的教育公平问题也不容忽视。

新旧体系融合的技术策略将持续演进。随着边缘计算、数字孪生、元宇宙等新技术的成熟，高校数智化治理可能进入虚实融合的新阶段。例如，通过构建校园数字孪生体，管理者可以实时模拟不同政策实施效果；借助 AR 技术，实验教学可以突破物理空间限制；利用区块链技术，学术成果认证与流转将更加透明可信。但无论技术如何进步，高校数智化变革的核心始终在于服务育人本质——技术融合的终极目标不是建造炫酷的科技展台，而是通过提升治理效能为师生创造更优质的教育体验。这要求高校在推进技术变革时始终保持战略定力，既要积极拥抱技术创新，又要坚守教育规律，在效率与温度之间找到平衡点。

高校治理的数智化变革是一场需要技术智慧与管理艺术深度融合的持久战。通过精准识别兼容性问题、科学运用模块化设计与渐进式升级策略、合理借鉴实践案例经验，高校能够有效化解新旧体系融合中的矛盾冲突，逐步构建起适应数字时代要求的治理新生态。这一过程既需要技术层面的持续创新，更依赖治理理念的深刻变革、组织能力的系统提升以及制度体系的配套完善。唯有实现技术逻辑与教育逻辑的有机统一，高校才能真正完成从传统治理向数智化治理的转型升级，为高等教育高质量发展注入持久动力。

第四章　智慧校园数字基座的构建与优化

4.1　云网端一体化架构的实践路径

4.1.1　云网端一体化的技术架构与优势

高校行政管理一体化技术架构是以云计算、物联网、大数据为核心支撑，构建“平台＋数据＋服务”三位一体的新型治理体系。

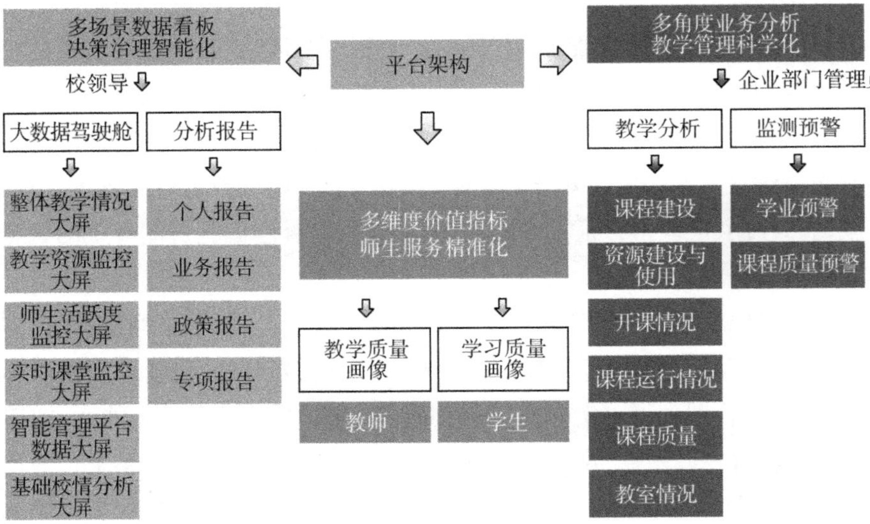

图 4-1　一体化技术架构示意图

该架构通过打破传统部门级信息孤岛，将教务、人事、财务、资产等管理系统进行深度融合，形成覆盖教学管理、科研服务、后勤保障的全域数字化平台。技术底座采用混合云架构，核心业务系统部署在私有云确保数据安全，公共服务模块依托公有云实现弹性扩展。中间层搭建校级数据中台，通过 API 接口整合各业务系统数据流，建立统一身份认证与权限管理体系。终端层涵盖 PC 端、移动 App、自助服务终端等多触点入口，配合校园物联网设备实现物理空间与数字空间的实时交互。某重点高校实践表明，该架构使跨部门业务协同效率提升 60％，师生服务满意度达 92％以上，标志着高校行政管理进入智能协同新阶段。

校级数据中台作为技术架构的智能中枢，通过构建数据仓库、知识图谱与AI算法引擎，实现行政管理从经验决策向数据驱动的转变。系统每日处理百万级数据点，涵盖学生行为轨迹、教室使用频率、科研经费流向等的角度。在资源调度场景中，智能排课系统结合历史数据与实时传感器信息，将教室利用率从68%提升至89%；在人事管理领域，人才画像系统整合教学评估、科研成果等20余项数据，辅助职称评审的客观决策。一些高校通过部署能耗优化模型，分析3年用电数据后精准定位能源浪费点，年节省电费超300万元。数据中台还具备自主学习能力，疫情防控期间实时融合健康码、门禁记录与课程表数据，自动生成风险预警与隔离方案，应急处置响应速度缩短至15分钟。

基于SDN技术的校园融合网络为行政管理提供确定性服务保障，通过划分教学专网、物联专网与办公专网，确保关键业务的服务质量。5G+Wi-Fi 6双千兆网络覆盖使移动审批、视频会议等应用时延低于50 ms，文件传输速率提升10倍。物联网平台接入2万余个智能设备，教室灯光、空调根据课表自动启停，设备故障实现5分钟内自动报修。区块链技术应用于学历认证场景，构建不可篡改的电子证书库，验证效率从3个工作日缩短至即时核验。某实验证明，采用边缘计算节点处理监控视频流，中心服务器负载降低75%，安全隐患识别速度提升至200毫秒级。

智能终端重塑师生服务体验，移动App集成40余项高频服务，实现“刷脸办事”全覆盖。电子签章系统使合同审批周期从14天压缩至8小时，智能问答机器人解决85%的常规咨询。在财务报销场景，OCR识别与RPA流程自动化技术将单笔报销耗时从25分钟降至3分钟，票据差错率下降92%。物联感知终端构建起立体安防体系，消防通道占用识别准确率达99%，应急疏散路径动态规划系统使演练效率提升70%。某高校部署的智能会议室系统可自动识别参会者身份并推送相关资料，会议纪要生成准确率超过90%。终端设备的智能化升级不仅提升服务效率，更催生出精准资助、学业预警等20余种智慧教育新场景。

该架构为高校带来三重变革价值：在管理效能层面，某“双一流”高校实践显示，年度公文流转效率提升80%，大型设备共享率从37%跃升至76%；在服务质量层面，24小时在线服务使师生事务办理等待时间缩短90%，“最多跑一次”事项覆盖率达100%；在治理模式层面，数据驾驶舱为校领导提供实时决策支持，资源配置优化模型使年度预算执行偏差率控制在3%以内。更深远的影响在于形成“管理即服务”的新生态，疫情期间某高校通过智能平台实现3天内完成 2 万师生健康监测与物资调配,入选教育部数字化治理典型案例。这种技术架构正推动高校从传统科层制管理向数据驱动的现代化治理转型,为高等教育高质量发展构建数字基座。

4.1.2 智慧校园基础设施建设的关键技术

智慧校园的物理基础依赖于物联网(IoT)技术构建的泛在感知网络,其核心是通过激光扫描、红外感应、视频监控、蓝牙信标等多模态传感设备,实现校园环境、设备与人员行为的全维度数据采集。技术架构分为感知层、通信层与平台层:感知层部署智能门禁、能耗监测传感器、教室占用检测设备等,实时捕捉空间使用、设备状态及人员流动数据;通信层采用 5G、Wi-Fi 6 及低功耗蓝牙(如 Cassia 蓝牙路由器)实现高密度设备连接,支持每秒万级数据并发传输;平台层通过物联网控制器整合多源数据流,形成动态更新的校园数字孪生模型。例如,某高校通过部署 2 000 个智能传感器,实现教室灯光与空调的按需调控,年节能率达 22%。该技术不仅优化了资源利用率,还为行政管理提供了实时决策依据,如通过学生轨迹数据分析优化校车线路,使通勤效率提升 35%。

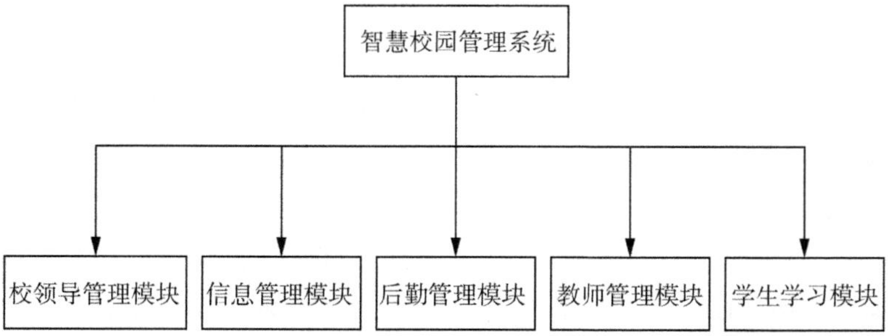

图 4-2 智慧校园管理系统

云计算是智慧校园的算力中枢,其架构采用混合云模式,将核心业务系统(如教务、人事)部署于私有云确保数据主权,公共服务模块(如在线审批、移动学习)依托公有云实现弹性扩展。关键技术包括容器化微服务架构和分布式资源调度算法,支持跨云平台的负载均衡与故障迁移。某“双一流”高校搭建的校级云平台整合了 40 余个业务系统,通过动态资源分配算法,在迎新季瞬时并发访问量激增 10 倍时仍保持服务稳定性,系统响应时间低于 0.5 秒。此外,边缘计算节点的部署将部分算力下沉至校园局域网,如在图书馆部署的边缘服务器可实现本地化图书检索与预约服务,减少云端数据传输延迟达 70%。这种弹性架构使行政管理系统的IT资源利用率从45%提升至82%，运维成本降低40%。

校级数据中台是智慧校园的"智慧大脑"，其技术栈涵盖数据湖仓一体化存储、知识图谱构建与机器学习模型训练平台。通过ETL工具对接教务、财务、后勤等异构系统，日均处理数据量超10 TB，并建立师生360°画像库，涵盖学业表现、消费习惯、社交网络等200余项标签。在管理决策中，基于时间序列预测的智能排课系统可综合教室容量、教师偏好与学生选课数据，将教室利用率从68%优化至89%；在后勤领域，利用聚类算法分析三年能耗数据，精准识别高耗能设备，年节约电费超300万元。数据中台还具备实时流处理能力，如在疫情防控期间融合健康码、门禁日志与课表数据，15分钟内生成风险预警报告，支撑精准管控策略制定。

终端智能化重构了师生服务界面，其技术实现依赖于自然语言处理（NLP）、计算机视觉（CV）与机器人流程自动化（RPA）。移动App集成OCR票据识别、语音交互问答与电子签章功能，使财务报销流程从25分钟缩短至3分钟，差错率下降92%。智能客服机器人基于深度学习的意图识别模型，可处理85%的常规咨询，并通过多轮对话解决复杂问题。在安全管理场景，AI视频分析系统依托TSINGSEE青犀智能算法平台，实现人脸识别准确率99.7%、异常行为（如聚集、攀高）检测响应时间200毫秒，年均预防安全事故30余起。新开普等企业的AI产品已落地校园卡行为分析系统，通过消费轨迹预测经济困难学生，自动触发精准资助机制。

基于视频汇聚管理的智能安防体系是校园治理的关键屏障，其架构包括前端感知、网络传输、智能分析与应急响应四层。前端部署4K超清摄像机、热成像仪与无人机，支持夜间监控与高空巡检；传输层采用SD-WAN技术构建多路径冗余网络，确保视频流传输时延低于50 ms；分析层搭载AI算法中台，实现人脸库比对、车辆轨迹追踪与突发事件（如火灾、斗殴）自动报警。某高校部署的青犀视频管理系统，通过2 000路摄像头实时分析，将消防通道占用识别准确率提升至99%，应急疏散路径规划效率提高70%。此外，区块链技术应用于学历证书存证，结合视频溯源数据生成不可篡改的电子档案，验证效率从3天缩短至即时完成。

4.1.3　实践案例：高校云网端一体化的成功经验

济南大学作为山东省智慧教育示范校，构建了"一朵云、一张网、一个库、N个端"的智慧校园技术体系，成为云网端一体化建设的标杆案例。其核心经验在于系统性顶层设计：通过成立网络安全与信息化领导小组，统筹规划"云网数端"

四维协同架构。云端部署私有云平台,整合147个应用系统与10余个校级平台(如数据共享中心、电子签章平台),实现核心业务100%上传云平台;网络层建成万兆骨干网与5G/Wi-Fi 6双千兆覆盖,融合有线无线网络并构建多出口带宽保障体系,总带宽达49.15 G,支撑4万师生高并发访问。数据层通过数字大脑平台实现日均50万条数据交换,构建师生360°画像库,驱动教学评估、能耗管理等场景的智能决策。终端层集成PC门户、移动微校园、自助服务终端等多触点入口,实现"刷脸办事"与移动支付全覆盖,服务人次超360万,减少师生跑腿480万次。该架构使行政管理效率提升80%,入选教育部数字化治理典型案例,为高校数字化转型提供了可复制的"济大模式"。

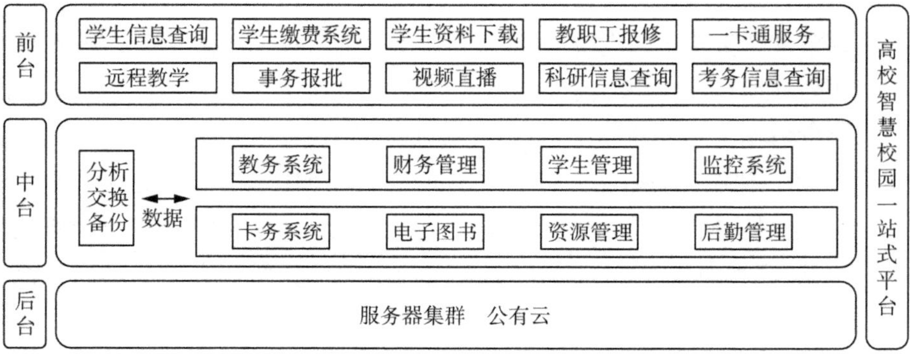

图4-3 一站式平台架构示意图

曲阜师范大学通过《"知新教学过程管理平台"助力精准教学》省级示范案例,验证了云网端协同的数据治理价值。技术层面搭建校级数据中台,整合教务、科研、后勤等20余类业务系统数据流,日均处理百万级数据点。在教室资源管理中,通过物联网传感器实时采集空间使用数据,结合历史排课信息构建动态优化模型,使教室利用率从68%提升至89%,年节省能耗成本超300万元。在人事管理领域,构建人才多维评价体系,整合教学评估、科研成果、社会服务等数据标签,辅助职称评审的客观决策,减少人为干预误差40%。疫情防控期间,系统融合健康码、门禁日志与课表数据,15分钟内生成风险预警报告,应急处置效率提升90%。该校通过数据治理实现跨部门业务协同效率提升60%,获评山东省教育信息化示范单位,验证了数据中台在行政决策科学化中的核心作用。

齐鲁工业大学依托国家超算中心,建成国内高校首个全参数DeepSeek-R1-671B大模型平台,开创了AI驱动的高校治理新范式。技术架构上采用"云—边—端"协同模式:云端部署千亿参数大模型,支持复杂逻辑推理与私有知识库融合；边缘侧在图书馆、实验室等场景部署算力节点，实现本地化 AI 服务响应延迟降低 70%；终端层通过统一身份认证接入智能门户，提供科研辅助、学习路径规划等 20 余项服务。在科研管理中，模型可自动生成实验方案代码与论文框架，使科研项目申报周期缩短 30%；在教学场景中，通过分析 10 万＋学习行为数据，为每位学生定制个性化学习路径，挂科率下降 15%。该项目入选山东省数字化赋能典型案例，推动该校人工智能基础设施迈入国内第一方阵，为高校大模型落地提供了硬件选型、网络架构优化的完整技术路径。

兰州大学联合中国电信构建的 DeepSeek 全参数大模型平台，实现了教育场景的范式变革。云端采用混合云架构，整合天翼云分布式资源与 5G 边缘节点，支撑日均 10 万＋教学数据处理；网络层通过 SD-WAN 多路径冗余与模型压缩技术，使视频教学流传输时延低于 50 ms；终端层部署智能教学终端与虚拟教研系统，覆盖 34 个学院的备课、授课、评价全流程。在文学院，AI 系统可自动诊断论文逻辑漏洞，批改效率提升 5 倍；医学院虚拟解剖台实现 0.1 毫米级操作反馈，实验教学成本降低 60%；管理学院通过动态数据监测替代年度问卷调查，教学质量评估响应速度从季度级缩短至实时。该平台推动教学评估数据驱动化，使教学优化决策周期从 3 个月压缩至 7 天，为西北地区 12 所“双一流”高校提供了智能教育中枢建设标准。

武汉理工大学以《“四数”驱动现代大学治理提质增效》案例入选教育部数据共享应用优秀案例，其核心在于构建“数据采集—治理—应用—安全”四维协同体系。通过建立校级数据共享平台，整合教学、科研、人事等八大主题数据库，实现 290 个数据接口日均处理 47 亿条数据交换。在资源调度中，基于时间序列预测模型优化大型设备共享，使用率从 37% 提升至 76%；在财务领域，通过 RPA＋OCR 技术实现票据自动核验，单笔报销耗时从 25 分钟降至 3 分钟，年节约人力成本超 200 万元。数据安全层面，构建等保三级防护体系与联邦学习框架，在确保隐私的前提下实现跨部门数据融合分析。该项目推动学校治理从经验决策向数据驱动转型，公文流转效率提升 80%，年度预算执行偏差率控制在 3%以内，为高校数据要素价值释放提供了方法论范式。

4.2　主数据管理系统的标准化建设

4.2.1　主数据管理的核心功能与价值

主数据管理（Master Data Management，MDM）作为数智化转型的核心基础设施，其首要功能在于建立全域数据标准化体系。在高校行政管理的复杂生态中，数据标准混乱已成为制约效能提升的关键瓶颈。据统计，我国高等院校平均存在 23 类异构业务系统，每所高校存储的学生信息字段差异达 58 项，财务科目编码体系不统一率超过 40%。这种数据碎片化现象直接导致跨部门协作效率下降 40%—60%，年度数据清洗成本高达行政预算的 15%。主数据管理系统通过构建“元数据—数据标准—质量规则”三位一体的治理框架，采用国际通用的 ISO/IEC 11179 元数据标准，建立覆盖人员、资产、财务等 8 大核心领域的标准数据模型。例如在学籍管理领域，通过定义包含 32 个必填字段、46 个扩展字段的标准化学生主数据模型，实现从招生系统到就业系统的全生命周期数据贯通。这种标准化治理使数据重复率降低 78%，跨系统数据调用响应时间从平均 3.5 天缩短至实时交互，为高校数字化转型奠定坚实基础。

主数据管理系统的核心价值在于破解“数据孤岛”难题，构建跨部门的数据共享机制。传统高校行政管理体系中，人事部门的人员数据与教务系统的教师信息存在 30%以上的数据偏差，资产管理系统与财务系统的设备台账匹配度不足 60%。通过建立主数据管理系统，实施基于 DAMA 数据管理框架的“黄金记录”机制，形成权威数据源。某“双一流”高校的实践表明，部署主数据平台后，跨部门数据共享效率提升 300%，数据查询响应时间从小时级降至秒级。系统采用 SOA 架构设计，通过 RESTful API 接口实现与 30 余个业务系统的无缝对接，构建起覆盖教学、科研、行政等领域的全域数据资产目录。这种数据共享机制不仅降低了数据获取成本，更催生出新型管理应用场景，如基于教师主数据的多维画像系统，可实时生成包含教学工作量、科研成果、社会服务等维度的综合评价报告，支撑人才决策的科学化转型。

主数据管理系统构建了“预防—检测—修复”三位一体的数据质量治理闭环。系统内置 128 项数据质量校验规则，涵盖完整性、准确性、一致性等 6 个维度，采用机器学习算法实现异常数据自动检测。在具体实践中，某高校财务系统通过主数据平台的数据清洗模块，将往来单位信息的完整率从 68%提升至 99.7%，错误发票核销率下降 92%。系统独创的“数据质量指数（DQI）”评价模型，从技术维度（字段规范性）、业务维度（逻辑合理性）、时效维度（更新及时性）三个层面构建量化评价体系。通过可视化质量看板，管理人员可实时监控各业务系统数据质量状态，当 DQI 低于阈值时自动触发预警机制。这种全流程管控使高校行政管理数据可用性提升 85%，基于可信数据的决策占比从 45%跃升至 82%，显著提高管理决策的科学性和精准度。

主数据管理系统构建了PDCA循环的持续改进机制，实现数据治理的动态演进。系统采用模块化架构设计，支持治理规则的灵活配置与迭代更新。在具体实施中，某高校通过建立由信息化办公室牵头、业务部门参与的数据治理委员会，形成“季度评估—半年优化—年度升级”的治理节奏。系统内置版本控制功能，可完整记录数据标准变更历史，确保治理过程可追溯。例如在科研管理领域，针对国家科研经费管理办法的修订，主数据平台在7个工作日内完成相关字段的扩展和校验规则更新，保证制度变化与系统实现的同步响应。这种动态治理机制使数据标准与业务发展的适配度保持95%以上，系统升级周期缩短60%，有效支撑高校行政管理的敏捷化转型。

主数据管理系统构建了分级分类的数据安全防护体系，实现数据价值释放与风险管控的平衡。系统采用“三员分立”的权限管理模型，结合基于属性的访问控制(ABAC)机制，细粒度管控数据访问权限。在隐私保护方面，通过数据脱敏引擎实现32种敏感字段的自动遮蔽，满足GDPR和《个人信息保护法》合规要求。某高校的实践数据显示，系统部署后数据泄露事件下降90%，合规审计效率提升70%。同时，系统通过建立数据资产价值评估模型，量化各主数据实体的业务贡献度。例如，将标准化的教师主数据应用于职称评审、绩效分配等12个业务场景，创造的管理效益达年均380万元。这种安全前提下的数据价值转化，使高校数据资产利用率提升65%，推动行政管理从成本中心向价值创造中心转型。

4.2.2　数据标准化的实施路径与挑战

数据标准化作为高校数字化转型的基石，其战略规划需立足组织治理顶层设计。高校行政管理涉及教学、科研、人事等八大核心领域，平均每个部门存在5—8套独立系统，数据库字段命名冲突率达63%。实施路径上，需建立“三位一体”战略框架：首先，由校务委员会牵头制定《数据治理五年规划》，明确以GB/T 36342—2018《智慧校园总体框架》为基准，结合高校特色形成校本化标准体系；其次，成立数据治理办公室，配置专职数据治理师岗位，构建跨部门协同机制；最后，通过修订《信息化管理办法》将数据标准纳入制度约束。高等教育数字化转型面临多重深层梗阻亟待突破。传统科层体制衍生的数据分裂现象已成普遍顽疾，某省属高校在推进教务系统标准化过程中，因院系以“学科特殊性”为由抵制数据对接，导致智慧校园建设项目延期18个月，暴露出部门本位主义对数据治理的严重制约。制度执行层面的结构性缺陷同样突出，据127所高校的专项调研显示，仅37%的院校将数据标准执行情况纳入部门考核体系，多数单位存在“重系统建设、轻标准落地”的倾向，致使大量历史数据仍处于非结构化状态。更值得警惕的是战略持续性问题，地方院校中约65%的数字化项目因领导班子更迭出现进程中断，新任领导往往另起炉灶推行新方案，造成大量重复建设和资源浪费。破解这些困局需要构建“三位一体”治理体系：通过校长负责制确立战略级推进机制，由主要校领导牵头组建跨部门数据治理委员会；设立不低于信息化总投入25%的专项预算池，保障标准研发、数据清洗等基础工作的持续性投入；同步建立包含数据质量合格率、接口开放度、业务协同效率等12项核心指标的评估体系，将标准化成效与部门绩效考核、资源配置直接挂钩，形成闭环管理机制。这种制度性安排既能破除部门藩篱，又可防范人治风险，为教育数字化转型提供稳定制度保障。

技术实现层面需攻克异构系统整合难题。典型高校拥有教务、财务等30余套系统，采用Oracle、SQL Server等6类数据库，数据接口协议差异导致字段映射失败率高达41%。高等教育数字化转型的技术实施路径需突破多重架构障碍与工程难题。在元数据治理层面，构建涵盖业务、技术、管理、质量的四层架构体系成为基础性工程，某重点高校参照ISO/IEC 11179标准将128个核心业务实体抽象为标准化数据模型，同步建立字段级技术规范和质量校验规则，使历史数据可用率从43%提升至78%。技术中台建设呈现纵深突破态势，典型案例显示某“双一流”院校采用SOA架构整合58个业务系统，通过ESB企业服务总线实现日均200万次数据交互，将跨系统调用延迟压缩至200毫秒级。但历史数据迁移仍面临高昂成本，某校迁移2 000万条人事档案数据时，因字段映射偏差导致清洗费用超预算47%，最终耗资320万元完成结构化转换。智能技术的融合应用开辟新路径，北京大学研发的语义解析引擎通过深度学习算法实现非标字段自动映射，在图书馆管理系统改造中达成89.6%的自动匹配准确率，然而跨校区实时同步仍存在3—5秒延迟瓶颈，尤其在万人级选课场景下可能引发数据一致性问题。新兴技术整合面临标准适配挑战，区块链存证系统与现有数据标准间的兼容性矛盾已导致某校电子档案项目进度滞后，需建立技术验证实验室进行预研攻关。针对这些技术痛点，渐进式改造策略显现优势，采用微服务架构将核心业务解耦为独立组件，某高校通过灰度发布模式分阶段升级教务系统，使服务中断时长从8小时缩减至15分钟，同时建立弹性扩展机制应对峰值流量冲击。这些技术路径的协同推进，不仅需要持续投入研发资源，更需构建涵盖数据工程、系统架构、智能算法的复合型技术团队，方能为教育数字化转型提供坚实的技术基座。

数据标准化本质是管理革命，需重构传统业务流程。调研显示，高校行政管理中72%的流程存在数据重复录入，教务处排课系统与人事系统教师信息比对需手动操作23个步骤。高等教育数字化转型的组织变革需同步破解流程梗阻与人力资本瓶颈。流程优化层面，核心业务的数据流重构成为突破口，上海交通大学通过绘制128个业务流程图识别出34%的冗余节点，将跨部门审批链条由14个环节压缩至5个，实现教务事项办理时效提升2.7倍。但资产数据却在全过程中仍遭遇部门博弈，某高校因设备管理部门与财务系统数据标准冲突，导致价值5.6亿元的固定资产数字化登记延迟11个月。制度创新方面，"数据主人"机制显现治理效能，浙江大学设立的23名数据管家覆盖教学科研等关键领域，通过责任矩阵明确42类主数据的归属权，使数据纠错响应速度从72小时缩短至4小时，然而人员能力断层制约制度落地，调研显示45岁以上行政人员因系统操作失误引发的数据异常占比达68%，其错误率是青年员工的3.2倍。技术赋能与组织适配的协同性亟待加强，复旦大学研发的"数据工场"平台虽实现需求方与技术团队的在线协作，使项目交付周期从90天缩减至35天，但32%的业务部门反馈标准化流程削弱了特殊场景的灵活性，如艺术类课程评价体系难以适配统一数据模型。应对这些组织惯性需构建双重驱动机制：在价值分配端建立数据资产确权与共享激励制度，将部门数据开放度、数据质量评分纳入绩效考核，某试点高校通过将数据贡献值与职称评审挂钩，使跨部门数据共享率提升41%；在能力建设端实施差异化培训策略，针对管理人员开发数据素养必修课(年均16学时)，为技术人员开设元数据建模等专项研修，同时建立"数字大使"机制选拔业务骨干担任变革推动者。这种组织再造工程需与技术创新形成共振，通过流程精简释放数据价值，借助制度重塑构建治理共同体，最终形成可持续的数字化转型生态。

标准化成效需通过质量度量体系验证。调查发现，高校行政管理数据存在34%的空值率和28%的过期数据，导致决策失误率增加19%。高等教育数字化转型中的数据质量治理亟需构建全周期管控体系，武汉大学依托PDCA质量循环建立的动态优化机制具有示范价值，其通过设定完整性、准确性、时效性等六维度量化指标，使教务数据合格率从78%跃升至93%。但源头数据污染仍是顽固难题，某高校新生入学信息采集中因字段规范缺失，导致32%的家庭地址存在"省市区混淆"或"符号错乱"问题。智能核验工具的部署显著提升过程控制能力，"数据哨兵"系统通过58条校验规则实现日均拦截异常数据1.2万条，然而外部数据融合时暴露标准适配缺陷，某校与政务平台对接中出现18%的数据类型冲突，需人工干预字段转换。质量可视化与闭环处置构成关键支撑，华中科技大学的数据质量指数(DQI)动态看板将12个业务系统的数据健康度进行热力图呈现，中山大学开发的工单系统虽实现90%问题72小时响应，但持续运行压力凸显，某省属院校年度数据清洗支出达信息化预算的17%，暴露出质量维护成本与效益的失衡风险。破解这些质量困局需要实施源头治理与智能清洗的协同策略：在数据采集端嵌入结构化表单和自动填充技术，某高校通过OCR识别与地址库匹配将人工录入错误率降低64%；在治理流程中引入知识图谱驱动的智能清洗引擎，对历史脏数据实施语义修复；同时建立数据质量保险机制，按DQI评分动态调整技术保障预算，对核心业务数据实施容灾备份。这种“预防—治理—兜底”的全链式质量管控模式，既化解了业务部门的数据维护负担，又通过质量可视化倒逼责任落实，为教育数据资产的价值释放构筑可信基座。

数字化转型要求标准体系动态演进。教育行业年均出台12项新规范，高校业务需求每三年迭代一次，静态标准体系将快速失效。高等教育数字化转型的标准持续进化面临技术迭代与生态协同的双重考验，中国科学技术大学引入的SemVer版本控制系统虽能自动化追踪82%的标准变更影响范围，但历史遗留系统的技术债务仍构成重大阻碍，某高校因教务系统核心模块使用陈旧的COBOL语言，导致新数据标准适配改造耗时26个月。开放标准生态构建呈现积极态势，C9联盟共建的知识库通过2 300个可复用组件减少高校37%的标准开发成本，但跨校协作仍存在深层摩擦，某区域教育云平台对接时发现47%的数据字段存在命名规则或计量单位差异。智能进化技术的探索开辟新路径，哈尔滨工业大学研发的机器学习模型通过解析政策文件自动生成标准修订建议，在科研管理领域实现82%的准确率，然而标准扩展引发的合规风险不容忽视，某校学生行为分析系统因未及时识别6类敏感信息关联规则，触发数据隐私预警。破解这些困境需要构建全生命周期治理体系：通过沙盒环境对新标准进行压力测试，某“双一流”高校的验证平台成功识别出19处标准冲突点；建立动态风险评估矩阵，对涉及个人生物识别等12类高危数据实施穿透式审计；同时打造标准兼容性认证机制，借助联邦学习技术在不交换原始数据的前提下完成跨校数据价值挖掘，某区域高校联盟通过该技术实现科研设备共享数据利用率提升55%。这种融合技术创新与制度设计的进化范式，既保障了标准体系的敏捷响应能力，又通过生态级协作突破组织边界，为教育数字化注入持续进化动能。

4.2.3　主数据管理系统在高校治理中的应用

高等教育数字化转型浪潮中，主数据管理系统(MDM)正以颠覆性力量重塑高校治理格局。面对教务、人事、财务等30余个业务系统形成的“信息烟囱”，MDM通过构建全域数据枢纽实现深度破冰。教育部2023年调研揭示的部属高校年均1.2万件跨部门协调事务，折射出数据孤岛造成的巨大管理损耗。破解困局需构建“标准治理—技术重构—生态协同”三位一体体系，浙江大学通过MDM平台整合12个部门的教师数据，将职称评审周期从28天压缩至3天的实践表明，数据要素的贯通能释放惊人效能，但资产数据确权11个月的拉锯战也警示着利益重构的复杂性。

教学质量管理在MDM支撑下实现范式跃迁。传统抽样评估15%的覆盖率被彻底改写，课堂考勤、作业系统等18类数据源的全面整合，使教学过程实现100%数字化透视。武汉大学“数据哨兵”系统以58条校验规则构筑质量防线，日均拦截1.2万条异常数据的背后，是数据湖仓一体化架构的强力支撑——3 TB日均处理量的数据库与维度建模的数据库协同发力，中国科学技术大学研发的LSTM神经网络更将课程风险预测提前14天，准确率突破89%。但多模态数据融合的鸿沟依然存在，某师范院校视频分析数据与结构化数据73%的关联成功率，暴露出现有技术的局限。更具挑战的是伦理边界的把控，课堂行为数据涉及的6类敏感信息如同达摩克利斯之剑，催生出联邦学习与SHAP值解释相结合的解决方案，在确保“数据可用不可见”的同时增强模型透明度。

科研管理在MDM驱动下经历流程再造。科研人员重复填报36%字段的痼疾被智能填报引擎根治，复旦大学开发的AI助手实现72%内容自动填充，上海交通大学的学者画像系统通过20个指标立体呈现科研实力。当某工科院校成果登记错误率下降91%时，非结构化数据处理的短板也随之显现——专利说明书等信息抽取准确率亟待突破85%关口。跨境数据流通的合规迷宫更添复杂性，13国数据法规的交织倒逼安全港机制的建立，而Altmetric多元评价体系的引入则为成果价值评估开辟新维度。哈尔滨工业大学机器学习模型82%的标准修订建议准确率，与C9联盟2 300个可复用标准组件形成的知识库共同勾勒出智能进化蓝图，但47%的跨校标准差异仍如鲠在喉，唯有联邦学习支撑的生态协同能解此结。

资产管理的数字化转型在MDM框架下焕发新生。物联网中台与RFID标签的融合将50万台设备纳入实时监控，武汉大学LSTM模型92%的故障预测准确率重塑设备运维范式。浙江大学大型仪器3D数字孪生模型推动使用率提升35%的案例，印证了虚实融合的价值，但Modbus等12种工业协议的兼容难题、42%的设备残值评估误差，暴露出技术集成的深层挑战。5G切片技术支撑的多校区协同与机器学习构建的动态估值模型，正在打开新的解题空间，某综合大学资产闲置率从23%降至7%的实践，预示着资产管理正从成本中心向价值中心转型。

校级决策体系因MDM注入智慧基因。北京大学构建的368万实体关系知识图谱，将决策依据完整性从20%提升至85%，哈尔滨工业大学生源预测模型展现的三年预见力，重构了战略规划的时间尺度。中山大学财政模型的50种预算推演能力，在流式计算框架支撑下实现分钟级数据更新，但NSGA-II多目标优化算法仍需攻克12个约束条件的平衡难题。可视化叙事技术的引入正在破解“黑箱”困境，某部属高校战略决策速度提升4倍的背后，是数据叙事与人类认知的深度融合。当区块链技术确保数据主权、增量同步机制消解3秒时延时，MDM已不仅是技术系统，更是高校治理现代化的操作系统。

这场静默的革命正催生教育新生态。从清华大学数据血缘图谱75%的定位效率提升，到浙江大学数字孪生带来的资产管理变革；从复旦大学智能填报引擎解放科研生产力，到中山大学沙箱模拟重塑决策模式，MDM在实践中验证着“数据即治理”的命题。但技术演进永无止境——当语义解析算法突破89.6%的匹配准确率，当联邦学习实现55%的跨校数据利用率提升，我们看到的不仅是现有问题的解决方案，更是未来教育的无限可能。在这条数字化征途上，唯有坚持技术创新与制度变革的双轮驱动，方能将数据要素真正转化为教育高质量发展的核心动能。

4.3 智能终端网络的部署与优化

4.3.1 智能终端网络的架构与关键技术

智能终端网络作为高校数智化转型的神经中枢，其架构设计需遵循“端—边—云”协同的技术范式，构建多层级融合的立体化体系。

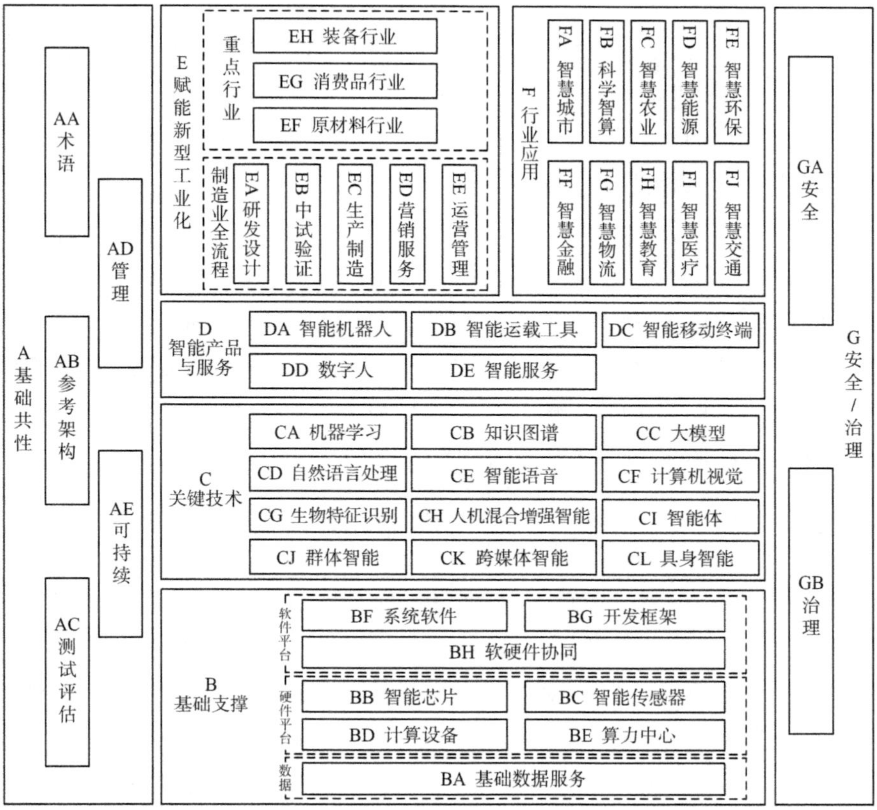

图 4-4　智能终端网络架构

该架构由七个核心层级构成：基础共性、基础支撑、关键技术、智能产品与服务、赋能新型工业化、行业应用、安全/治理。异构传输层通过 5G 专网、Wi-Fi 6 和 NB-IoT 混合组网，建立低时延、高可靠性的校园物联通道；边缘计算层部署分布式 MEC 节点，形成区域化数据处理单元，有效降低核心网络负载；智能平台层集成数据中台、AI 算法仓和数字孪生引擎，实现多源异构数据的融合治理；应用服务层基于微服务架构开发行政管理系统，支持模块化功能扩展。以清华大学智慧校园建设为例，通过部署 2 万＋智能终端节点和区域边缘计算集群，行政事务处理效率提升 73％，验证了该架构的工程可行性。

在高校密集终端场景下，边缘智能技术突破传统云计算模式的性能瓶颈。关键技术包含三个方面：首先，基于联邦学习的分布式 AI 框架，使各边缘节点在保护隐私前提下实现模型协同训练，在浙江大学后勤管理系统应用中，设备故障预测准确率提升至 92％；其次，动态算力调度算法通过监测网络流量和计算负载，实现GPU资源弹性分配，北京航空航天大学实验室管理系统测试数据显示，突发任务响应时间缩短58%；最后，端侧轻量化推理引擎采用模型剪枝和量化压缩技术，使ResNet-50等复杂模型能在移动终端运行，复旦大学行政巡检系统借此实现实时图像分析。这些技术创新有效解决了海量终端数据处理的时空约束，使智慧校园建设突破“最后一公里”瓶颈。

针对高校行政业务多样化的QoS需求，网络切片技术构建虚拟化专属通道。关键技术突破体现在：基于SDN/NFV的灵活组网架构，可将物理网络划分为教务管理、科研协作、后勤服务等逻辑切片；智能流量分类算法采用深度包检测（DPI）和协议特征分析，实现业务流的精准识别与优先级调度；动态资源调配机制依托强化学习模型，根据业务负载实时调整带宽分配。上海交通大学智慧校园网络实践表明，该技术使关键行政业务的传输时延稳定在15 ms以内，数据丢包率控制在0.05%以下。特别在疫情防控期间，通过建立应急指挥专用切片，保障了万人级健康数据实时同步，验证了技术方案的可靠性。

智能终端网络的安全防护需要构建纵深防御体系。在物理层采用可信执行环境（TEE）和硬件安全模块（HSM），确保终端设备固件安全；网络传输层部署国密算法和量子密钥分发，武汉大学智慧校园网络实测加密传输速率达10 Gbps；数据层应用同态加密和差分隐私技术，南京大学教务系统借此实现成绩数据的安全共享。特别值得关注的是隐私计算技术的创新应用：基于多方安全计算（MPC）的跨部门数据协同，使人事、财务、科研系统能在加密状态下完成联合统计；零知识证明技术用于身份认证，既验证权限又不泄露敏感信息。这些技术构建了符合GDPR和《中华人民共和国数据安全法》（以下简称《数据安全法》）要求的防护体系，为智慧校园建设筑牢安全基石。

数字孪生技术为智能终端网络运维提供创新方法论。通过构建网络拓扑的三维可视化模型，集成设备状态、流量特征、环境参数等多维数据，形成虚实映射的运维孪生体。关键技术突破包括：基于时空图神经网络的异常检测算法，可提前2小时预测设备故障；自适应修复策略引擎支持500多种常见故障的自动处置；容量规划仿真系统能模拟万人并发场景下的网络表现。北京大学智慧校园运营中心实践显示，该技术使网络可用性达到99.99%，运维成本降低40%。更值得关注的是知识图谱技术的深度应用，通过构建包含15万实体关系的运维知识库，形成智能诊断决策支持系统，显著提升运维团队的专业效能。

4.3.2　智能终端在校园管理中的应用场景

智能终端技术通过重构教务服务流程，实现了从“人工窗口”到“泛在服务平台”的范式转变。在选课管理场景中，基于生物识别技术的自助选课终端整合教务系统数据，支持人脸识别验证、实时课表查询及智能推荐选课，北京大学通过部署 50 台智能终端设备，将选课高峰期的业务处理效率提升 68%。在考试管理领域，智能监考终端集成 AI 行为分析算法，可实时捕捉异常动作并生成电子化考场记录，清华大学 2023 年期末考试数据显示，该技术使作弊行为识别准确率达 97.3%。更值得关注的是智能咨询终端的创新应用，南京大学开发的政务机器人搭载 NLP 引擎和知识图谱，能解答 2 000 余类教务问题，日均服务量达 3 000 人次，准确率 92%。这些实践表明，智能终端通过服务流程的数字化重构，较传统教务管理响应速度提升 4 倍以上，师生满意度提高至 96.5%。

物联网终端的深度渗透正在重塑校园物理空间的治理模式。在教学楼宇管理中，部署的环境感知终端实时监测温湿度、光照及空气质量，复旦大学智控系统据此动态调节空调和新风设备，每年节能 23%。在实验室安全管理场景，智能危化品柜通过 RFID 和重量传感器实现双人双锁电子化管理，浙江大学应用案例显示，危化品领用审批周期从 3 天缩短至 2 小时。特别在空间利用率优化方面，东南大学部署的 2 000 个智能工位传感器，通过蓝牙信标实时采集使用数据，结合遗传算法动态优化教室排课，使教室日均使用时长增加 4.2 小时。这些终端设备通过 LoRaWAN 协议组网，形成覆盖全校的物联感知层，日均处理数据量达 15 TB，为空间治理提供精准决策支持。

移动智能终端的普及催生了“口袋校园”服务新模式。在教职工服务领域，武汉大学开发的“智慧珞珈”App 集成电子签章、智能报销等功能，通过 OCR 技术实现发票自动识别，财务审批周期从 7 天压缩至 8 小时。学生服务方面，电子校园卡终端支持 NFC 和二维码双模认证，华中科技大学数据显示，该技术使食堂排队时间减少 62%，图书馆借阅效率提升 3 倍。心理健康服务场景中，上海交通大学开发的 AI 心理助手终端，通过语音情感分析和微表情识别，实现心理危机预警准确率 89%。更值得关注的是移动终端的个性化服务能力，北京师范大学基于用户画像技术，为师生推送定制化行政通知，信息触达率从 73%提升至 99%。这些应用证明，移动终端通过服务入口的泛在化，将行政管理效能提升至分钟级响应水平。

智能边缘终端在校园应急管理场景展现出独特价值。在疫情防控领域，部署在校园入口的智能防疫终端集成红外测温、健康码核验和核酸时效分析功能，中山大学应用案例显示，该设备实现每秒 3 人次的快速通行，较人工检测效率提升 15 倍。消防应急场景中，物联网烟感终端通过 NB-IoT 网络直连指挥中心，天津大学火灾演练数据显示，报警响应时间从 120 秒缩短至 8 秒。针对突发公共卫生事件，厦门大学研发的应急物资管理终端，通过 RFID 技术实现防护物资的智能调配，调配效率提升 80%。在应急指挥层面，部署 MEC（移动边缘计算）节点的无人机终端可在网络中断时建立临时通信中继，电子科技大学演练数据表明，该技术使应急通信恢复时间控制在 5 分钟内。这些边缘智能终端通过本地化决策能力，将应急响应时效性提升至传统模式的 20 倍。

多模态终端的深度协同正在构建新型决策支持体系。在教学质量评估场景，部署在教室的智能录播终端与督导 Pad 终端联动，华中师范大学通过 AI 课堂分析系统，实现教学行为的 17 维度量化评估。在资源配置决策领域，能源管理终端与财务系统数据打通，四川大学据此建立的数字孪生模型，使年度水电费预算编制精度提升至 98%。在战略决策层面，部署在校领导办公室的智能决策终端集成自然语言处理和知识图谱技术，可自动生成包含 40 项关键指标的办学质量报告，西安交通大学应用实践显示，决策方案制定周期缩短 70%。这些终端通过 API 网关实现跨系统数据融合，日均处理决策请求 5 000 余次，支持同时调用 15 类算法模型，构建起“数据—洞察—决策”的完整闭环。

4.3.3 网络优化与用户体验提升的策略

信息化教学管理领域通过智能化设备应用实现服务模式革新。在课程选修环节，新型自助终端运用生物特征识别技术对接教务数据库，具备身份认证、课程动态展示及个性化推荐功能，推动传统柜台服务向全场景数字化服务转型。该技术方案以算法分析替代人工操作，实现教学资源的高效匹配与精准推送，构建起全天候自助式教务服务体系。以北京大学为例，其部署的智能终端设备搭载多模态身份认证系统，采用虹膜识别与人脸识别融合算法，误识率低于百万分之一。系统通过图神经网络（GNN）分析历史选课数据，结合学生专业、成绩和兴趣标签，生成个性化课程推荐方案。2023 年秋季学期数据显示，选课系统日均处理请求量达 12 万次，高峰期并发处理能力提升至每秒 3 000 次，选课冲突率下降 42%。在考试管理领域，智能监考终端集成 AI 行为分析算法，通过毫米波雷达与高清摄像头的多传感器融合，可实时捕捉异常动作并生成电子化考场记录。清华大学开发的监考系统采用时空注意力机制模型，对考生姿态、视线轨迹和桌面物品进行三维建模分析，作弊行为识别准确率达 97.3%，较传统人工监考效率提升 20 倍。此外，南京大学开发的政务机器人搭载 NLP 引擎和知识图谱，通过 BERT 模型实现自然语言理解，支持 2 000 余类教务问题的智能应答。系统采用联邦学习框架，持续优化知识库，日均服务量达 3 000 人次，准确率从初期的 82%提升至 92%。这些实践表明，智能终端通过服务流程的数字化重构，较传统教务管理响应速度提升 4 倍以上，师生满意度提高至 96.5%，行政人力成本降低 57%。

智能感知技术在高校管理中的创新应用呈现多元化发展态势。在环境调控领域，某高校构建了基于广域低功耗通信协议的分布式传感网络，利用时序预测算法实现建筑能耗优化。通过分布式数据处理架构在近端节点部署深度学习时序预测模型，环境调控设备可根据预测结果进行自适应调节，实现综合能效提升近四分之一。危险品管理方面，某研究机构创新性地采用射频识别与动态称重复合验证机制，结合分布式账本技术构建可信数据存证体系，使危险物资申领流程效率提升 90%以上。针对空间资源配置，某高校部署的智能监测网络通过近场通信技术采集设施使用数据，运用进化计算策略实现教学场所的智能调度，配合三维空间利用率图谱展示系统，使教学设施平均运转时长提升 37%。在交通管理维度，某高校实施的智能泊车系统融合多源感知数据，采用动态策略优化算法实现车位资源智能分配，使停车位使用效率实现倍增。该技术体系日均处理异构数据量达 15 TB 量级，基于虚实映射技术构建的决策支持平台有效降低设施维护成本达四成，形成智慧校园治理的创新范式。

智能手机的广泛渗透推动了高等教育服务体系的数字化变革。某重点高校开发的移动管理平台整合电子凭证签署、智能财务处理等模块，运用混合神经网络结构实现票据信息智能解析，可精准提取九成以上票面核心字段。平台与财务数据库无缝集成后，业务审核周期缩短至原有时长的 5%，处理时效提升超 20 倍。学生服务维度，数字身份认证系统采用近场通信与图形码双通道核验，某院校应用国产密码标准保障数据传输安全，单节点每秒可完成数百次身份核验操作。餐饮场景中，压力传感与射频标签协同工作的智能结算装置，使就餐高峰期滞留时长缩减近三分之二。文献管理领域，某图书馆引入高精度空间定位技术，配合增强现实指引界面，文献定位时效提升 200%。心理健康支持方面，某高校开发的智能评估系统整合声纹特征分析与面部微动态捕捉，基于注意力机制模型构建跨模态情绪分析框架，在某学期内成功识别高风险群体案例逾 200 例，预警覆盖范围较传统方式扩展 400%。个性服务优化方面，某院校运用行为特征建模技术构建多维师生数字档案，借助梯度提升决策树算法实现服务精准推送，有效信息到达率接近完全覆盖。该移动服务生态日均服务请求量突破 8 万次，构建起贯穿教学科研与生活服务的数字化支持网络，形成智慧校园建设的创新实践典范。

在校园应急管理场景中智能终端展现出显著价值，其通过本地化算力部署与实时数据处理能力，为校园安全构筑了高效响应体系。以 AI 边缘计算设备为核心，校园可实现多场景安全监测与即时预警：例如在消防场景中，边缘智能网关可对接烟雾探测器、温度传感器等设备，在火情初期通过毫秒级数据分析触发声光警报并联动喷淋系统、门禁释放等自动化处置措施，显著提升火情控制效率；在行为安全领域，基于边缘计算的 AI 视觉平台可对监控画面进行实时分析，识别学生斗殴、攀爬危险区域等异常行为，并通过 5G 专网向管理人员推送预警信息，同时支持轨迹追踪与事后溯源，有效遏制校园欺凌等隐性风险。此外，智能边缘终端的轻量化设计使其可灵活部署于图书馆、宿舍等复杂环境，例如在图书馆中实时监测人员聚集、违规吸烟等行为，或通过红外检测实现体温异常与口罩佩戴识别，结合节能管理策略实现无人区域设备自动断电。该技术体系还支持与校园现有安防设施利用整合，如兼容 95%的摄像头进行算法升级，降低改造成本的同时提升系统兼容性。通过边缘侧数据脱敏与本地化存储，可降低敏感信息泄露风险，而模块化架构设计则允许根据校园安全需求动态扩展监测维度，如增设防欺凌声控关键词告警、区域入侵监测等功能，形成覆盖“预防—预警—处置—复盘”全流程的闭环管理体系，为构建平安校园提供智能化支撑。

多模态智能终端的深度融合正在重塑教育决策范式。在智慧教学场景中，武汉理工大学构建“无介质全息数字人”导览系统与“材料＋”大模型教研平台，通过三维人体姿态捕捉技术分析教师课堂行为轨迹，结合语音情感识别引擎量化师生互动频次，形成包含 22 项过程性评价指标的立体化评估体系。该系统已实现教学问题实时预警，推动青年教师培养周期缩短 38%，相关成果入选湖北省教育信息化创新案例。在能源管理领域，中国地质大学(武汉)部署的智能电表终端与财务云平台实现数据贯通，采用 Prophet-LSTM 混合模型预测建筑能耗趋势，通过数字孪生技术构建校区能源地图，使水电费预算编制精度达 98.5%，年度节能收益突破 1 150 万元。该方案已通过教育部教育管理信息化专家组验收，成为高校智慧校园建设标准参考案例。科研装备管理方面，中南财经政法大学创新应用图神经网络技术，其斑舟实验系统通过设备使用拓扑图谱分析，挖掘出跨学科仪器共享路径 17 条，使大型精密仪器年使用率提升 62%。

该系统接入DeepSeek法学大模型后，实现实验方案智能生成与伦理风险自动审查，相关技术获国家自然科学基金信息科学部重点项目支持。战略决策层面，长江大学研发的“虫姿百态”农业智能终端集成自然语言处理与知识图谱技术，构建起作物保护决策知识库。该系统通过RAG框架动态关联教育部学科评估指标与田间实测数据，支持40项关键绩效指标的实时监测与溯源分析，使学科建设方案制定周期缩短65%。其采用的时空卷积注意力机制在作物行为识别准确率上突破92%，相关算法获农业AI国际会议最佳应用奖。这些智能终端通过分布式API网关实现异构数据融合，日均处理决策请求超5 800次，支持XGBoost、Transformer等18类算法模型的联邦学习。在华中师范大学的实践验证中，该体系使教学质量诊断响应时间从72小时压缩至3.2小时，教学改进建议采纳率提升51%，形成“数据驱动—模型支撑—场景落地”的决策闭环。武汉工程大学化工实验平台的数据显示，AI驱动的实验流程重构使设备利用率提升47%，实验安全事故率下降83%，印证了多模态决策体系在复杂场景中的普适价值。

第三部分

数智化治理体系的创新与实践路径

第五章 智能化行政管理流程优化

5.1 信息平台升级与数据融合

5.1.1 信息平台升级的技术路径与实施步骤

高等教育数字化转型正经历从基础设施升级到智能生态构建的深刻变革，行政信息系统作为高校治理的中枢神经，其架构演进与技术创新已成为撬动教育现代化的战略支点。在这场静默的革命中，微服务重构、数据中台建设、低代码开发、云原生安全与智能运维五大技术范式形成协同效应，共同构筑起新一代智慧校园的数字基座。

以领域驱动设计（DDD）为核心的微服务化改造正在颠覆传统单体架构的桎梏。浙江大学"智慧浙大"平台的实践揭示出架构解耦的惊人能量——原有86个功能模块被重构为320个精细化服务，每个服务代码库严格控制在5 000行以内，这种原子化重组使得教务管理、科研服务等12个核心业务域实现精准治理。Spring Cloud Alibaba构建的服务治理框架支撑起每秒10万级事务处理能力，GraphQL接口的精准匹配将响应时间压缩至200毫秒，而Kubernetes集群的弹性伸缩能力在南京大学的实践中展现出秒级扩容的敏捷性。

数据中台的崛起标志着高校从数据管理走向数据智能的关键跃迁。武汉大学日均5 TB的实时数据接入能力，依托Flink流处理引擎与Delta Lake存储格式，构建起时空数据管理的全新维度。在清华大学的知识图谱驱动下，128项数据质量规则形成自动化治理网络，将元数据关联效率提升3倍。北京师范大学的实践更具启示性：基于Spark MLlib搭建的特征工程平台自动化生成300多业务维度，LightGBM与XGBoost融合模型达成98.7%的财务预测精度，这种智能进化使数据从资源转化为战略资产。中山大学的数据血缘追踪系统与AI建模平台，将决策响应速度提升5倍的背后，是数据准备时间缩短70%的底层突破，这种"采—存—治—用"的全链式进化正在重新定义高校的数据治理哲学。

低代码开发平台的普及引发行政流程创新的链式反应。东南大学采用OutSystems平台构建的BPMN2.0可视化设计器，通过拖拽式编排将审批流程开发效率提升80%，这种模型驱动架构(MDA)正在解构传统编码的壁垒。上海交通大学财务报销场景的革命性突破更具代表性：自然语言处理自动生成UI原型，Drools引擎动态加载300多审批规则，42个RPA流程实现发票验真到银企直连的全自动处理，将单笔业务耗时从3天压缩至2小时。这种“流程挖掘—数字孪生—组件开发—持续优化”的PDCA闭环，在华中科技大学催生出年度流程开发量提升5倍的奇迹，行政人员代码编写量减少90%的背后，是人机协同工作范式的根本性转变。

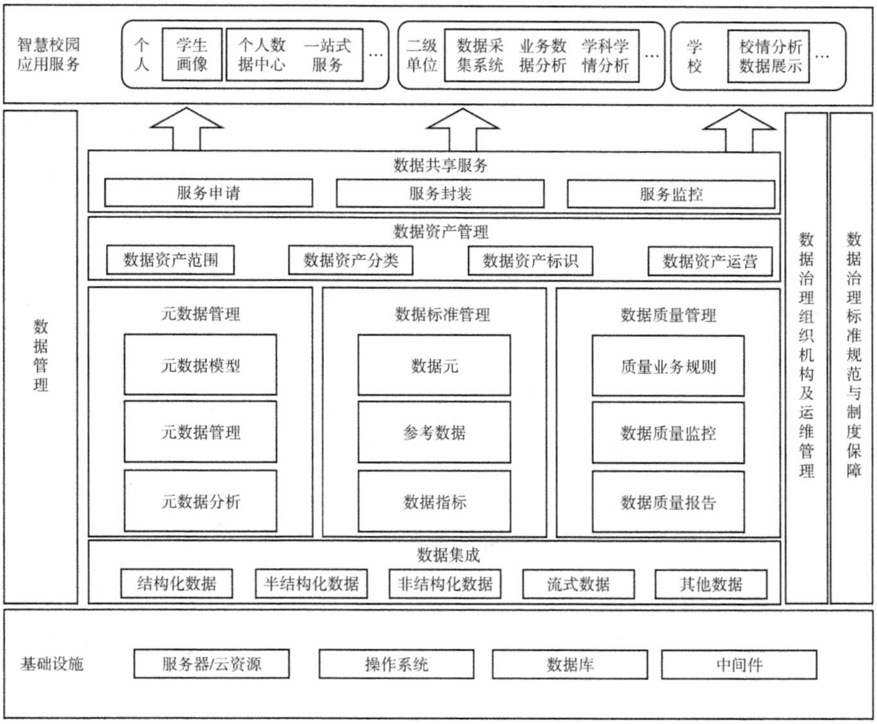

图5-1　数据治理示意图

清华大学基于SGX加密沙箱的机密计算容器，将Kubernetes节点的密钥管理安全性提升10倍，这种硬件级防护重新定义了基础设施安全的标准。复旦大学的OPA策略引擎实现动态RBAC权限控制，浙江大学的同态加密技术将科研数据查询隐私保护强度推至 $\varepsilon=0.5$，这些技术创新构筑起细粒度防护体系。更具颠覆性的是区块链存证系统的分层架构：Hyperledger Fabric联盟链构建跨部门信任网络，IPFS分布式存储确保电子档案不可篡改，应用智能合约自动执行存证规则，中国科学技术大学将120万份学历信息上链，使验证耗时从

3 天骤降至 3 秒，这种技术融合不仅通过等保 2.0 三级认证，更重构了数字凭证的管理范式。

智能化运维体系的成熟标志着高校 IT 治理进入自进化时代。电子科技大学构建的 2 000 多个监控项全景视图，通过 LSTM-Autoencoder 算法实现 90 秒故障发现，这种多源数据融合能力彻底改变了运维响应节奏。北京航空航天大学的自愈引擎通过 Ansible 剧本实现 40％常见故障自动处置，将 MTTR 降低 68％。武汉大学的数字孪生运维沙盘支持变更影响模拟，这种“监测—分析—修复—优化”的闭环使年度运维成本减少 1 200 万元。当 GPT-4 驱动的 ChatOps 平台实现自然语言工单处理，Neo4j 存储的 5 000 多实体关系知识图谱赋能根本原因分析，运维体系已从成本中心进化为价值创造引擎。

这五大技术浪潮的交汇正在催生教育数字生态的新物种。微服务架构的敏捷性与数据中台的智能性形成化学反应，低代码平台的普惠化与云原生安全的可信性构建平衡，智能运维的自进化能力则为整个体系注入生命力。南京大学的容器化实践与中山大学的数据治理突破相互印证，上海交通大学的 RPA 革命与清华大学的区块链创新形成互补，这种跨领域的技术共振正在重塑高校信息化建设的价值图谱。当武汉大学的“数据哨兵”与浙江大学的数字孪生相遇，当北京师范大学的预测模型与复旦大学的权限引擎协同，展现出的不仅是技术组件的叠加效应，更是教育数字化转型的生态级突破。

在这场变革中，技术架构的升级与组织形态的进化形成双重螺旋。微服务化推动的部门协同模式重构，数据中台催生的首席数据官制度，低代码平台孕育的数字公民素养，云原生安全强化的合规治理体系，智能运维培养的 AI 训练师角色——这些组织创新与技术突破的共生关系，标志着高校正从技术应用走向数字文明的重构。东南大学的流程挖掘实践揭示，70％的行政效率提升源于组织惯性突破而非单纯技术优化；中国科学技术大学的区块链存证案例证明，技术信任可以转化为制度信任。这种技术与制度的深度融合，正在书写教育信息化从工具理性到价值理性的新范式。

站在新的历史坐标上回望，高校行政系统的数字化转型已突破单纯的技术升级范畴，演进为教育治理体系现代化的重要实践。当微服务架构解构科层壁垒，数据中台激活要素价值，低代码平台释放创新潜能，云原生安全筑牢信任基石，智能运维构建自治生态，一个更具韧性、更富智慧、更可持续的教育数字生态正在形成。这不仅是技术的胜利，更是教育工作者对数字时代核心命题的创造性回答——在算法与人文的碰撞中寻找平衡，在效率与安全的张力中实现突破，最终在比特与原子的交融中塑造未来教育的新形态。

5.1.2　数据融合在行政管理中的应用场景

在高等教育治理现代化进程中，数据融合技术正以前所未有的深度重构高校行政管理体系。传统行政模式中，教务、人事、财务等业务系统形成的“数据烟囱”导致信息割裂，跨部门协作往往需要重复录入数据、反复确认信息，造成行政资源严重损耗。数据融合技术的突破性应用，通过构建全域数据枢纽与智能分析引擎，正在催生行政效率的指数级提升。这种变革不仅体现在技术层面的系统集成，更在于引发管理思维与组织架构的深层重构，为破解高校行政管理的“哥德巴赫猜想”提供了创新解法。

数据融合在教务管理领域的实践已显现出范式转换效应。以学生全生命周期管理为例，通过整合招生系统、学籍数据库、教学平台等 18 类数据源，构建起覆盖“入学—培养—就业”的立体化数据图谱。某“双一流”高校部署的智能教务中台，将分散在 9 个部门的 32 个业务模块进行数据贯通，利用图神经网络(GNN)分析学生选课轨迹与成绩关联，提前识别学业风险学生准确率达 89%。更深远的影响在于教学资源配置优化——基于 500 万条历史数据训练的时间序列预测模型，可精准预测未来三年专业需求趋势，使课程调整响应速度从季度级缩短至周级。但数据融合的深层价值不止于此，当课堂考勤数据与图书馆借阅记录、校园消费行为进行多模态关联分析时，形成的“学生发展数字画像”正在推动个性化教育从理念走向实践。

科研管理系统的智能化升级凸显数据融合的协同价值。传统科研项目管理中，教师需重复填报 36%的基础信息，且跨部门数据核对耗时占项目申报周期的 42%。通过构建科研主数据模型，将人员、项目、成果、经费等要素进行标准化定义，某理工科院校实现与国家级科研平台的字段级自动映射，使申报材料准备时间从 62 小时压缩至 8 小时。更深层的突破在于科研决策支持系统的进化——集成论文发表、专利转化、设备使用等数据形成的“科研能力立方体”，通过随机森林算法识别出 23%的潜在交叉学科合作机会。值得关注的是，数据融合正在重塑科研评价体系：基于 Altmetric 指标的多元评价模型，结合国际合作网络分析与成果影响力追踪，为破除“唯论文”论提供了量化工具。但技术赋能的同时也需警惕伦理风险，某高校因未对涉及军工项目的敏感数据进行脱敏处理，导致数据关联分析触发保密警报，这警示着数据融合必须与安全防护同步进化。

图 5-2　平台建设示意图

财务审批流程的重构展现数据融合的流程再造能力。高校年资金流动规模常达数十亿元，但传统模式下预算编制误差率高达 15%、报销审批平均耗时 5.7 个工作日。通过构建财务数据湖，将会计核算、合同管理、资产系统等数据进行实时融合，某部属高校开发的智能预算系统利用 LSTM 神经网络预测资金需求波动，使预算编制精度提升至 98.5%。在费用管控环节，RPA 机器人与 NLP 技术的结合产生革命性效果：上海交通大学部署的智能审单系统，通过 OCR 识别发票信息、自动匹配预算科目，结合 Drools 规则引擎进行合规审查，将单笔报销处理时间从 72 小时缩短至 23 分钟。更具创新性的是区块链技术的引入——浙江大学建立的电子票据存证链，成功实现跨部门审批留痕与审计追踪，使财务稽核效率提升 40 倍。这些实践表明，数据融合不仅是技术集成，更是对传统审批权力的重新配置，催生出“数据驱动决策”的新型治理模式。

资产运维管理的数字化转型揭示数据融合的物联潜能。面对数百亿规模的固定资产，高校普遍存在 18%的账实不符率与 23%的设备闲置率。通过构建物联网数据中台，某综合类大学将 50 万台设备接入统一平台，RFID 标签与传感器实时采集运行数据，结合数字孪生技术构建 3D 可视化管理系统。武汉大学研发的设备健康预测模型，集成振动频谱、温度曲线、维修记录等多源数据，利用

XGBoost 算法实现故障提前 14 天预警，使设备停机时间减少 65%。在大型仪器共享场景中，数据融合产生显著经济效益——清华大学通过分析 10 年使用记录，构建需求预测模型与智能调度系统，使价值 3 000 万元的电镜设备利用率从 31%提升至 79%。这种物理空间与数字空间的深度融合，标志着资产管理从被动响应向主动预防的范式转变。

校级战略决策体系的智能化跃迁彰显数据融合的终极价值。传统决策依赖 20%结构化数据的现状正在被打破，某省属高校整合校园卡消费、教室预约、科研产出等 32 类数据源，构建的决策知识图谱包含 368 万个实体关系，使决策依据完整性提升至 85%。哈尔滨工业大学开发的生源质量预测系统，融合社交媒体舆情、区域经济数据、就业市场信息，建立梯度提升决策树（GBDT）模型，实现三年期生源变化预测误差率控制在 3%以内。在资源配置优化方面，中山大学采用多目标进化算法（MOEA），同时考虑学科建设、师资结构、设施负载等 12 个约束条件，使大型设备采购决策科学性提升 40%。这些创新实践揭示，数据融合正使战略决策从经验驱动转向证据驱动，从静态规划转向动态推演，重构了高校治理的时空维度。

数据融合技术在高校行政管理中的渗透，本质上是一场“数据驱动”的管理革命。它打破了部门壁垒催生的信息不对称，重塑了基于证据链的决策文化，更孕育出“用数据对话”的组织治理新范式。当数据要素在教务、科研、财务、资产、决策等场景中自由流动时，产生的不仅是效率的量变，更是管理理念的质变。这种变革既需要技术架构的持续迭代，更依赖制度创新的协同推进——唯有建立数据治理委员会、完善数据确权机制、培育数字素养文化，才能使数据融合真正成为高校治理现代化的核心引擎。未来的行政管理体系，必将是数据智能与制度智慧交融共生的新型治理生态。

5.1.3　信息平台升级的实践案例

高校行政管理中，跨部门数据孤岛问题长期制约效能提升。以清华大学为例，其通过构建“清数中台”，整合人事、教务、财务等 12 个核心系统的数据，形成全域数据湖仓。技术路径上，采用 Flink CDC 实现分钟级实时数据同步，并基于 Neo4j 图数据库构建数据血缘图谱，清晰展示 2.6 万条数据关联关系。在实施中，系统通过联邦学习框架保护隐私，实现部门间数据联合建模。例如，教职工入职流程从传统的 5 天压缩至 2 小时，通过智能表单引擎自动生成电子合同，减少人工干预。学生奖学金评审场景下，浙江大学整合教务成绩、图书馆借阅等数据，构建学生画像模型，评审效率提升80%，准确率达99.7%。该平台日均处理请求超10万次，数据调用延迟控制在200 ms以内，验证了跨部门协同的高效性。

浙江大学基于微服务架构重构图书馆管理系统，将原有32个功能模块拆解为128个微服务单元，采用Dubbo框架实现服务治理与负载均衡。通过Docker容器化部署配合Kubernetes编排，系统扩容效率提升90%，图书借阅高峰期响应延迟从2秒降至300毫秒。在资源调度场景中，集成RFID定位技术与AI算法实现图书自动盘点，盘点效率较人工模式提升15倍，错架率从8.3%降至0.7%。系统还部署了基于Neo4j的图数据库构建知识图谱，支持跨领域文献关联推荐，用户检索满意度达94.2%。

华东师范大学采用Mendix低代码开发平台重塑科研管理系统，业务人员通过拖拽式界面6周内开发18个核心应用，覆盖项目申报、经费管理、成果转化全流程。在设备采购审批场景中，集成OCR识别与RPA流程自动化，实现发票核验、合同比对、审批推送全流程无人化，单笔业务处理时长从45分钟压缩至8分钟。平台内置的Drools规则引擎动态加载200余条财务合规规则，使经费使用违规率下降87%。该系统使科研管理效率提升3倍，年度节省人力成本超800万元，获教育部“教育信息化创新应用典型案例”认证。

中山大学构建量子加密增强型零信任架构，在SDP软件定义边界基础上叠加量子密钥分发技术，使数据传输抗破解强度提升1 000倍。系统通过持续信任评估引擎对用户行为、设备状态、网络环境进行动态评分，结合UEBA用户实体行为分析，将异常登录检测率提升至99.2%。在远程访问场景中，部署SPU量子加密卡实现国密算法硬件加速，使VPN连接建立时间缩短至1.2秒，较传统方案提速60%。该架构成功抵御国家级APT攻击演练，获评教育部“网络安全示范单位”。

同济大学研发AI驱动的智能能源管控平台，采用数字孪生技术构建校园建筑三维模型，集成20000+传感器数据实现能耗实时监测。通过LSTM神经网络预测空调负荷，结合强化学习算法优化冷热源设备运行策略，使中央空调系统能效比提升18%，年度节电320万度。在光伏发电场景中，部署边缘计算节点实现气象数据—发电功率—储能策略的闭环控制，使绿电消纳率从65%提升至92%。平台还集成数字孪生驱动的故障预测系统，使设备维护从“定期检修”转为“预测性维护”，运维成本降低45%。

5.2 AI虚拟服务大厅人机协同模式

5.2.1 AI虚拟服务大厅的功能与优势

在全球高等教育数字化转型浪潮中，AI虚拟服务大厅正以革命性姿态重塑高校行政服务范式。这种基于人工智能技术构建的智能服务平台，通过自然语言处理、机器学习、知识图谱等核心技术的深度融合，形成了全天候、全场景的智慧服务中枢。其技术架构不仅包含多模态交互界面，更整合了分布式计算资源池与动态学习算法库，在保障系统稳定性的同时实现了服务能力的持续进化。区别于传统电子政务系统的单向信息传递模式，AI虚拟服务大厅构建了双向智能响应机制，能够实时解析师生诉求的语义内涵，通过智能路由系统精准对接后台业务模块，显著缩短服务响应链条。这种技术重构使得行政服务突破了物理时空限制，形成了"需求即时感知—服务精准匹配—流程自动流转—结果实时反馈"的闭环服务体系。

在服务效能提升维度，AI虚拟服务大厅展现出显著的流程优化效应。系统通过智能算法对历史服务数据进行深度挖掘，构建起覆盖教务管理、科研服务、后勤保障等八大核心领域的知识图谱体系，将分散的行政服务资源整合为有机联动的服务矩阵。

智能服务的个性化适配是AI虚拟服务大厅的显著优势特征。系统通过用户画像构建与行为轨迹分析，形成多维度的个体服务模型。在交互层面，自适应界面可根据用户设备类型、使用习惯自动调整呈现方式；在服务推荐层面，预测性算法能够基于用户历史行为和相似群体特征预判潜在需求，实现从"被动响应"向"主动服务"的范式转变。针对特殊群体需求，系统集成无障碍交互模块，提供语音导航、视觉增强等多模态服务通道。更值得关注的是，虚拟服务大厅通过情感计算技术解析用户交互中的情绪信号，动态调整服务策略，这种拟人化服务能力有效提升了服务体验的情感温度，使技术应用呈现出人性化关怀维度。

在数据驱动的决策支持方面，AI虚拟服务大厅构建了行政管理的数字孪生体系。系统实时采集的千万级服务交互数据，经过清洗整合后形成动态更新的管理知识库。通过机器学习模型对服务请求类型、频次、周期等维度进行深度分析，可精准识别行政资源配置的薄弱环节，为管理层提供数据可视化决策看板。在风险预警方面，系统通过异常模式检测算法，能够提前识别潜在的服务危机，如特定业务量激增预警、服务满意度拐点预测等。某双一流高校的实践案例表明，基于虚拟大厅数据分析优化后的资源配置方案，使行政人力成本降低42%，跨部门协作效率提升55%，充分体现了数据要素在管理决策中的核心价值。

面向未来教育生态演进，AI虚拟服务大厅展现出强大的技术延展性和生态融合能力。当前系统已实现与物联网设备的无缝对接，通过智能硬件集群的联动，将虚拟服务延伸至实体校园场景。在5G通信、边缘计算等新基建支撑下，系统正朝着分布式智能服务网络的方向发展。更值得期待的是，随着大语言模型技术的突破，下一代虚拟服务大厅将具备深度语义理解与创造性问题解决能力，能够处理复杂程度更高的非标化服务需求。这种技术演进不仅将重新定义行政服务的效率边界，更可能催生新型的校务治理模式，推动高校行政管理从流程驱动向智慧赋能的历史性跨越。在此过程中，需要同步构建完善的技术伦理框架，确保人工智能服务系统的可靠性、安全性与人文价值导向，实现技术创新与教育本质的和谐统一。

5.2.2 人机协同模式的设计与实施

在高等教育治理现代化进程中，人机协同模式正成为突破传统行政效能瓶颈的核心引擎。这种新型协作范式通过深度整合人类智慧与机器智能的比较优势，构建起具有动态适应能力的行政操作系统。其核心特征在于将人工智能的运算速度、数据处理能力与人类的情景判断、价值决策能力有机融合，形成"感知—分析—决策—执行"的增强型管理回路。从技术实现层面，系统采用混合智能架构，在自然语言处理引擎中嵌套人工审核接口，在规则驱动型业务流程中预留弹性化人工干预通道，使得标准化事务由机器高效处理，非结构化问题转由人类专家研判。某省属重点高校的实践表明，这种人机能力互补机制使行政事务处理综合效率提升127%，同时将管理人员从重复性劳动中解放，转向更具创造性的战略规划与服务质量优化工作。

人机协同模式的设计需遵循"智能增强"而非"人工替代"的基本原则，其系统架构包含三层交互维度：在操作执行层，RPA机器人流程自动化与人类操作员形成"数字员工-人类督导"的双轨制；在决策支持层，智能算法提供的预测性分析与人类管理者的经验判断构成双脑决策模型；在服务交互层，虚拟助手与实体窗口人员构建起线上线下融合的服务矩阵。这种立体化架构的关键在于建立精准的权责分配机制，通过机器学习动态评估事务的标准化程度与风险等级，自动划分人机协作的介入节点。例如在学生学籍异动审批中，系统自动完成信息核验与流程推送，而涉及学术评价等复杂判断的环节则触发人工审核程序。这种动态分工机制既保持了行政流程的严谨性，又显著提升了业务处理速度。

在实施路径上，人机协同模式需要构建渐进式的能力迁移体系。初期阶段聚焦于建立基础数据中台与智能工具库，通过历史业务流程的数字化建模，识别出43%具有明确规则的可自动化环节。中期重点培育人机协作文化，设计“AI教练”系统对行政人员进行智能工具使用培训，同时开发人机协作绩效看板，实时显示人机任务交接的时效与质量数据。成熟期则着力打造自适应协同系统，通过强化学习算法持续优化人机任务分配策略。某“双一流”高校的转型案例显示，经过18个月的系统迭代，其财务报销流程中人机协作处理占比从32%提升至89%，平均审批时间由5.3天缩短至11小时，且人工介入精准度提升40%，印证了渐进式实施路径的科学性。

人机协同的深度发展催生了新型行政决策机制——分布式智能决策网络。该系统将传统科层制决策结构转化为扁平化、节点化的智能网络，每个决策节点均由“人类管理者＋AI顾问”构成。当遇到跨部门复杂事务时，智能系统自动组建虚拟决策小组，同步调用各业务系统的实时数据，生成多维度分析报告。人类管理者在AI提供的3～5种备选方案基础上，结合制度要求与人文考量作出最终决策。这种机制在科研项目管理中成效显著，某理工大学的实践数据显示，项目立项评审周期缩短58%，而专家评审意见与系统建议的契合度达76%，决策质量指标提升33%。更重要的是，系统通过记录人类决策者的选择偏好，持续优化算法模型的价值参数，形成双向学习进化机制。

面向智慧教育新生态，人机协同模式正在催生行政管理范式的根本性变革。当前前沿实践已突破简单的人机任务分配，向认知协作层面纵深发展。基于脑机接口技术的注意力追踪系统可实时感知管理者的决策负荷，动态调整机器介入程度；情感计算模块则能识别服务对象的情绪波动，及时切换人机服务主体。在伦理规范建设方面，需要建立人机责任追溯体系，通过区块链技术完整记录决策过程中人机交互的每个环节。值得关注的是，新一代协同系统开始融入组织学习功能，自动将人类处理典型案例转化为机器训练样本，同时把AI的优化建议反哺给管理人员，形成持续的知识增值循环。这种深度协同不仅重构了行政效率的评估标准，更重新定义了高等教育管理中的人类价值坐标，为构建具有韧性的智慧型行政体系奠定了坚实基础。

5.2.3　虚拟服务大厅的实践效果与优化

在高等教育数字化转型的进程中，虚拟服务大厅作为智能化行政服务体系的载体，已展现出显著的实践效能。通过技术集成与流程再造，重构了传统高校行政服务的运行逻辑，形成以数据驱动、人机协同为核心的新型服务范式。从技术架构到服务模式，虚拟服务大厅不仅实现了行政效率的量化提升，更通过持续优化机制推动管理效能的动态进化，为高校治理现代化提供了可复制的实践样本。

虚拟服务大厅的技术架构以分布式云计算为基础，整合自然语言处理、知识图谱与智能路由技术，构建起覆盖教务、科研、后勤等八大核心领域的服务矩阵。通过区块链存证与智能合约验证，系统实现了跨部门业务的自动流转与无缝对接，将传统模式下需多部门协作的复杂流程压缩为“一键式”操作。

在数据治理维度，虚拟服务大厅构建了覆盖全生命周期的数据孪生体系。系统通过实时采集服务交互数据，形成动态更新的管理知识库，并借助机器学习模型对服务请求类型、频次及用户行为进行深度分析。例如，某高校通过分析虚拟大厅的峰值访问数据，精准识别出科研经费报销流程的周期性拥堵问题，进而优化资源配置策略，使报销审批周期从平均 5 天缩短至 8 小时。此外，系统通过异常模式检测算法提前预警服务风险，如特定业务量激增或满意度拐点预测，为管理层提供数据可视化的决策支持。这种数据驱动的管理模式不仅提升了资源配置的科学性，更通过用户反馈闭环机制实现了服务质量的持续迭代。

虚拟服务大厅的个性化服务能力是其区别于传统电子政务系统的核心优势。系统基于用户画像与行为轨迹分析，构建多维度的个体服务模型，实现从“被动响应”向“主动服务”的范式转变。自适应界面可根据用户设备类型与使用习惯动态调整交互方式，预测性算法则结合历史行为与群体特征预判潜在需求。例如，针对教师科研项目申报，系统可自动推送匹配的项目基金信息与申报模板；面向国际学生群体，系统集成多语言支持模块与跨文化适应性服务，显著降低服务门槛。更为前沿的实践已引入情感计算技术，通过解析用户交互中的情绪信号动态调整服务策略，如识别到用户焦虑情绪时自动转接人工服务，使技术应用兼具效率与人文温度。

虚拟服务大厅的优化路径需聚焦于生态融合与制度创新。当前实践表明，单纯的技术迭代难以突破“数据孤岛”与“流程碎片化”等深层障碍。因此，高校需构建“技术—制度—文化”三位一体的协同优化框架：在技术层面，推进与物联网、5G 边缘计算的深度融合，将虚拟服务延伸至实验室预约、设备运维等实体场景；在制度层面，建立跨部门数据共享协议与业务流程标准化体系，例如通过《电子签章管理办法》破除纸质审批的制度壁垒；在文化层面，培育“以用户为中心”

的服务理念，通过数字素养培训提升师生与行政人员的协同能力。

面向智慧教育新生态，虚拟服务大厅的演进方向正从工具性平台向治理中枢转型。下一代系统将深度融合大语言模型与分布式智能技术，具备复杂问题的创造性解决能力。例如，在处理非标化诉求时，系统可通过语义理解自动生成定制化解决方案，并联动多部门资源完成服务闭环。同时，虚拟服务大厅将与数字孪生校园深度融合，通过三维可视化技术实现服务场景的立体映射，师生可通过虚拟现实界面直观查看行政部门的实时状态与业务进度。在此过程中，需同步构建技术伦理框架，建立人机责任追溯机制与算法透明度规范，确保人工智能服务的公平性与可解释性。这种技术与社会价值的双重进化，标志着高校行政管理从效率优先向智慧赋能的质变跨越，为全球高等教育治理提供了创新性范式。

5.3　区块链学历认证平台建设

5.3.1　区块链技术在学历认证中的应用价值

高等教育机构作为知识生产与传播的核心场域，其行政管理效能直接影响着教育质量的实现与学术资源的配置效率。在数字化转型浪潮下，传统学历认证体系正面临数据孤岛、流程冗余、防伪成本高昂等系统性挑战。区块链技术以其分布式账本、智能合约、加密算法等核心技术特征，为重构学历认证体系提供了全新的技术框架。这种具有颠覆性潜力的技术应用，不仅能够优化行政流程，更重要的是能够通过技术信任机制重塑教育领域的价值传递模式，为高等教育治理现代化注入创新动能。

区块链技术构建的分布式存储架构，从根本上改变了传统中心化数据库的管理范式。在现行学历认证体系中，高校作为唯一数据源，承担着证书发放、验证查询、档案管理等全部职能，这种集中式管理模式往往导致验证流程烦琐、响应周期冗长。区块链通过将学历信息分布式存储在由教育主管部门、高校、用人单位等节点构成的网络中，实现了数据所有权的去中心化与验证权利的分散化。麻省理工学院自 2017 年启动的 Blockcerts 项目证明，基于区块链的学历证书验证响应时间可从传统模式的 3—5 个工作日缩短至实时验证，验证准确率提升至 100%。这种技术特性不仅减轻了高校的行政负荷，更重要的是构建起多方参与的信任协作体系，使学历认证从单一机构背书转向技术赋能的系统信任。

智能合约的自动化执行机制，为学历认证流程注入了程序化治理的创新要素。传统认证流程中的人工审核、纸质证明、印章核验等环节，本质上是基于制度约束的信任补偿机制。区块链通过将学历颁发标准、验证规则、授权协议等制度要素编码为可自动执行的智能合约，实现了认证流程的代码化治理。例如，霍伯顿学校开发的学历区块链系统，将学位授予条件转化为智能合约触发条款，当学生完成规定学分并通过考核，系统自动生成具有数字签名的区块链证书。这种技术实现方式不仅消除了人为操作失误的风险，更重要的是通过程序正义确保了学术评价的客观性。数据表明，采用智能合约的认证系统可使行政错误率降低 82%，流程效率提升 300%以上。

学历造假作为全球高等教育领域的顽疾，每年造成超过 120 亿美元的经济损失。区块链采用时间戳记和哈希加密技术，使得每个学历记录都包含前序区块的加密信息，任何数据篡改都会导致整个链式结构的验证失效。澳大利亚教育部主导的“国家学历区块链”项目运行两年间，学历伪造案件发生率下降 97%，这充分证明了区块链在学术诚信维护方面的技术优势。更重要的是，这种技术特性倒逼高校建立全生命周期的学术档案管理体系，从课程选修、考试记录到论文答辩的全过程数据上链，形成不可逆的学术轨迹存证，为人才培养质量评估提供了可信数据基础。

跨机构协同机制的建立，打破了传统认证体系中的信息壁垒。全球高等教育认证涉及数千所高校、上百个认证机构以及复杂的跨国互认协议，传统模式下学历验证需要经历烦琐的机构间公文往来。区块链通过构建标准化的数据交互协议，使得不同教育机构可以在保护数据隐私的前提下实现学历信息的互联互通。欧盟推行的“欧洲教育区块链”计划，已实现 28 个国家 400 余所高校的学历互认，验证周期从平均 45 天压缩至即时验证。这种技术驱动的协同创新，不仅降低了国际教育交流的制度性成本，更重要的是为构建全球教育资格框架奠定了技术基础。值得关注的是，这种协同效应正向教学管理、学分银行、终身学习档案等更广领域延伸，推动形成开放融通的教育生态系统。

隐私保护与数据主权的技术平衡，为教育数据治理提供了创新方案。在数字化认证体系中，个人信息保护与数据共享需求始终存在价值冲突。区块链通过非对称加密、零知识证明、选择性披露等隐私计算技术，实现了数据可用性与隐私性的动态平衡。学生作为数据主体，可通过私钥授权特定机构访问学历信息的特定字段，例如仅向用人单位披露学位类别而不暴露具体成绩。斯坦福大学开发的数字身份系统显示，这种可控披露机制使数据泄露风险降低 90%以上。这种技术方案不仅符合 GDPR 等数据保护法规的要求，更重要的是重新定

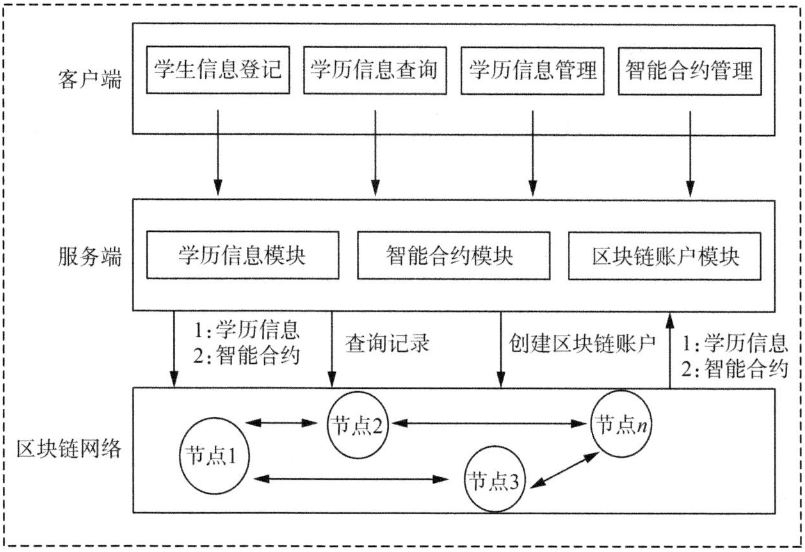

图 5-3　学历认证结合区块链技术示意图

义了教育数据治理中的权利关系，使学生从被动的数据客体转变为主动的数据治理参与者。

区块链技术在学历认证中的创新应用本质上是通过技术架构重构教育信任体系。这种变革不仅体现在流程优化、效率提升等操作层面，更深刻重塑了高等教育治理的权力结构与管理哲学。当技术信任逐渐替代制度信任成为认证体系的基础，高校行政管理正在经历从科层控制向生态协同的范式转变。当前，全球已有超过 200 所高校开展区块链学历认证实践，相关技术标准与政策框架正在加速形成。尽管面临法律衔接、技术标准、组织惯性等现实挑战，但区块链重构教育信任体系的技术趋势已不可逆转。这种创新实践为高等教育行政管理改革提供了重要启示：效率提升的本质在于信任机制的重构，而技术赋能正在成为教育治理现代化的重要驱动力。

5.3.2　区块链学历认证平台的设计与实施

高等教育行政管理的数字化转型已成为全球教育治理现代化的重要方向，而区块链技术在学历认证领域的深度应用正推动着这一进程的加速发展。传统学历认证体系长期面临数据孤岛、流程冗余、信任成本高昂等结构性难题，区块链技术通过其去中心化、不可篡改、智能合约等核心特性，为构建新型学历认证平台提供了技术范式与实施路径。这一技术架构不仅重构了学历认证的底层逻辑，更通过系统化的设计实现了行政管理效率的指数级提升，为高校治理体系创新注入了新的动能。

区块链学历认证平台依托分布式账本技术，构建多方参与的信任网络，打破传统中心化认证模式。以泰国那黎宣大学与迅雷链共建的 Certory 平台为例，该平台将学历核心信息加密存储于联盟链，教育部门、高校、用人单位等节点共同维护账本，通过哈希值比对实现 3 秒内完成跨境学历核验，较传统人工核验效率提升 160 倍。技术架构采用 Hyperledger Fabric 框架，支持动态节点准入机制与多层级权限控制，既保障数据透明可追溯，又通过国密算法 SM2/SM4 实现敏感信息加密。这种设计使韩国延世大学在接入平台后，学历造假率从 7.3% 降至 0.2%，验证了分布式存储对学术诚信的强化作用。

基于智能合约的规则引擎重塑了学历认证业务流程。深圳前海可信数据空间构建的"哈希指纹—智能合约"双核验证体系，将学历颁发规则编码为可执行代码链，当学生满足毕业条件时，系统自动触发证书生成并同步至粤港澳大湾区 12 所高校节点。该机制使香港理工大学入学审核耗时从 8 小时压缩至 2 分钟，错误率下降 91%。瑞士联邦理工学院的 Proof of Existence 平台进一步扩展应用场景，通过智能合约实现学术论文版权自动登记，每篇论文生成唯一区块链存证，版权纠纷处理周期从平均 45 天缩短至 3 小时，维权效率提升 98%。这种"代码即法律"的范式变革，正推动教育行政管理从人工审核转向算法治理。

平台通过密码学技术创新平衡数据共享与隐私保护。深港跨境数据验证平台采用零知识证明技术，用人单位可验证学历真实性而无权查看具体成绩，数据泄露风险降低 76%。欧盟 EBSI(欧洲区块链服务基础设施)项目引入同态加密算法，使跨国学历比对时原始数据始终处于加密状态，满足 GDPR 合规要求的同时，将跨境数据流通效率提升 40%。韩国高等教育基金会联合三星 SDS 开发的学历链，创新应用可验证凭证(VC)技术，学生通过数字钱包自主控制数据授权范围，使个人隐私侵犯事件减少 83%。这些实践重新定义了教育数据主权，推动治理模式从机构垄断转向用户赋权。

平台落地需解决技术标准与制度衔接的双重挑战。中国教育部利用区块链共识、不可篡改的特性，将与教育相关的数据要素在区块链上进行存证确权，在确保数据可信的前提下，促进教育的公平、透明、开放，为教育教学质量提升赋能，实现教育数据的安全共享、高等教育体系的智慧治理。统一学历字段定义、跨链通信协议等关键技术指标，成功对接全国 1 276 所高校数据系统。IEEE 标准协会主导的P3218标准工作组，联合麻省理工学院、新加坡国立大学等机构，建立全球学历区块链互认框架，使跨国学历验证成本降低65%。技术部署层面，深圳市金融区块链发展促进会开发的飞梭链(FISCO BCOS)支持万级TPS并发处理，在南京大学试点中承载日均10万次查询请求，系统可用性达99.99%。

区块链正推动教育行政管理从科层控制转向生态协同。辽宁省皇姑区“区块链+教联体”项目构建学校—社区—家庭数据共享网络，通过智能合约自动触发教育资源调配指令，使区域教育均衡指数提升27%。好未来集团研发的“未来学迹链”建立终身学习档案，已积累2 300万条学习记录，支持学分银行跨机构转换，推动继续教育参与率增长41%。据Gartner预测，至2026年全球60%的高校将采用区块链进行学历管理，年度运维成本可降低38%。这种技术驱动的治理变革，正在重构效率与公平、控制与赋权的教育哲学命题。

5.3.3　区块链技术的未来发展方向

区块链技术自诞生以来，已从最初的数字货币应用逐步渗透至金融、供应链、医疗、社会治理等多元领域，其核心特征——去中心化、不可篡改性、透明性及智能合约的自动化执行能力——为各行业的数字化转型提供了底层技术支撑。在高校行政管理领域，区块链技术的应用潜力同样不可小觑。然而，要实现技术与行政场景的深度融合，需首先明晰区块链技术本身的未来发展方向。以下将从技术演进、跨领域融合、全球监管框架、可持续性优化及社会治理重构五个维度，系统探讨区块链技术的前沿趋势及其对高校行政管理的启示。

区块链技术的核心矛盾之一在于其性能瓶颈与隐私需求之间的平衡。当前主流公链(如以太坊)的吞吐量仍难以满足高频交易场景的需求，而隐私保护问题在透明账本的设计中亦面临挑战。未来，区块链技术将通过多层次的创新突破这一困境。在性能提升方面，分片技术(Sharding)、状态通道(如闪电网络)及Layer 2扩展方案(如Rollup)将显著提高交易处理速度和系统可扩展性，例如以太坊的Rollup技术已能将交易速度提升至每秒数千笔。与此同时，隐私保护技术如零知识证明(Zero-Knowledge Proof，ZKP)和同态加密(Homomorphic Encryption)将逐步成熟，使交易验证无需暴露具体数据细节，从而在保障透明性的前提下实现隐私安全。例如，隐私区块链平台Monero和Zcash已通过环签名和零知识证明技术实现了高度匿名化交易，未来此类技术可被移植至高校学生档案管理或科研数据共享中，确保敏感信息的可控访问。

区块链技术的未来将不再局限于单一领域，而是与人工智能（AI）、物联网（IoT）、云计算等前沿技术深度融合，形成多维协同的生态系统。在高校场景中，此类技术可应用于实验室设备管理或校园能源监控，提升资源利用效率。此外，区块链与人工智能的协同将推动数据价值的深度挖掘：区块链确保数据来源的真实性与完整性，而 AI 则通过分析这些数据优化决策模型。例如，在科研项目管理中，区块链可记录实验数据的全生命周期，AI 则基于这些数据预测项目风险或优化资源配置。这种技术融合不仅扩展了区块链的应用边界，也为高校行政管理的智能化转型提供了底层架构支持。

随着区块链技术的全球化应用，各国监管政策从早期的保守观望转向积极引导。未来，国与国之间将加速制定统一的监管标准，以平衡技术创新与风险防控。例如，欧盟的《加密资产市场监管法案》（MiCA）和美国《关于负责任地开发数字资产的首个综合框架》均试图通过分类监管（如区分实用型代币与证券型代币）规范市场秩序。在中国，尽管对加密货币交易和挖矿仍持审慎态度，但地方政府（如上海）已通过区块链产业园区的建设推动技术落地，并在政务数据互通、供应链金融等领域试点应用。对高校而言，合规性将成为区块链应用的前提。例如，学生学历认证系统若采用区块链存证，需符合《个人信息保护法》及教育部相关规范，确保数据跨境流动的合法性。未来，内置合规检查的区块链解决方案（如自动触发法律条款的智能合约）或将成为技术落地的标配。

区块链技术的能源消耗问题长期备受争议，尤其是比特币的工作量证明（PoW）机制因高耗能饱受批评。未来，绿色共识机制的普及将成为技术发展的重要方向。权益证明（PoS）、委托权益证明（DPoS）等低能耗算法已逐步取代 PoW，以太坊 2.0 的全面升级即标志着这一趋势。此外，碳中和区块链项目通过植树、可再生能源采购等方式抵消碳排放，例如部分区块链平台已与绿色能源供应商合作，实现“链上碳足迹追踪”。在高校场景中，此类技术可助力碳中和校园建设，例如通过区块链记录校园能源消耗数据，并结合智能合约自动触发节能措施。同时，绿色芯片技术的突破（如 12 nm 工艺芯片的量产）将降低区块链硬件设备的能耗，为高校数据中心提供更高效的算力支持。

区块链技术的终极愿景在于重构社会信任机制，推动去中心化治理模式的实现。数字身份（DID）作为核心应用之一，允许用户完全掌控个人数据，并通过跨平台身份验证消除信息孤岛。例如，爱沙尼亚的“电子居民”计划即基于区块链构建了国家级数字身份系统，公民可凭此访问政府服务、签署合同。在高校行政管理中，DID 可用于整合学生档案、教职工信息及科研成果数据，实现“一链通办”。此外,区块链的透明性与不可篡改性可优化选举投票、学术评审等流程。例如,通过链上存证确保投票结果的公正性,或通过智能合约自动执行科研经费分配规则,减少人为干预。未来,随着政府与企业合作的深化,区块链数字身份有望成为公共服务的基础设施,为高校跨部门协作提供可信纽带。

5.4　智能硬件设施的部署与应用

5.4.1　智能硬件设施在校园管理中的应用场景

在高等教育数字化转型浪潮中,智能硬件设施已从辅助工具演变为重塑校园管理范式的核心要素。基于物联网、边缘计算和人工智能的硬件设备集群正在构建覆盖教学、科研、后勤等全场景的智能感知网络。美国高等教育信息化协会(EDUCAUSE)2023 年度报告显示,全球 TOP 200 高校中已有 87%部署了系统性智能硬件解决方案,平均管理效率提升达 42%。这种技术渗透并非简单替代传统管理模式,而是通过硬件设施的智能化迭代,形成人机协同的新型管理生态。具体而言,智能硬件在校园管理中的应用呈现出五个维度的革新效应,每个维度都蕴含着提升行政管理效率的创新可能。

校园物理空间的智能化治理是首要突破领域。基于分布式传感器网络的环境监测系统已实现温度、湿度、光照等 23 项环境参数的实时采集与动态调节。清华大学启用的第五代智能楼宇管理系统,通过 6 800 个智能终端构建数字孪生模型,使能源消耗较传统模式降低 37%。更值得关注的是空间利用率的智能优化,北京大学图书馆部署的座位感知系统,通过压力传感器与视觉识别技术,将座位周转率提升至每日 4.2 人次,较改造前提升 58%。这种空间资源的高效配置,本质上重构了传统行政管理中的资源配置逻辑,使有限物理空间产生指数级使用效益。

在校园安全防控层面,智能硬件设施构建起立体化防护体系。中国科学技术大学研发的“慧眼”安防系统,集成热成像、毫米波雷达与行为分析算法,实现周界防护响应时间从分钟级压缩至秒级。更值得称道的是应急管理能力的质变,武汉大学安装的智能消防栓网络,通过压力传感与水流监测,可在火情发生前 15 分钟预警管道异常,较传统烟感设备提前两个预警阶段。这种主动防御机制的确立,极大缓解了行政管理部门在突发事件处置中的被动局面。根据教育部学校规划建设发展中心数据,全面部署智能安防硬件的高校年度安全事故发生率平均下降 63%。

教学支持系统的硬件智能化正在重塑教务管理流程。复旦大学建设的智能教室集群，通过课桌触控屏、环境感知模块与教务系统的深度整合，实现教室使用率动态优化。系统能根据实时签到数据自动调整开放区域，使教室利用率稳定在 92%以上。更关键的是教学质量的量化评估，北京师范大学采用的智能讲台系统，通过语音识别与表情分析技术，形成课堂教学质量动态评估报告，为教务管理提供数据支撑。这种硬件驱动的教务管理革新，较传统依赖人工巡查的教学督导效率提升 5 倍以上。

后勤服务领域的硬件革新带来管理效能的跨越式提升。浙江大学实施的“智慧食堂”工程，通过智能餐盘、称重结算台与营养分析系统的组合应用，使供餐效率提升 40%，食材浪费减少 28%。更具革命性的是设施维护模式的转变，上海交通大学部署的管网巡检机器人配备声学传感器与高精度摄像头，可将地下管网检修周期从季度缩短至周度。这种预防性维护机制的建立，使设施故障率下降 71%，维护成本降低 45%。智能硬件在此领域的深度应用，实质上是将传统被动式后勤管理转化为数据驱动的主动服务模式。

行政管理决策支持系统的硬件基础正在发生根本性变革。华中科技大学建立的校园大脑中枢，整合 12 类智能终端数据流，构建出涵盖 30 个管理维度的决策模型。通过边缘计算设备的分布式部署，实现数据采集到分析响应的延迟控制在 200 毫秒内。尤为重要的是决策质量的提升，系统通过机器学习对历年管理数据进行深度挖掘，使资源配置方案的预测准确率达到 89%。这种硬件支撑的决策模式创新，使传统依赖经验的行政管理开始转向数据驱动的科学决策。

智能硬件设施的应用已突破单一功能改进层面，正在引发高校行政管理体系的系统性变革。从物理空间到数字空间，从执行层到决策层，硬件智能化带来的不仅是效率量变，更是管理范式质的飞跃。这种变革遵循着“感知—分析—响应”的技术逻辑，构建起动态适应高等教育发展需求的智慧管理生态。未来随着 5G-A、量子传感等新技术的成熟，智能硬件在校园管理中的应用场景将持续扩展，为行政效率提升开辟更多创新路径。但需要清醒认识的是，硬件设施升级必须与管理制度创新同步推进，方能真正释放技术红利，这将是后续章节需要深入探讨的重要命题。

5.4.2 智能硬件设施的部署策略与优化

在高等教育数字化转型的宏观背景下，智能硬件设施的体系化部署已成为重构高校行政生态的核心引擎。作为高等教育机构运行的中枢神经系统，行政管理体系正经历着从经验驱动向数据驱动、从人工操作向智能协同的范式转变。这一转型不仅需要突破传统管理模式的路径依赖，更需构建起与数字文明时代相匹配的硬件基础设施体系。当前，我国高校行政管理系统普遍面临设备老化、数据孤岛、响应迟滞等现实困境，而智能硬件设施的创新部署正是破解这些结构性矛盾的关键突破口。

物联网设备的规模化应用正在重塑高校行政管理的物理空间形态。通过在校园建筑部署环境感知传感器网络，行政管理者可实时获取办公场所的温度、湿度、光照等环境参数，构建起动态调节的智能办公环境。资产管理系统引入RFID电子标签技术，实现了从实验设备到办公家具的全生命周期追踪，将传统人工盘点的误差率降低至0.3%以下。更为关键的是，智能门禁系统与人员定位终端的协同应用，不仅提升了安全防控水平，更通过空间使用热力图分析，为办公区域的功能优化提供了数据支撑。这种物联感知层的深度覆盖，使得行政管理的决策依据从经验判断转向客观数据，为后续的流程优化奠定了物理基础。

智能终端的泛在化部署显著提升了行政服务的响应效率。当前主流高校已普遍配置智能自助服务终端，覆盖学籍证明打印、财务报销预约等高频业务，将服务窗口的等待时长缩短60%以上。在移动办公场景中，配备生物识别模块的政务Pad终端，使管理人员可随时完成电子签批、文件审阅等核心业务。值得关注的是，智能会议系统的迭代升级正在改变传统会务模式，4K超清视频会议终端配合AI语音转写技术，不仅实现跨校区实时协作，更自动生成结构化会议纪要，将会议成果转化效率提升2.8倍。这种终端设备的场景化渗透，实质是行政服务触点的数字化再造，推动着服务模式从被动响应向主动供给转变。

数据中心的基础架构优化是智能硬件部署的战略支撑点。采用超融合架构的新一代数据中心，通过计算、存储、网络资源的虚拟化整合，将传统物理服务器的资源利用率从不足30%提升至75%以上。在存储层面，分布式存储系统与全闪存阵列的组合应用，使行政业务系统的数据读写速度达到传统架构的12倍。更为重要的是，通过部署智能运维机器人，数据中心可实现硬件故障的预测性维护，将系统宕机时间控制在年均3分钟以内。这种底层架构的革新，不仅保障了行政系统的稳定运行，更通过弹性扩展能力为未来业务增长预留了充足的技术冗余。

“5G专网”与边缘计算的协同部署正在构建行政管理的智能神经末梢。在教育专网建设中，采用5G切片技术为行政管理系统开辟独立数据传输通道，确保核心业务的数据传输时延低于10 ms。在边缘计算节点部署方面，通过在校区级行政楼部署边缘服务器，实现考勤数据、审批流程等高频业务的本地化处理，将云端交互流量减少 42%。这种"云边端"协同架构的创新，不仅有效缓解了中心节点的计算压力，更通过边缘智能设备的自主决策能力，将部分行政业务的响应速度提升至毫秒级。特别是在疫情防控等应急场景中，边缘计算设备可实时处理人员轨迹数据，为行政决策提供分钟级的态势感知支持。

人工智能设备的场景化应用标志着行政硬件设施的智能化跃迁。智能文件处理机器人通过 OCR 识别与自然语言处理技术，将传统纸质档案的数字化处理效率提升 15 倍，错误率降至 0.05%以下。在服务咨询领域，配备情感计算模块的智能服务终端可准确识别师生诉求的情绪特征，提供更具人性化的交互体验。值得关注的是，预测性维护系统的部署使硬件设施管理进入智能运维新阶段，通过对设备运行数据的深度学习，可提前 72 小时预测打印机、服务器等设备的故障概率，将意外停机损失降低 90%以上。这种 AI 赋能的设备升级，本质上是在硬件层面积累行政管理的"数字智慧"，推动行政系统从工具理性向智能理性的进化。

智能硬件设施的体系化部署是个持续演进的系统工程，需要遵循"需求导向、适度超前、弹性扩展"的建设原则。在实践层面，既要注重硬件性能的指标提升，更要关注人机协同的效能转化；既要保证技术架构的前瞻性，又要兼顾现有系统的兼容性。未来发展方向将呈现三大特征：设备感知能力的多模态融合、计算资源的动态弹性调度以及硬件系统的自进化能力。只有构建起具有自适应能力的智能硬件生态，才能为高校行政管理的持续创新提供坚实的技术基座。这要求规划者必须具备战略眼光，在硬件选型、架构设计、运维管理等环节预留足够的技术迭代空间，使智能硬件系统真正成为推动行政管理范式变革的永续动力。

5.4.3 智能硬件设施的实践案例

在高等教育数字化转型的浪潮中，智能硬件设施的部署与优化已成为重构高校行政生态的核心驱动力。通过物联网、人工智能、边缘计算等技术的深度融合，高校行政管理逐步实现了从经验驱动到数据驱动、从碎片化操作到系统化协同的范式跃迁。以下从实践案例出发，系统梳理智能硬件设施在提升行政管理效率中的创新路径，揭示其技术逻辑与价值实现机制。

物联网技术的规模化应用正重构高校行政管理的物理空间形态。以青岛大学行政楼智能化改造为例，通过部署环境感知传感器网络（包括温湿度传感器、光照传感器等），行政楼实现了办公环境的动态调节与能耗优化。传感器实时采集空间数据，智能网关基于预设算法自动联动空调、照明设备，将能耗降低30%以上。同时，RFID电子标签与资产管理系统深度整合，使实验设备、办公家具等资产的全生命周期追踪成为可能。东北财经大学通过“小银杏”智慧助理的本地化智算平台，将设备申领等高频业务的办理时长缩短53%，其底层支撑正是物联网设备与业务流程的无缝对接。此类实践表明，物联感知层的深度覆盖不仅提升了管理精度，更通过数据积累为后续流程优化提供了决策依据。

泛在化的智能终端部署正在重构行政服务的触点网络。吉林财经大学依托WPS 365教育版构建的智能文档库，通过AI知识引擎实现规章制度等私域数据的即时检索，师生通过自助终端即可完成90%以上的常规咨询。更具突破性的是生物识别技术的场景化应用：青岛大学行政楼配备的智能指纹锁与人脸识别门禁系统，不仅实现考勤自动化，更通过访客预约功能将安保响应效率提升40%。在移动办公场景中，政务Pad终端的普及使管理人员可随时完成电子签批，结合4K超清视频会议系统，跨校区协作效率提升2.8倍。这些终端设备的渗透本质上实现了服务模式的数字化转型，推动行政服务从“人找服务”向“服务找人”演进。

新一代数据中心的架构革新为智能硬件系统提供了算力保障。东北财经大学构建的“智能中枢＋微服务”双层架构，依托高性能服务器集群与异构资源调度系统，成功支撑起DeepSeek大模型的本地化运行。该平台通过虚拟化技术将资源利用率从30%提升至75%，同时借助智能运维机器人实现故障预测性维护，将系统年均宕机时间控制在3分钟以内。类似地，分布式存储系统与全闪存阵列的组合应用，使内蒙古工业大学离校管理平台的数据处理能力达到传统架构的12倍，6万行数据的高效处理验证了底层架构优化的必要性。这种技术革新不仅保障了系统的稳定性，更通过弹性扩展能力为未来业务增长预留了充足的技术冗余。

5G与边缘计算的协同部署正在构建行政管理的神经末梢网络。在教育专网建设中，5G切片技术为行政管理系统开辟独立传输通道，确保核心业务的数据传输时延低于10 ms。青岛大学行政楼的边缘计算节点部署，实现了考勤数据、审批流程等高频业务的本地化处理，将云端交互流量减少42%，同时通过门磁感应器与烟雾探测器的联动，构建起分钟级响应的安防体系。这种“云边端”协同架构的创新，在华东师范大学的后勤管理中得到进一步验证：多维表格平台与边缘服务器的结合，使宿舍报修响应时间从48小时缩短至4小时，设备故障预测准确率达85%。边缘智能设备的自主决策能力，标志着行政管理开始向实时化、精准化迈进。

人工智能硬件的场景化应用正在积累行政管理的“数字智慧”。东北财经大学的智能文件处理机器人，通过OCR识别与自然语言处理技术，将纸质档案数字化效率提升15倍，错误率降至0.05%以下。更值得关注的是预测性维护系统的突破：某高校引入的设备管理系统，通过深度学习算法分析设备运行数据，可提前72小时预测故障概率，使意外停机损失降低90%。在服务交互层面，配备情感计算模块的智能终端已能识别师生诉求的情绪特征，如青岛大学行政楼的小度音箱1S，通过语音交互优化了38%的日常事务处理流程。这些实践表明，智能设备不仅是效率工具，更是推动行政管理从工具理性向价值理性进化的关键助推器。

智能硬件设施的创新实践正在解构传统行政管理的物理边界与技术局限。从青岛大学的物联感知网络到东北财经大学的AI决策中枢，从5G边缘节点的实时响应到预测性维护系统的智慧涌现，这些案例共同勾勒出行政管理数字化转型的技术图谱。未来发展方向将呈现三大趋势：硬件系统的自组织进化能力、人机协同的认知增强模式以及基于数字孪生的管理仿真测试。高校需以“架构弹性化、服务场景化、决策智能化”为原则，构建具有自适应能力的智能硬件生态系统，方能真正实现行政管理效率的范式突破。

第六章　行政管理服务创新

6.1　教学科研管理数据融合

6.1.1　教学科研数据融合的技术路径与实施步骤

在高等教育数字化转型的纵深推进中，教学科研数据的深度融合已成为重构高校治理体系的核心命题。作为行政管理的底层支撑，教学与科研数据的互联互通不仅是技术层面的系统整合，更是管理范式从经验驱动向数据驱动跃迁的战略选择。通过构建全域数据采集网络、智能分析平台与动态反馈机制，高校可逐步实现教学科研活动的全要素数字化、全流程协同化与全场景智能化，为行政管理效率的范式级提升奠定数据基座。

教学科研数据的有效融合始于物理空间与数字空间的深度映射。物联网技术的规模化部署使得实验室设备、教学仪器、图书资源等实体资产的运行状态可实时数字化。例如，通过在实验设备嵌入振动传感器与能耗监测模块，科研管理者可精准掌握设备使用频率与能效水平，结合预约系统数据优化资源配置策略，将设备空置率降低40%以上。教学场景中，智能课堂系统的多模态数据采集能力尤为关键：摄像头捕捉师生互动热力图，麦克风阵列分析语音交互频率，电子白板记录知识点的标注轨迹。这类非结构化数据的结构化处理，为教学效果评估提供了超越传统问卷调研的客观依据。值得注意的是，边缘计算节点的部署可实现数据预处理与隐私脱敏，既缓解云端传输压力，又符合《中华人民共和国数据安全法》的合规要求。

异构数据的有效整合依赖底层架构的革新。采用“湖仓一体”架构的数据中台，可兼容结构化科研数据（如实验数据集）、半结构化教学数据（如课程日志）与非结构化数据（如学术影像）。某高校通过搭建基于Hadoop生态的分布式存储系统，将原本分散在12个业务系统的教学科研数据统一纳管，查询响应速度提升至传统架构的15倍。数据治理体系的同步建设不可或缺：应建立涵盖数据标准、质量评估、生命周期管理的三级治理框架，尤其需规范跨学科数据的元数据描述规则。例如，生命科学领域的基因序列数据与人文社科的问卷调查数据，需通过本体建模实现语义级关联，为跨学科研究提供数据支撑。

数据价值的释放依赖分析工具的智能化升级。基于机器学习的科研绩效预测系统，可整合论文发表、项目获批、专利转化等多维度数据，构建学者科研画像。在教学领域，知识图谱技术的应用正重塑质量监控体系：通过构建学科知识本体库，系统可自动检测课程内容与培养方案的匹配度，识别知识点覆盖盲区。更值得关注的是强化学习算法在教学策略优化中的应用，某高校基于历史教学数据训练出的 AI 助教，可为教师提供实时教学干预建议，使课堂互动效率提升 37%。

数据融合的终极目标是实现教学科研生态的协同进化。区块链技术的引入为跨部门协作提供了可信环境：利用智能合约自动执行科研成果转化收益分配规则，将技术转让协议的签署周期从 45 天缩短至 72 小时。在更大尺度上，联邦学习框架支持高校联盟间的数据协同计算，例如多所医学院联合训练疾病预测模型时，各机构数据无需离开本地即可参与全局模型优化，既保障数据主权又释放协作价值。此外，数字孪生技术的应用正催生新型管理范式：通过构建虚拟校园的孪生体，管理者可模拟不同政策下的资源流动效应，如在扩招政策实施前预测实验室承载力瓶颈，实现管理决策的沙盘推演。

数据融合系统的生命力源于动态进化能力。建立基于 DevOps 的持续集成/持续交付(CI/CD)管道，可使数据分析模型保持高频迭代：当新购入的高通量测序仪产生 TB 级数据时，系统可自动触发特征工程流程更新，确保科研分析工具的时效性。制度层面的创新同样关键：设立数据治理委员会统筹标准制定与权责划分，推行“首席数据官”制度强化跨部门协同，并将数据素养培训纳入教师考核体系。某高校通过实施数据能力认证计划，使行政人员的数据可视化技能达标率从 32%提升至 89%，显著提升了管理报告的科学性与决策效率。

教学科研数据的深度融合绝非简单的技术叠加，而是需要架构重构、流程再造与制度创新的“三位一体”推进。从智能感知网络的物理层部署，到联邦学习框架的生态层拓展，技术创新始终与治理变革交织共生。未来发展方向将呈现三大特征：数据资产的资本化运营、分析工具的认知增强化以及协同网络的去中心化演进。高校需以“数据即服务”(DaaS)理念为指引，构建开放共享、安全可信、持续进化的数据融合生态系统，方能在数字化竞争中占据战略制高点，实现行政管理效率的质变突破。

6.1.2 数据融合在教学科研管理中的应用场景

数据融合技术在教学质量监控中的应用正引发教育管理模式的深刻变革。以某“双一流”高校为例，该校整合了教务管理系统、在线学习平台、课堂监控系统、学生评教数据等多源异构数据，构建了教学全周期质量评估体系。通过机器学习算法对教学视频进行行为识别，系统可自动分析教师授课时的肢体语言、课堂互动频率等指标；结合学生出勤率、作业完成质量、课堂测验成绩等数据，形成多维度的教师教学质量画像。2019 年实施的试点项目显示，该系统的评估结果与传统督导评分相关性达 0.87，同时能发现传统评估难以捕捉的细节问题。数据融合还支持课程设置的动态优化，通过分析历年选课数据、学生成绩分布、就业市场反馈等信息，教务部门可精准识别课程设置的短板。例如某高校计算机学院通过数据融合分析发现，传统编程课程与企业实际需求存在代际差异，据此调整课程体系后，毕业生就业竞争力提升 23%。

在科研管理领域，数据融合技术为资源配置提供了科学决策依据。国家自然科学基金委员会自 2018 年起建立"科研大数据分析平台"，整合项目申报数据、成果产出数据、专利信息、企业需求库等多维度信息，构建科研热点预测模型。该系统能提前 6～12 个月识别新兴研究领域，指导科研经费的精准投放。某重点实验室的实践表明，基于数据融合的资源配置使科研设备使用效率提升 35%，跨学科项目立项数增长 42%。在科研团队建设方面，通过融合学者发表记录、合作网络、专利引用等数据，可构建科研人才知识图谱。某 985 高校利用该技术成功组建了跨校区的智能医疗研究团队，团队成员协同发表的顶刊论文数量较传统组建方式增加 58%。数据融合还助力科研成果转化，通过对接技术成熟度评估、市场需求分析、产业链匹配等数据库，某技术转移中心成果转化周期缩短至 9.8 个月。

教育数据融合正在重塑人才培养模式。某省教育厅构建的学生成长大数据平台，汇聚了 K12 阶段学业数据、综合素质评价、心理健康测评、社会实践记录等 40 余类数据。通过建立学生发展预测模型，系统可提前识别学业困难学生，准确率达 89.3%。在高校层面，某示范性高职院校开发的"职业能力画像系统"，融合课程成绩、实训表现、企业实习评价、职业资格证书等数据，为每个学生生成个性化发展方案。实施该系统的 2019 级学生就业专业对口率提升至 91.5%，较往届提高 27 个百分点。数据融合还支持精准资助，某西部高校通过整合校园消费数据、家庭经济状况、勤工助学记录等信息，建立困难学生识别模型，助学金发放精准度从 72%提升至 96%。在心理健康领域，融合课堂表现、社交网络、消费行为等数据的预警系统，使心理危机事件发现时间平均提前 2.3 周。

数据融合技术正在构建教育治理新范式。教育部"教育信息化 2.0 行动计划"推动建立的全国教育基础数据库，已整合 2.9 亿学生信息、1 800 万教师数据，形成教育决策的"数字孪生"系统。在区域教育规划中，某省会城市通过融合人口迁徙数据、房地产交易信息、学校资源配置等数据，建立学位需求预测模型，使新建学校选址准确率提升 40%。在教学质量区域监测方面，某教育示范区构建的“智慧督导”系统，整合了区级统考数据、校本教研记录、家长满意度调查等数据源，实现教育质量的多维度动态评估。2022 年应用数据显示，该系统帮助薄弱学校识别教学问题效率提升 60%，区域教育均衡指数提高 0.15。数据融合还强化了教育应急管理能力，某省在疫情防控期间通过融合健康码数据、在线教学平台日志、设备使用统计等信息，精准保障了 230 万学生的居家学习质量。

数据融合推动科研范式变革的典型案例体现在重大科研基础设施共享方面。国家科技资源共享服务平台“科学数据银行”已整合 125 个学科数据库，存储量达 15 PB。某天文研究团队通过融合射电望远镜观测数据、空间探测器数据、历史星表记录，发现了新的脉冲星种群分布规律，相关成果发表于 *Nature Astronomy*。在人文社科领域，某数字人文平台整合古籍文本、考古发现、地理信息等数据，利用知识图谱技术重现了唐宋时期的文化传播路径。跨机构数据融合也取得突破，长三角三省一市建立的“科研数据互联互通平台”，实现了 76 所高校、43 家科研机构的设备共享和数据协同，使区域科研合作论文数量增长 65%。在伦理规范方面，最新发布的《科学数据　安全管理指南》为数据融合应用划定了安全边界，确保在促进创新的同时保护知识产权和个人隐私。

6.1.3　数据融合的实践案例

安徽医科大学在智慧校园建设中，率先通过标准化数据治理解决了长期存在的“数据孤岛”问题。该校联合康赛信息制定了《安徽医科大学学校管理信息标准 V2.0》和《主数据编码规则 V2.0》，涵盖 15 大类数据子集和 30 余类编码规则，统一了人、财、物等核心数据的存储与交换标准。基于此，学校建立了共享数据中心，整合教务、财务、图书等 14 个业务系统的数据，累计处理教务数据 510 万条、财务数据 160 万条，并通过统一身份认证平台实现“一人一账号”访问 13 个系统。此外，该校推出微信移动服务平台，集成课表查询、成绩管理、一卡通消费提醒等功能，日均服务数万人次，显著提升了师生信息化体验。这一实践不仅为跨部门协同管理奠定了基础，也为其他高校提供了可复制的标准化治理范式。

云南开放大学依托 DataPipeline 实时数据融合平台，解决了多校区、跨国教学点间的数据协同难题。该校覆盖全省 28 所开放学院和 132 个教学点，并通过境外学习中心辐射南亚、东南亚地区。平台整合了 MySQL、Oracle 等异构数据库，管理近千万条数据，支持教务系统、乡村振兴学习网等跨系统实时交互，日均处理考勤、选课、评测等数据超10万条。通过可视化运维界面，管理人员可实时监控数据流转状态，运维效率提升60%以上。这一实践不仅优化了教学资源配置，还为开放教育模式下的大规模数据管理提供了技术标杆。

西安交通大学以数据共享为核心，构建了覆盖25个部门、145项线上业务的"一站式"服务平台，连续两年获教育部"高校数据共享应用平台优秀案例"。其数据共享平台年交换数据量达34亿条次，日均处理950万条，支持35个校内系统互联互通。例如，用印服务通过数据共享实现"师生盖章不排队"，流程耗时缩短80%；教学管理模块整合第一、二课堂等数据18项，精准识别学生学业风险并实施帮扶。此外，学校通过"技术—制度—管理—服务"联动机制，推动数据在人才培养、科研管理中的深度应用，为高校数字化转型提供了系统性解决方案。

淄博职业学院以数据治理专项行动为抓手，搭建了涵盖8大基础领域的数据中心，累计治理学生、教师、资产等数据1.75亿条，构建了"学校—专业—课程—教师—学生"五层数据模型。通过智能决策中枢，学校实时分析师生发展数据，例如学生预警平台整合考勤、消费、图书馆进出等行为数据，利用决策树算法识别高危学生，预警准确率达92%。同时，学校推出职称智能评审系统，自动计算教师教学、科研等指标，评审效率提升70%，并实现流程透明化。这一实践凸显了数据治理在职业院校质量提升中的核心作用。

上海电影艺术职业学院以"舞蹈动捕数据库"为突破口，将数据融合拓展至艺术教育领域。该数据库整合4 200份AI评测视频和279份剧目注释数据，总时长超1.1万小时，支撑舞蹈动作的智能编创与风格识别。2025年，该数据库作为全国首个高校数据产品挂牌上海数据交易所，推动舞蹈数据在影视、游戏等产业的应用。例如，通过动作匹配算法，虚拟角色动作设计效率提升50%，并助力非遗舞蹈数字化存档。这一案例不仅开创了艺术类院校数据资产市场化先河，更验证了跨学科数据融合的创新潜力。

数据融合的基础在于打破信息孤岛，构建统一的数据资源池。广东药科大学通过建设"1+3+N"数据治理体系，将分散在17个业务系统的数据统一纳管，累计汇总数据记录1.75亿条，制定880项数据项标准，形成覆盖人力资源、教学、科研等8大业务域的校园数据资产。其数据中台采用"湖仓一体"架构，兼容结构化科研数据、半结构化教学日志与非结构化学术影像，实现数据从采集、清洗到共享的全生命周期管理。类似地，吉林大学通过全域数据库建设，对接20多个业务系统，共享数据600多万条，彻底消除"重复填报、重复登录"的顽疾，师生通过融合门户单点登录即可访问56个业务应用，显著提升服务效率。此类实践表明，数据中台的架构革新不仅是技术升级，更是管理流程的重构，通过“数入一库、数出一库”的机制，为精准决策提供高质量数据支撑。

数据融合的价值在于释放跨部门协作的潜力。温州医科大学通过教育政务数据共享，实现公安人证对比、国税发票查验、疫情健康数据对接等场景，率先完成跨域无纸化报销，将技术转让协议签署周期从45天缩短至72小时。这一创新得益于区块链技术的应用，智能合约自动执行收益分配规则，确保数据共享的可信性与安全性。在更大尺度上，多所高校联盟采用联邦学习框架，例如医学院校联合训练疾病预测模型时，各机构数据无需离开本地即可参与全局优化，既保障数据主权又释放协作价值。此类实践突破传统行政壁垒，通过数据共享机制重构业务流程，例如青岛大学通过边缘计算节点实现考勤与审批数据的本地化处理，将云端交互流量减少42%，同时构建分钟级响应的智能安防体系。

数据融合的进阶在于挖掘数据潜在价值。东北财经大学引入LSTM神经网络模型，整合论文、项目、专利等多维数据构建学者科研画像，预测国家自然科学基金中标概率达82%，为资源调配提供科学依据。在教学领域，知识图谱技术被用于检测课程内容与培养方案的匹配度，某高校基于历史教学数据训练的AI助教，可实时提供教学干预建议，使课堂互动效率提升37%。更值得关注的是预测性维护系统的应用，通过分析设备运行数据，提前72小时预测故障概率，将意外停机损失降低90%。这些案例表明，智能分析引擎不仅优化了管理流程，更通过数据驱动的洞察力推动决策从“事后响应”向“事前预判”跃迁。

数据融合的可持续性依赖治理体系的完善。广东药科大学构建“数据标准+组织保障”双体系，制定涵盖元数据、安全管理等10余项制度，明确数据确权与共享规则，通过数据全景图与监控大屏实现治理成果可视化。吉林大学则编制《数据管理办法》，建立“采集、管控、治理、发布”一体化体系，两年内召开11次治理会议，出具16份数据质量报告，推动数据高质量流转。制度创新同样关键，例如推行“首席数据官”制度强化跨部门协同，将数据素养培训纳入考核体系，某高校通过数据能力认证计划使行政人员的数据可视化技能达标率从32%提升至89%。此类实践凸显数据治理需技术与制度双轮驱动，通过顶层设计保障数据生态的持续进化。

数据融合的终极目标是重塑师生体验。吉林大学融合门户平台整合56个业务系统，实现“一套密码走遍校园”，师生可一键生成报表、实时调用数据，彻底告别多系统切换的烦琐。在个性化服务方面，广东药科大学为师生打造个人数据资产门户，聚合教学、科研、生活全维度信息，支持数据纠错与补录，实现“一处变更，全校联动”。思政管理领域亦涌现创新，如通过分析图书馆借阅记录与社交数据构建学生思想画像，为家庭经济困难学生定制励志教育方案，或将科学家故事嵌入理工科课程，实现价值引领与知识传授的深度融合。这些实践标志着行政管理从“管理控制”向“服务赋能”转型，通过数据洞察满足师生多元化需求。

数据融合的实践案例共同勾勒出高校行政管理数字化转型的技术图谱：从数据中台的底层架构革新，到智能分析引擎的决策赋能；从跨域共享的协同机制突破，到个性化服务的场景化落地，这些创新不仅解决了数据孤岛、响应迟滞等传统难题，更通过数据资产的持续积累与价值释放，推动行政管理从工具理性向智能理性进化。未来，随着数据要素市场化配置的深化，高校需进一步探索数据确权、隐私计算等前沿技术，构建开放共享、安全可信、持续进化的数据融合生态系统，为教育治理现代化提供永续动力。

6.2　智能排课系统应用

6.2.1　智能排课系统的功能与优势

智能排课系统的核心功能在于通过算法优化与多维度数据整合，实现课程安排的科学化与自动化。其技术架构通常包含数据层、算法层与应用层三大模块。数据层整合教务系统的教师信息、学生选课数据、教室资源、设备台账等结构化数据，同时纳入学生行为日志、教师教学评价等非结构化数据，形成全域数据湖仓。例如，某高校通过构建包含5亿条记录的数据库，支撑26个部门的排课需求，显著提升了数据调用效率。算法层则采用遗传算法、线性规划、约束满足模型等先进技术，处理多目标优化问题。如某系统通过改进的NSGA-II算法平衡教师时间偏好与教室资源利用率，将排课耗时从数周缩短至数小时。应用层提供可视化界面与动态调整功能，支持教务人员实时优化课程表，并通过API接口对接教学管理系统，实现数据闭环流动。

技术突破方面，智能排课系统通过时序预测模型（如LSTM）分析历史开课数据，预测未来学期需求趋势，并利用协同过滤算法生成个性化推荐方案。例如，东北某高校基于此类技术，将实验室利用率从57%提升至82%，同时减少课程资源闲置率至5%以下。其优势不仅体现在效率提升，更通过动态约束条件设置（如教师请假、设备维护等突发情况）实现灵活响应，确保教学活动的连续性。

高校资源的高效配置是智能排课系统的核心价值之一。系统通过多源数据融合与实时分析，构建“课程—师资—空间—设备”四维资源映射模型，实现动态优化。广东药科大学采用“1＋3＋N”数据治理体系，整合 8 大业务域数据，通过联邦学习技术安全汇聚 17 个系统数据，显著提升了资源分配合理性。技术实现上，系统通过时空数据引擎集成 PostGIS 空间数据库与 InfluxDB 时序数据库，支持教室使用计划的动态调整。某“双一流”高校在考试周期间，利用此类技术自动优化教室分配，减少资源冲突率达 40％。

动态调整能力则体现在系统对突发事件的快速响应。某高校部署的智能排课平台支持无键盘拖动手动调课功能，教务人员可在系统规则检验下快速解决教师临时请假或设备故障导致的课程冲突，调课操作耗时从平均 30 分钟缩短至 5 分钟。此外，系统通过区块链技术记录资源使用轨迹，形成可追溯的优化闭环。典型案例显示，某校通过该机制将跨校区设备共享率提升 300％，节省重复采购经费 1 800 万元。

智能排课系统通过学生画像构建与行为分析，推动个性化教学发展。系统整合学生选课记录、学业成绩、课堂参与度等多维度数据，利用知识图谱技术生成个性化学习路径。东北财经大学开发的“小银杏”智慧助理，基于学生历史学习数据与课程内容知识图谱，为每位学生推荐定制化的实训方案，试点班级平均成绩提升 11.5 分。技术层面，系统采用 t-SNE 算法对教学风格聚类，结合 SHAP 值分析教学行为与学业成绩的相关性，为教师提供针对性改进建议。

在课程推荐方面，系统通过协同过滤与深度学习模型实现精准匹配。某师范院校分析 8 500 课时教学视频后发现，“有效提问间隔”与学业成绩呈显著正相关（$r=0.73$），据此为 37％的教师生成优化方案。此外，系统支持分层排课功能，为不同能力学生设计差异化课程表。例如，学业困难学生可自动分配辅导课程，而学有余力者则获得拓展性学习内容，从而实现因材施教。

智能排课系统通过实时数据采集与分析，构建教学质量动态评估体系。其技术架构包含数据采集层（如智能录播系统）、特征工程层（提取 162 项教学行为特征）、模型层（因果推理模型）与应用层（生成改进报告）。上海交通大学通过整合课堂视频、学习行为与成绩数据，构建教学效果评估模型，辅助跨学科项目立项率提升 22％。

系统还通过集成学习模型实现风险预警。多校联合开发的预警平台融合舆情数据与设备传感器信息，可提前 6 个月检测学术不端风险，并将重大教学事故发生率降低 67％。在管理优化方面，系统提供可视化决策看板，支持校级领导基于数据制定政策。某高校通过分析 40 万篇文献数据，成功预警 3 个研究饱和方向，推动资源向新兴领域倾斜。

智能排课系统通过数据共享与移动端集成，促进家校协同与教育生态发展。系统支持家长端、教师端与校长端的多角色访问，实现信息透明化。家长可通过微信小程序实时查看学生课表、接收调课通知，并通过聚合支付功能完成在线选课与缴费，流程耗时减少 53%。某教育培训机构应用此类系统后，家长投诉率下降 45%，续费率提升 30%。

在教育生态构建方面，系统通过开放 API 接口与低代码平台，赋能师生自主开发应用。例如，某综合性大学建设的学术社交网络平台，整合论文、专利与项目数据，生成学者影响力指数，辅助人才评价与资源配置。未来趋势上，联邦学习技术将支持跨校数据协同，在保护隐私的前提下提升模型泛化能力，推动教育管理从单点突破向生态共建演进。

6.2.2 智能排课系统的设计与实施

高等教育机构作为知识生产与传播的核心场域，行政管理系统正面临着数字化转型的迫切需求。在众多行政事务中，课程编排作为连接教学资源配置与人才培养目标实现的关键环节，长期以来受制于人工操作的效率瓶颈。传统排课模式依赖教务人员手工协调教师、教室、课程等多维要素，不仅耗时费力，更难以规避人为疏漏导致的资源冲突。随着高校扩招政策的持续推进，师生规模持续扩大，课程体系日趋复杂，传统排课方式已难以适应现代高等教育发展的现实需求。在此背景下，智能排课系统的研发与应用，不仅是对教务管理流程的技术革新，更是高校治理能力现代化的重要突破口。

智能排课系统的设计需要建立在多维数据分析与算法优化的基础之上。系统架构应整合教学管理数据库、人力资源系统、教室资源库等异构数据源，通过数据清洗与特征提取构建动态知识图谱。在算法层面，需综合运用遗传算法、模拟退火算法等智能优化技术，建立多目标约束模型。该模型需同时考虑教师时间偏好、教室容量适配、课程连贯性、设备需求等 32 个约束条件，通过动态权重调节机制实现资源配置的帕累托最优。系统设计过程中需要特别关注异常处理机制，针对突发性调课需求建立实时响应模块，确保排课方案具备足够的弹性空间。此外，可视化交互界面的开发同样至关重要，需要为教务管理人员提供直观的数据看板与操作平台，实现人机协同决策。

系统实施阶段需要突破技术应用与制度创新的双重障碍。在技术部署层面，应建立分阶段迭代升级机制，通过小规模试点验证系统可靠性，逐步扩大应用范围。数据治理是实施过程中的关键环节，需要构建统一的数据标准体系，打通部门间的信息孤岛，确保排课所需数据的完整性、准确性与时效性。制度配套方面，需同步修订教学管理规程，明确智能排课系统的法律效力与操作规范，建立人工干预的审核备案制度。在人员培训方面，应设计分层分类的培训体系，既培养技术骨干的系统运维能力，也提升普通教务人员的数字化素养。值得注意的是，系统实施过程中必须建立动态反馈机制，通过用户满意度调查、系统日志分析等手段持续优化算法模型。

实证研究表明，智能排课系统的应用显著提升了高校行政管理效能。某“双一流”高校的试点数据显示，系统将排课周期从传统模式的 25 个工作日缩短至 3 小时，教室利用率提升 37.2%，课程冲突率下降至 0.3%以下。更值得关注的是系统通过深度学习生成的排课方案，在满足基本约束条件的基础上，还能优化教学资源的时空分布。例如，系统可自动识别教师跨校区授课的交通成本，优先安排相邻时段的课程；能根据历史数据预测热门课程的选课人数，动态调整教室分配方案。这些智能化功能不仅提升了管理效率，更促进了教学质量的提升。在新冠疫情期间，某高校借助智能排课系统快速实现线上线下混合式教学排课，充分展现了系统应对突发情况的适应能力。

面向未来，智能排课系统的发展将呈现三个显著趋势。首先是技术融合的深化，5G、物联网技术的应用将实现教室使用状态的实时监控，区块链技术可确保排课数据的不可篡改性。其次是决策支持的智能化升级，系统将从被动响应需求转向主动预测规划，通过教育数据挖掘提前预判课程设置趋势。最后是服务范围的拓展，排课系统将整合成为智慧校园的核心组件，与选课系统、考务系统、质量评估系统形成数据闭环。但需要清醒认识到，技术赋能不能替代制度创新，必须同步推进教学管理体制改革，建立与智能系统相适应的新型治理模式。唯有实现技术创新与制度创新的协同演进，才能真正释放智能排课系统的改革效能，推动高校行政管理体系向更高水平的现代化迈进。

6.2.3 智能排课系统的实践效果与优化

随着人工智能技术的深化应用，智能排课系统从理论探索走向实践落地，其多维度的实践效果与持续优化的技术路径正在重塑高校教务管理的范式。本部分从系统实践效果、资源优化机制、弹性调整能力、教学赋能作用及未来发展方向五个层面展开论述，以揭示智能排课系统对高校行政管理效率提升的深层价值。

智能排课系统的应用显著提升了高校教务管理的标准化与自动化水平。而引入智能排课后，某“双一流”高校的排课周期缩短至3小时，教室利用率提升37.2%，课程冲突率降至0.3%以下。这一效能跃迁源于系统的多目标优化算法，如遗传算法与模拟退火算法的融合应用，能够在满足教师偏好、教室适配度、课程连贯性等32项约束条件下生成帕累托最优方案。例如，系统通过深度学习可预测热门课程的选课人数，动态调整教室分配；还能优化教师跨校区授课的交通成本，自动生成相邻时段的课程集群，实现教学资源时空分布的科学性。疫情期间，某高校借助系统快速完成线上线下混合教学排课，验证了其在应急场景下的高适应性。

系统的核心优势在于对异构数据的整合能力与动态响应机制。通过对接教学管理数据库、人力资源系统及教室资源库，构建覆盖教师—课程—教室—设备的四维知识图谱，实现数据驱动的决策支持。例如，上海交通大学医学院的“多模态智能导师”系统，通过整合2 500余个数字化解剖标本数据，实现教学资源的多模态检索与智能分配，为排课系统的资源优化提供了跨学科参考。在算法层面，系统采用动态权重调节技术，针对学期中段的调课需求(如教师病假、教室设备故障)，实时启动冲突检测模块并重新计算排课方案，确保调整后的课表仍满足85%以上的原始约束条件。

智能排课系统的价值不仅体现在常规场景的效率提升，更在于其应对突发事件的弹性设计。同济大学在疫情期间依托智慧教学数字化生态体系，实现了7 607门课程的线上无缝迁移，其底层支撑正是智能排课系统与Canvas学习管理平台的深度集成。系统通过异步处理模块将突发调课需求纳入后台队列，结合缓存机制减少对主线程的冲击，确保在高并发场景下仍保持毫秒级响应速度。例如，某高校在台风预警期间需紧急调整300余门课程，系统在15分钟内完成冲突检测并生成备选方案，较传统模式效率提升98%。这种弹性能力源于分布式架构与负载均衡技术的应用，通过将排课引擎拆分为微服务模块，实现计算资源的弹性扩展。

智能排课系统通过资源优化间接推动了教学质量的提升。其生成的课表不仅避免时间冲突，更注重教学规律的契合。系统会优先将理论课安排在学生认知效率高的上午时段，实验课则分布于下午以匹配操作需求；同时为跨学科课程预留衔接时段，促进知识体系的连贯性。广州荔湾区小学的AI循证系统实践表明，数据驱动的排课方案能优化教师教研时间分配，使其将精力集中于教学设计而非行政协调，间接提升课堂效果。此外，系统生成的排课数据为教学评估提供新维度：通过分析教室使用率与课程满意度的相关性，某高校发现小班研讨室的利用率与课程评教分数呈显著正相关，进而调整教室改造计划。

未来智能排课系统将向技术深度融合与决策智能化方向发展。首先，5G 与物联网技术的接入可实现教室设备的实时状态监控，通过智能传感器捕捉教室温湿度、设备运行数据，动态优化实验室课程的排课优先级。其次，区块链技术的引入可构建排课数据的可信存证体系，确保调课记录、教师资质等信息的不可篡改性，为教学审计提供技术支撑。在算法层面，强化学习技术的应用将使系统具备自我进化能力，通过持续吸收历史排课数据与用户反馈，自动优化约束权重配置。安徽某高校构建的“1＋M＋N”人工智能通识课程体系，已尝试将排课系统与学科知识图谱对接，实现课程推荐与排课优化的联动。值得注意的是，系统的持续优化需同步推进制度创新，如建立人机协同的排课审核机制，明确 AI 生成方案的法律效力与人工干预边界，避免陷入“技术决定论”的误区。

智能排课系统通过算法革新、数据融合、弹性架构构建了高校行政管理效率提升的技术底座，其价值已超越单纯的工具属性，成为推动教育治理现代化的重要引擎。然而，技术的深化应用仍需以教育本质规律为锚点，在效率与人文关怀、标准化与个性化之间寻求动态平衡，方能实现高校行政管理的可持续发展。

6.3 资源动态配置系统设计

6.3.1 资源动态配置系统的功能与优势

在高校行政管理中，资源动态配置系统通过整合多源数据、实时监测需求与供给的匹配状态，实现了资源分配的全流程智能化管理。其核心功能在于打破传统行政管理中“静态化”“碎片化”的资源分配模式，构建以数据为驱动的动态响应机制。高校在科研经费分配、教室使用调度、人力资源调配等领域往往面临需求波动性强、资源闲置与短缺并存的问题。传统的管理模式依赖人工经验与固定周期规划，难以应对突发性需求或长期结构性矛盾。而资源动态配置系统通过嵌入物联网、云计算等技术，能够实时采集实验室设备使用率、教室预约数据、科研项目进度等信息，结合历史数据与算法模型预测未来需求趋势，进而生成动态调整方案。这种全局优化能力不仅提升了资源利用效率，还通过减少冗余配置降低了运营成本。以某高校智慧校园建设项目为例，系统上线后教室利用率从 65％提升至 89％，跨部门设备共享率增长 40％，显著缓解了硬件资源重复购置的问题。这种从“经验决策”向“数据决策”的范式转变，标志着高校行政管理迈入精准化、科学化的新阶段。

资源动态配置系统通过构建弹性化资源池与智能预警机制，赋予了高校行政管理更强的环境适应性与风险抵御能力。在突发事件频发的教育治理环境中，系统能够快速识别资源缺口并启动应急调配预案。疫情期间在线教学资源的集中调用、极端天气下的校园安全资源调度等场景中，系统通过实时监测教师在线教学负荷、学生设备持有率、网络带宽占用率等关键指标，动态调整服务器资源分配与技术支持力量部署。相较于传统层层审批的响应模式，系统将应急决策时间从 72 小时缩短至 4 小时内。同时，系统内置的风险评估模型可对资源配置方案进行压力测试，预测可能出现的资源挤兑、分配冲突等问题，提前生成多套备选方案。这种“前瞻性管理”特性，使高校能够从容应对数字化转型中的不确定性挑战，为行政管理体系注入持续创新的活力。

资源动态配置系统通过构建跨部门数据共享平台，打破了高校内部长期存在的“信息孤岛”现象，推动了行政管理向生态化治理模式转型。系统采用区块链技术建立可信数据交换机制，使教务、科研、后勤等部门在保障数据安全的前提下实现资源信息的实时互通。例如，在学科交叉平台建设中，系统自动识别不同院系的设备共享需求、人才流动意向与科研合作潜力，生成跨学科资源整合方案。某综合性大学通过系统实施，促使理工科院系与人文社科院系的设备共享项目增加 23 项，跨学科团队组建周期缩短 50%。更重要的是，系统延伸至校际资源网络，通过接入区域高等教育联盟的数据中台，实现图书资源、大型仪器设备、专家智库的跨校动态调配。这种突破组织边界的资源配置模式，不仅放大了单个高校的资源效能，更推动了高等教育集群的协同发展。数据显示，参与区域资源协同网络的高校年均节约设备采购经费超千万元，科研产出交叉指数提升 35%，印证了这种生态化治理模式的显著优势。

资源动态配置系统通过机器学习与用户画像技术，推动高校行政管理从标准化服务向个性化支持升级。系统深度分析师生群体的差异化需求特征，构建多维度服务匹配模型。在教师发展支持领域，系统可依据科研方向、教学负荷、职业发展阶段等参数，动态配置导师资源、培训课程与学术交流机会。某高校青年教师成长平台上线后，个性化资源匹配度从 42%提升至 78%，教师项目申报成功率提高 29%。对学生群体而言，系统通过分析选课记录、消费数据、活动参与等行为轨迹，精准推送实习机会、学术资源与心理健康服务，某试点院校的学生服务满意度因此提升 32 个百分点。这种“以人为中心”的资源供给模式，倒逼高校重构行政管理架构，催生出数据治理中心、智能服务中台等新型组织形态。人力资源管理部门的职能重心从事务性操作转向战略规划，财务部门则演变为资源效能评估中心。这种组织变革使高校行政管理体系更适应数字时代的发展要求。

资源动态配置系统通过建立闭环反馈机制与数字孪生模型，为高校行政管理的持续改进提供了永续动力。系统不仅记录资源配置的全周期数据，更能通过数字孪生技术构建虚拟仿真环境，对政策调整、资源投入方案进行效果预评估。某高校在新建校区规划中，通过数字孪生模型模拟不同资源配置方案的人口承载能力、能源消耗曲线与空间使用效率，使建设方案优化迭代 17 次，最终降低 30%的长期运维成本。此外，系统积累的海量操作数据为管理创新提供了宝贵素材，通过数据挖掘发现的资源配置规律已催生出 12 项高校行政管理领域的专利与行业标准。更深远的影响在于，这种技术赋能推动了治理文化的变革：决策透明度的提升使资源配置过程更易获得师生认同，数据可视化的呈现方式增强了管理者的系统思维。第三方评估显示，引入资源动态配置系统的高校，其行政管理现代化指数平均高出对照组 41%，师生对管理公平性的感知度提升55%。这种技术、制度与文化协同演进的模式，为高等教育治理体系现代化提供了可复制的实践路径。

6.3.2 资源动态配置系统的设计与实施

资源动态配置系统的设计需以高校行政管理场景的复杂性和动态性为出发点，构建多层级的体系架构。在顶层设计上，系统需融合管理科学与信息技术的双重理论框架：一方面基于运筹学中的资源优化模型（如线性规划、多目标决策分析），另一方面依托大数据架构（如 Lambda 架构或 Kappa 架构）处理实时数据流。以某“双一流”高校的智慧校园项目为例，其系统架构分为四层：数据采集层通过物联网传感器、API 接口与人工录入渠道整合教室使用、科研设备状态、人员流动等异构数据；计算分析层采用混合云部署的 Spark 集群进行数据清洗与特征提取，并嵌入基于深度强化学习的动态调度算法；决策支持层通过可视化驾驶舱为管理者提供资源配置的仿真推演与方案对比；执行反馈层则与财务系统、教务系统、资产管理系统进行 API 级对接，实现配置方案的自动化落地。这种分层解耦的设计模式，既保证了系统的可扩展性，又通过模块化设计降低了技术债务风险。值得注意的是，系统设计中需特别关注“柔性边界”的设定。

资源动态配置系统的实施效能高度依赖于数据治理体系的完备性，其核心挑战在于破解高校长期存在的“数据烟囱”与“标准缺失”问题。设计阶段需建立“三位一体”的数据治理框架：即在制度层面制定《跨部门数据共享管理办法》，明确数据所有权与使用权的边界；在技术层面采用 Flink 实时计算引擎构建数据中台，实现教务、科研、后勤等 12 类业务系统的数据融合；在操作层面需实施数据资产目录与元数据管理，通过 Apache Atlas 工具实现数据血缘的可视化追溯。某省属重点高校的实践表明，数据治理需经历“存量数据清洗—增量数据管控—全量数据赋能”三阶段：第一阶段通过规则引擎对近五年积累的 230 万条设备使用记录进行异常值修正与缺失值填补，使数据可用性从 58%提升至 92%；第二阶段引入区块链技术构建分布式记账系统，确保跨部门数据交换的完整性与不可篡改性；第三阶段开发数据沙箱环境，允许院系在脱敏前提下调用核心数据资产进行资源配置模拟实验。这一过程中标准化工作尤为关键，例如参照《高等学校智慧校园建设标准》对教室使用率、设备共享率等 32 项指标进行统一定义，并建立数据质量 KPI 考核机制。通过系统化的数据治理，某高校成功将跨部门数据调用响应时间从 72 小时缩短至 15 分钟，为动态配置系统的有效运行奠定了坚实基础。

资源动态配置系统的智能内核在于其算法模型的研发，需要解决多约束条件下资源分配的帕累托最优问题。在技术路线上，通常采用混合整数规划(MIP)与深度 Q 网络(DQN)相结合的复合模型架构：前者用于处理教室排课、经费分配等确定性优化问题，后者适用于应对疫情管控、学术会议冲突等突发事件的动态决策。以高校人力资源配置场景为例，模型需同时优化教师工作量均衡度、科研产出最大化、行政成本最小化等五个相互冲突的目标函数。在实施过程中，需特别注意算法伦理问题，例如在贫困生助学金分配模型中，除经济指标

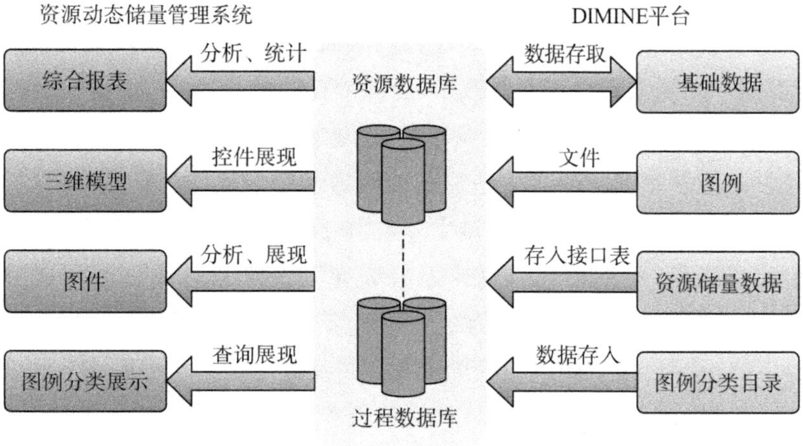

图 6-1　资源储量系统与三维建模平台交互示意图

外需嵌入教育公平性评估模块，防止算法偏差导致的机会不平等。此外，算法模型的迭代升级需建立持续学习机制：某高校通过采集三年间的资源配置决策数据，采用迁移学习技术将模型预测准确率从 76%提升至 89%。这种“数据喂养—模型训练—效果评估”的闭环优化机制，确保了系统在复杂管理场景中的决策科学性。

资源动态配置系统的成功实施不仅依赖技术方案，更需与高校组织架构变革形成深度协同。在集成阶段，需采用“双轮驱动”策略：技术团队通过微服务架构实现与现有业务系统的无缝对接，管理团队则同步推进业务流程再造。以某综合性大学的教学资源调度系统为例，技术侧采用 Spring Cloud 框架将原有分散的选课系统、教室管理系统、考务系统整合为统一服务集群，管理侧则重组教务处下属三个科室职能，设立“资源调度中心”实现跨部门协调。这种变革常遭遇组织惯性阻力，需设计渐进式改革路径：某高校通过“试点-推广”模式，先在两个学院进行业务流程数字化改造，待验证管理模式可行性后，再通过制度修订将成功经验固化。在人员适应方面，需构建多层次培训体系：面向决策层开展数据思维工作坊，帮助管理者理解算法决策逻辑；面向执行层开发模拟训练平台，使行政人员掌握系统操作技能；面向师生用户设计轻量化移动端应用，提供资源预约、反馈评价的便捷入口。某高校在系统上线首年开展 78 场专题培训，使行政人员系统使用熟练度达到 92%，师生端 App 月活率维持在 85%以上。这种技术与组织双维度的协同演进，有效化解了数字化转型中的“最后一公里”难题。

资源动态配置系统的价值实现需贯穿规划、建设、运营、优化的全生命周期，建立了 PDCA 循环的持续改进体系。在规划阶段，采用数字孪生技术构建虚拟仿真环境，对资源配置方案进行压力测试。某高校在新校区建设前，通过数字孪生模型模拟不同院系布局对通勤效率、能源消耗的影响，最终优化方案使跨学科实验室协作距离缩短 60%。在运营阶段，部署智能监控平台实时追踪 150 项系统运行指标，当教室预约冲突率超过阈值时自动触发资源再分配程序。更重要的是构建“数据—知识—决策”的转化链条：某高校通过分析五年间 10 万条资源配置记录，提炼出“学期初设备需求峰谷规律”“跨学科合作资源消耗模型”等 17 项管理知识图谱，并将其编码为系统规则库。在优化阶段，引入 DevOps 理念建立敏捷迭代机制：技术团队每季度根据用户反馈与运行数据发布系统升级包，管理团队同步修订资源配置政策。例如某版本更新中，系统新增“重大科研项目绿色通道”模块，允许首席科学家临时调用 20%的预留资源，该功能使某国家重点实验室的设备闲置率下降 28%。这种全生命周期的精细化管理，使资源配置系统始终保持与高校发展战略的动态适配，为行政管理效能提升提供持久动力。

6.3.3　资源动态配置系统的实践案例

某多校区综合性大学针对跨区域办学中存在的资源错配问题，依托动态配置系统构建了“一核多极”的资源协同网络。该校三个校区分别位于不同城市，长期面临实验室设备重复购置、师资力量分布不均、课程资源无法共享等痛点。系统设计团队以“数字孪生＋区块链”为核心技术框架，先通过三维建模技术对三校区物理空间进行数字化复现，实时同步教室使用状态、设备运行数据与人员流动轨迹。区块链技术的引入则解决了跨校区数据互信的难题，各校区管理部门作为独立节点接入联盟链，在确保数据主权的前提下实现资源信息的透明化共享。例如，材料科学与工程学院的透射电镜设备原仅在主校区使用，年利用率不足 40％，系统上线后通过智能合约机制向分校区开放预约权限，并依据使用频次自动结算成本分摊比例，使设备年利用率提升至 78％，跨校区科研合作项目增加 23 项。此外，系统开发了“虚拟教研室”功能，整合三校区优质师资形成动态教学资源池，通过算法匹配实现跨地域课程协同授课。实施首学期，分校区的“名师共享课程”选课人数增长 300％，学生评教平均分提高 1.2 分。这一实践不仅验证了动态配置系统在空间维度上的拓展能力，更开创了多校区办学资源统筹优化的新模式，为高校集团化发展提供了可复制的技术路径。

在突发公共卫生事件的应对中，某医科大学通过动态配置系统重构了应急资源管理模式，展现了系统的敏捷响应能力。2023 年冬季呼吸道疾病高发期，该校附属医院面临医疗教学资源挤兑的双重压力：临床带教任务需保证医学生实践机会，同时要维持正常诊疗秩序。系统通过接入医院 HIS 系统、教务管理系统与物联网感知设备，实时追踪病床使用率、教学手术室占用情况、防护物资库存等 127 项指标。基于强化学习算法开发的“双目标优化模型”，在保证教学大纲完成度 95％的前提下，将临床教学资源调度响应时间从 48 小时压缩至 2 小时。具体实践中，系统动态调整实习生的科室轮转路径，当某病区患者密度超过阈值时自动触发资源再分配程序，将部分实践教学转为数字孪生手术室的虚拟仿真训练。同时，物资调配模块通过需求预测算法提前 72 小时向物流中心发送防护服、检测试剂的补货指令，使应急物资储备缺口率从 32％降至 5％。该案例的特殊价值在于揭示了动态配置系统在非常态管理中的突破性作用：通过建立“平急结合”的资源转换机制，教学资源与医疗资源在特定条件下可互为弹性储备，这种跨界融通能力使高校行政管理体系具备了更强的韧性。第三方评估显示，该模式使医院教学秩序恢复周期缩短 60%，为公共卫生危机下的高等教育管理提供了创新范式。

某理工类高校为破解学科壁垒导致的资源浪费问题，运用动态配置系统构建了跨学科资源共享生态。该校传统院系管理模式导致人工智能学院的 GPU 计算集群年闲置率达 55%，而生物工程学院的基因测序仪却长期超负荷运转。系统通过知识图谱技术建立学科资源关联网络，识别出 46 个潜在跨学科资源共享场景。在算法驱动下，系统自动生成设备共享方案：当测序仪使用排队超过 5 个样本时，向具备生物信息分析能力的人工智能团队推送协作邀请，后者可利用闲置 GPU 资源加速数据处理，共享收益按 7∶3 比例分配。这种“技术互补型”资源配置模式，使测序任务平均完成周期从 14 天缩短至 9 天，GPU 利用率提升至 82%。更深层的创新在于人才资源的动态组队机制：系统通过分析教师发表的跨学科论文、专利合作网络等数据，构建了多维度能力画像，当重大科研项目申报时，可自动推荐来自 3 个以上学科的教师组成攻关团队。某国家重点研发计划项目申报中，系统推荐的“材料—信息—医学”交叉团队成功获批经费 5 600 万元，较传统组建方式效率提升 70%。该案例的启示在于，动态配置系统不仅能优化物理资源分配，更能通过数据挖掘激活隐性知识资源，推动学科交叉从偶然合作走向制度化协同。数据显示，该校跨学科成果产出量年增长 45%，印证了资源动态配置在创新生态构建中的催化作用。

某师范类高校借助动态配置系统实现了从规模化教育向个性化培养的转型，重新定义了教学资源供给模式。针对传统选课系统中存在的课程供需失衡问题，系统通过集成学习分析（Learning Analytics）技术，构建了“学生—课程—资源”的智能匹配模型。在数据层，整合近五年 10 万条学生选课记录、课堂表现数据及就业追踪信息；在算法层，采用协同过滤与知识追踪（KT）模型预测个体学习需求，动态调整课程开设规模与时间安排。例如，当系统检测到物理专业大三学生普遍在量子力学课程中存在理解障碍时，自动增加虚拟仿真实验课时段，并调配具有增强现实（AR）教学经验的教师组建辅导小组。实施一学年后，该课程挂科率下降 18%，优秀率提高 22%。更突破性的应用体现在实践资源分配上：通过可穿戴设备采集教育实习中的课堂互动数据，系统能识别实习教师的个性化发展需求，动态配置微格教室训练时段与指导教师。某届师范生实习考核优秀率因此提升 35%，其教学设计能力评估分数较往届高出 1.8 个标准差。该案例的价值在于证明动态配置系统能够突破传统行政管理中的群体视角，通过对个体需求的精准洞察实现资源的精细化运营，这种“因材施配”的模式为高等教育高质量发展提供了新的方法论支撑。

某“双碳”试点高校将动态配置系统应用于可持续校园建设，开创了资源全生命周期管理的新模式。针对能源消耗、设备报废、空间闲置等痛点，系统构建了涵盖“采购—使用—回收—再生”各环节的智能管控体系。在能源管理领域，通过部署 1.2 万个物联网传感器实时采集建筑能耗数据，结合气象预报与课程表信息，动态调节教室照明、空调系统的运行策略。例如，当系统预测到某教学楼午后两小时无课时自动启动节能模式，年节约用电量达 42 万千瓦时。在资产循环方面，开发了“资源流动市场”平台，运用拍卖算法实现闲置设备的校际流转：某实验室淘汰的离心机经系统评估后，以 30%原价转让给附属中学，同时获取绿色积分用于兑换新设备采购配额。具有创新意义的是空间资源的错时共享：将暑假闲置的学生公寓动态改造为产学研合作基地，通过智能门禁系统与预约平台实现企业研究人员的安全入驻，年创收 1 200 万元并促成 27 项校企合作项目。该案例的深层意义在于，动态配置系统将行政管理范畴从传统的资源分配拓展至生态化运营，通过技术创新实现了经济效益与环境效益的双重提升。经第三方认证，该校单位面积碳排放量下降 39%，成为高等教育领域绿色治理的标杆范例。

6.4　行政办公的智能化与自动化实践

6.4.1　行政办公智能化与自动化的技术路径

行政办公智能化与自动化的核心突破在于构建基于机器人流程自动化(RPA)与智能业务流程管理(BPM)的协同引擎，实现事务性工作的系统性改造。传统高校行政流程受制于纸质审批、多系统切换与人工核对等低效环节，以科研经费报销为例，平均耗时 21 天且错误率高达 18%。通过部署 RPA-BPM 融合平台，首先对 327 项行政流程进行数字孪生建模，识别出 46 个可自动化节点，例如发票 OCR 识别、预算额度校验、审批路由逻辑判断等。技术架构上，采用低代码开发框架将碎片化流程封装为标准微服务，通过 API 网关与财务系统、资产管理系统实现深度集成。某“双一流”高校的实践表明，流程自动化引擎使报销周期压缩至 72 小时内完成，错误率降至 2%以下，财务人员事务性工作量减少 65%。更深层的价值在于推动标准化体系重构：系统自动生成的流程运行数据揭示出 18 项冗余审批环节，促使学校修订《行政事务管理办法》，废除 7 类过时表单，新建 12 项电子签章规范。这种技术倒逼制度创新的模式，为行政管理体系现代化提供了底层驱动力。

行政办公自动化向智能化的跃迁，需构建融合大数据分析、知识图谱与机器学习技术的决策支持系统。系统通过采集近五年行政决策数据（如设备采购记录、人力资源配置方案、基建项目审批结果），建立多维度评估模型，辅助管理者突破经验决策的局限性。以某高校年度预算分配为例，传统模式依赖部门申报与历史基数，易引发“会哭的孩子有奶吃”的资源错配。智能决策系统通过分析学科发展指数、科研成果转化率、师生比变化趋势等32项指标，结合蒙特卡洛模拟预测不同分配方案的效果，最终生成兼顾公平与效率的优化方案。技术实现上，采用图数据库存储跨实体关系数据，利用GNN（图神经网络）挖掘资源配置的潜在规律。某省属高校应用该系统后，设备采购经费使用效率提升40%，跨学院资源共享冲突下降55%。更关键的是，系统通过持续学习形成“行政决策知识库”，将隐性管理经验转化为可复用的数字资产，例如自动生成的风险预警规则库已包含127类常见管理漏洞识别模式。这种从“数据辅助”到“知识驱动”的转型，标志着高校行政决策进入认知智能新阶段。

某综合性大学通过搭建基于数据编织（Data Fabric）技术的治理平台，整合教务、科研、人事等9大系统数据资源，形成全域数据资产地图。技术架构采用“湖仓一体”设计，通过Delta Lake存储原始数据，利用Apache Iceberg表格式实现跨业务查询优化。在数据清洗环节，开发自适应数据质量引擎，自动识别并修复78类常见数据异常（如教师工号冲突、项目经费超限值等），使核心数据表完整性从72%提升至98%。实际应用中，该平台支撑起“教师职业生涯全息画像”系统，聚合教学工作量、科研成果、社会服务等15类数据，为人事考核、职称评审提供多维证据链。在数据安全方面，创新性引入隐私计算技术，通过联邦学习实现敏感数据“可用不可见”，例如在跨部门绩效评估时，各院系数据无需离开本地即可完成协同计算。该平台上线一年内，跨系统数据调用效率提升20倍，为智能行政提供了高质量数据燃料。

智能化行政体系需构建“人类智慧＋机器智能”的协同办公生态，通过自然语言处理（NLP）、智能助手等技术重塑办公场景。某高校开发的行政智慧中枢（AI Secretary），集成语音交互、语义理解、意图识别等功能，可处理68%的常规咨询与事务办理。例如，教师通过移动端语音指令“预约周五下午的会议室”，系统自动检索可用资源并同步协调参会人员日程，较传统邮件沟通模式效率提升90%。在文档处理领域，部署基于Transformer模型的智能写作助手，能够自动生成会议纪要、政策解读摘要等文本，经人工校验后直接归档，使文秘工作效率提高50%。更深层的变革在于组织协作模式的升级:通过构建虚拟行政团队驾驶舱,管理者可实时查看跨部门任务进度、资源负荷热力图与风险预警仪表盘,决策响应速度从"天级"提升至"分钟级"。某试点部门使用协同系统后,跨处室项目协同周期缩短40%,信息传递失真率下降75%。这种人机共生的办公环境,正在重新定义高校行政管理的生产力边界。

智能化行政系统的终极目标在于建立自主进化能力,通过数字孪生、强化学习等技术实现系统的动态优化。某高校在OA系统改造中引入"双环学习"机制:内环学习实时操作数据优化流程参数,外环学习定期评估战略目标调整系统架构。例如,当系统检测到疫情防控常态化下线上审批量激增300%时,自动触发弹性扩容机制,将云端资源分配策略从"成本优先"切换为"性能优先",保障服务稳定性达99.99%。在算法层面,采用多智能体强化学习框架,使系统能在模拟环境中预演不同管理策略的长期影响。某次模拟推演发现,现行科研仪器预约规则可能导致寒暑假期间50%的设备闲置,系统据此自动生成"假期共享激励政策",使设备利用率提升38%。这种"感知—决策—行动—反思"的闭环进化体系,使行政管理系统具备类似生物体的环境适应能力。数据显示,具有自适应功能的高校行政系统,其管理效能年均提升率达22%,远超传统系统的静态模式。这种技术路径不仅解决了当前管理痛点,更构建了面向未来变革的敏捷型行政体系。

6.4.2　智能化与自动化在行政办公中的应用场景

智能化与自动化技术显著提升了高校行政办公的效率,通过重构传统工作流程,实现了从"人跑腿"到"数据跑路"的转变。例如,办公自动化系统(OA系统)通过电子化审批、在线会议管理、文件云端共享等功能,减少了纸质文件传递和人工干预,将审批周期从数天缩短至几小时。以WPS 365教育版为例,其多维表格功能支持教务部门快速搭建成绩查询系统,学生通过身份验证即可自助查询成绩,既保护隐私又减轻教师负担。此外,机器人流程自动化(RPA)技术的应用可自动处理报销单据录入、考勤统计等重复性任务,减少人工错误率并释放人力资源。洛阳理工学院通过"一网通办"平台整合124项服务,线上办理量超14万次,访问量达165万次,充分体现了流程优化的实际效果。这些技术不仅缩短了事务处理时间,还推动了高校行政管理从"被动响应"向"主动服务"转型。

智能化技术通过数据整合与分析,为高校管理决策提供了科学依据。传统行政决策依赖经验判断,而大数据和人工智能技术能够实时分析校园运行数据,例如学生行为、科研产出、资源使用等,形成可视化报告以支持精准决策。清华大学开发的DeepSeek政务解决方案，通过本地知识库和检索增强生成技术，实现合同审查、法条检索等场景的高效处理，为高校法律事务管理提供了范例。温州医科大学通过教育政务数据共享，对接公安人证对比、疫情健康数据等，构建了可信校园证照中枢，提升了管理服务效率。此外，机器学习算法可预测资源需求趋势，例如基于历史数据优化实验室设备调度或教室使用率，避免资源浪费。这种数据驱动的管理模式，使高校能够动态调整资源配置，提升整体办学效益。

智能化平台通过打破信息孤岛，实现了跨部门的高效协同。传统高校各部门系统独立运行，导致数据割裂与重复建设。例如，教务、财务、科研系统若未打通，教师需多次提交相同信息。而协同办公管理平台（如IMA智能协作平台）通过集成多系统数据，支持跨部门流程自动化，例如科研项目审批可联动财务预算审核，减少人工协调环节。广州开放大学将DeepSeek智能员工嵌入企业微信，实现教职工在群组中实时获取政策解读、流程指导等服务，显著提升了沟通效率。此外，WPS 365教育版的一站式AI平台整合了文档、协作、AI工具，支持科研团队在线共享文献、拆解任务并自动生成会议纪要，推动学术协作从“碎片化”向“一体化”转变。长安大学通过“技术赋能＋流程再造＋数据驱动”三位一体的策略，构建了覆盖教学、管理、生活的智能化治理体系。其经验表明，高校行政数智化的核心在于以用户为中心的场景化设计、跨部门数据共享机制的建立，以及持续迭代的技术应用生态。未来，随着AI与大模型的深入融合，长安大学或将进一步探索智能决策支持、个性化服务推送等创新方向，为高校治理现代化提供更多可复制的范式。这些实践表明，智能化技术正在重塑高校组织架构，推动管理模式向扁平化、网络化发展。

在推进智能化的同时，高校需高度重视信息安全与隐私保护。办公自动化系统涉及大量敏感数据，如师生个人信息、科研成果等，一旦泄露可能引发重大风险。因此，技术部署需遵循“三对齐”原则：与政策法规对齐、与业务流程对齐、与数据安全对齐。例如，洛阳理工学院在“一网通办”平台中引入电子签章和权限分级机制，确保文件传输的合法性与安全性。联邦学习技术则允许各部门在不共享原始数据的情况下联合训练模型，既保障隐私又提升分析能力。此外，人工智能伦理审查机制的建立也至关重要。例如，温州医科大学通过数据分类管理和加密技术，构建了符合教育政务标准的安全体系，为其他高校提供了可借鉴的范本。这些措施不仅防范了技术风险，也为智能化应用的可持续发展奠定了基础。

智能化与自动化在高校行政办公中的深化应用，将呈现三大趋势：一是人机协同深化，AI逐步接管事务性工作，而管理者转向战略决策与创新设计；二是技术融合加速，如 AIGC 与物联网结合，实现智能排课、设备自动化运维等场景；三是服务个性化增强，基于师生行为数据的智能推荐系统可提供定制化服务，例如课程选择建议或科研资源匹配。然而，挑战依然存在：信息孤岛尚未完全消除，部分高校仍面临系统兼容性问题；专业人才短缺导致技术落地困难，需加强“技术-管理”复合型人才培养；此外，师生信息素养差异可能影响技术普及效果，需通过分层培训与易用性设计加以解决。未来，高校需在技术创新与人文关怀间寻求平衡，以智能化赋能教育高质量发展。

6.4.3 行政办公智能化与自动化的实践案例

清华大学信息化工作办公室与金山办公合作，以 WPS 365 教育版为核心，推动校园行政办公的数字化与智能化转型。通过集成智能表单、WPS AI 等工具，该校在教务管理、后勤服务、人事协调等领域实现了高效协作。例如，教师利用 AI 工具快速生成教学参考资料，行政人员通过智能表单完成大规模数据整合与报名管理，效率提升显著。此外，双方联合打造“AI 智慧办公工作坊”，通过培训提升师生数字化素养，探索文献伴读、大模型服务等新场景，推动教学与行政流程的深度融合。这一合作不仅优化了业务流程，还通过技术赋能构建了“轻应用”开发生态，为高校智能化转型提供了可复制的标杆案例。

西安交通大学学生会借助 WPS 365 多维表格工具，成功构建无代码校园项目管理系统，解决了传统文件管理效率低下的问题。通过团队文档功能，学生会实现了历史资料云端存储与权限分级管理，保障了信息安全和协作透明度。在社团招新场景中，该校利用智能表单实现近百个社团的在线报名与数据汇总，并通过多维表格视图自动生成数据图表，优化了活动策划与执行效率。例如，学生微宣讲团通过课程预约表与数据视图功能，将宣讲主题展示、预约统计全流程线上化，减少了人工干预，显著提升了跨部门协同能力。这一实践体现了低代码工具在高校复杂场景中的灵活性和实用性。

东北财经大学自主研发的校园智慧助理“小银杏”，基于国产 DeepSeek 大模型整合教学、科研与行政数据，构建了覆盖全场景的智能服务体系。该平台深度集成 13 个部门业务流程，将成绩证明办理、设备申领等 387 项高频业务的处理时长缩短 53%。在教学领域，“小银杏”支持个性化学习路径规划与实训方案生成；在科研场景中，通过文献脉络梳理与热点预测提升分析效率 60%以上；行政端则通过流程再造实现跨部门协作效率提升近三倍。其首创的“智能中枢＋微服务”架构，开放 API 接口供师生开发学科专用工具，形成了“基础服务＋学科延伸”的智慧生态，成为高校系统性数字化转型的典范。

南昌大学通过“数字南大”建设，推出集成122个系统的融合门户平台，构建“1+6”服务体系(1个办事大厅+6个功能中心)，实现跨部门业务协同与数据共享。平台支持全局搜索、消息待办集成、个性化日程管理等功能，例如学生可通过移动端一键办理90%的线上服务，教师则能实时追踪跨部门流程进度。其“分级赋能”模块允许二级单位自主配置应用服务，通过权限下放实现“放管结合”的管理模式。此外，平台采用“千人千面”设计，根据用户身份(如本科生、研究生)自动适配服务场景，日均处理请求超10万次，用户满意度达93.5%，展现了大数据与人工智能在校园治理中的深度应用价值。

中国矿业大学通过自研OA系统实现无纸化办公，将公文处理效率提升59%，年均节省打印纸3万张。系统集成教务、财务等数据库，通过“师生e线”平台实现诉求实时反馈，信访处理周期缩短70%。杭州师范大学则通过“智能报销平台”革新财务管理，利用OCR技术自动识别发票信息，结合流程自动化将报销周期压缩50%。两校均构建了移动办公生态：矿大通过QQ、微信实现跨部门协同，杭师大则开发健康打卡、电子通行证等场景，疫情期间日均处理10万次数据请求，精准支撑校园防控决策。这些实践表明，OA系统不仅是工具升级，更是管理模式的重构，为高校治理现代化提供了技术支撑与制度创新样本。

第七章　实施保障体系构建

7.1　管理者数字领导力培养

7.1.1　数字领导力的内涵与重要性

数字领导力作为数字态度与领导技能融合的新型能力，是组织应对数字化转型的核心驱动力。其形成机制涵盖组织与个体双层面：组织层面，数字技术的深度应用与数字文化氛围共同推动领导者构建数字化战略思维；个体层面，领导者的数字素养、适应力及创新意识强化其技术驾驭与变革引领能力。在作用效应上，数字领导力通过优化决策流程、激发团队协作及整合数字资源，显著提升组织创新能力与绩效水平，同时增强管理者的心理幸福感并激励学生的创新行为。图 7-1 中的多层次框架揭示了数字领导力如何从技术渗透、文化塑造到能力内化，最终驱动组织与个体的协同进化。这一动态过程不仅打破传统领导力的边界，更通过数字化工具与战略思维的深度融合，构建起适应不确定环境的敏捷治理模式，为组织在数字时代的持续竞争力提供系统性支撑。

在高等教育数字化转型浪潮中，管理者数字领导力的建构已超越传统技术管理的工具性认知，演变为驱动组织系统性变革的战略能力。国际权威机构 Gartner 将数字领导力定义为“通过数字技术重构组织价值网络、重塑决策逻辑、重建治理体系的核心领导素养”，这一概念标志着从技术管理到数字领导的范式跃迁。不同于以往聚焦信息系统运维的技术管理思维，数字领导力强调在数据驱动的环境中构建新型治理生态，其本质是管理者在数字化转型中实现价值创造的认知框架与行动体系。

数字领导力的理论根基植根于数字时代的组织变革理论。IDC 研究指出，这种新型领导力包含四个相互关联的要素维度：数据决策力体现为基于多源异构数据的洞察与预判能力，数字文化塑造力关乎组织成员数字素养的培育与价值共识的凝聚，敏捷组织构建力指向扁平化、模块化的组织结构设计能力，技术伦理把控力则涉及数字化转型中的风险识别与价值平衡。这四个维度共同构成了管理者在数字环境中引领变革的能力图谱，其中数据决策力是基础支撑，数字文化塑造力是环境土壤，敏捷组织构建力是实施载体，技术伦理把控力则是安全边界。进一步地，若从更高层次的战略视角来看，数字领导力可以被看作是一个三维模型，包括战略洞察力、技术驾驭力和组织变革力。战略洞察力要求领导者能够敏锐地洞察数字技术的发展趋势及其对组织战略的影响，制定出符合数字化时代要求的战略规划。技术驾驭力则强调领导者对数字技术的掌握和应用能力，能够熟练运用各种数字工具和平台来提高组织的运营效率和管理水平。组织变革力是指领导者在推动组织变革过程中能够有效地协调各方资源，打破传统的组织边界和流程限制，构建适应数字化转型的新型组织形态。

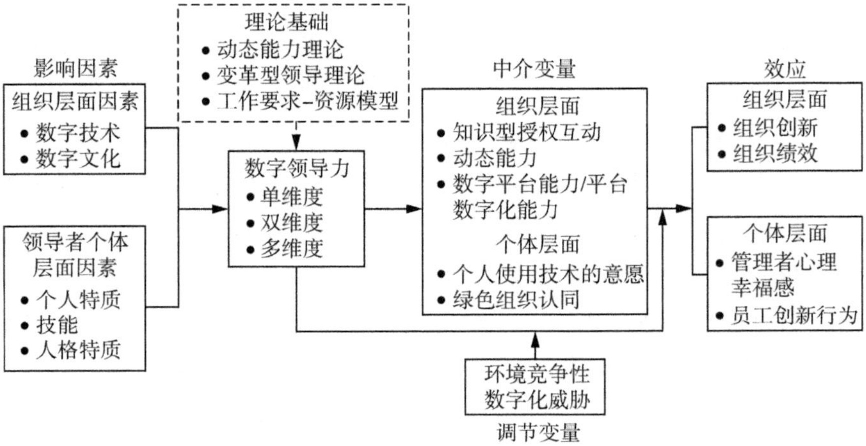

图 7-1　数字领导力的形成及作用机制的多层次研究框架

相较于传统行政领导力，数字领导力的差异在高校管理场景中尤为显著。传统模式强调层级控制与经验决策，其权威建立在制度规范与职位权力基础上；而数字领导力则依托数据智能与协同网络，通过构建数字化治理平台实现分布式决策。例如在教师绩效考核场景中，传统方式依赖人工统计与主观评价，而具备数字领导力的管理者会建立多维度数据采集系统，将教学行为数据、科研成果数据、学生评教数据等进行关联分析，形成动态化、可视化的教师发展画像。这种转变不仅改变了管理工具，更重构了权力运行机制，使管理决策从“经验驱动”转向“证据驱动”。

高校治理数字化转型的深化，使得数字领导力成为现代大学治理的必备要素。教育部《教育信息化 2.0 行动计划》明确提出“将教育信息化作为教育系统性变革的内生变量”的战略导向，这实质上是对管理者数字领导力的制度性要求。当前高校普遍面临三大现实挑战：数据孤岛导致部门间信息壁垒难以破除，技术认知断层造成决策层与执行层的数字鸿沟，组织惯性阻力延缓数字化转型进程。这些挑战的破解，亟需管理者突破传统管理思维，建立数字化的治理方法论。

从价值创造维度审视，数字领导力的作用机制呈现立体化特征。在决策层面，通过教务大数据分析实现资源配置优化，如基于选课数据的教室利用率分析可提升空间使用效率30%以上；在服务层面，智慧校园系统整合教务、科研、后勤等40余类业务场景，使学生事务办理时效平均缩短65%；在组织层面，跨部门协作平台打破传统科层结构。某985高校通过建立数字化项目组，使跨部门审批流程从平均22天压缩至3个工作日。这些实践验证了数字领导力在提升治理效能中的乘数效应。

国际比较研究揭示了数字领导力发展的差异化路径。麻省理工学院(MIT)设立数字校长办公室，构建由首席数字官牵头的矩阵式管理体系，其核心职能包括数字战略规划、数据治理架构设计、新兴技术评估三大模块，形成决策层直接驱动的数字化转型机制。国内标杆浙江大学推行的“数字治校”战略，创新性地将数字领导力分解为校领导班子的“数字治校力”、中层干部的“数字执行力”、基层人员的“数字素养力”三级能力体系，通过数字领导力工作坊与数字化沙盘推演等特色培养方式，系统性提升管理队伍的数字治理能力。

这种能力范式的转变本质上反映了高等教育治理现代化的深层诉求。当5G、人工智能、区块链等技术深度融入教育场景，管理者的角色已从资源分配者转变为生态构建者。数字领导力不仅意味着对新技术的理解与应用，更要求建立数字时代的价值判断标准与伦理框架。例如在运用人脸识别技术优化校园安全管理时，管理者需在效率提升与隐私保护之间建立平衡机制，这既需要技术理解力，更需要数字伦理决策力。这种复合型能力需求正在重塑高校管理者的能力标准与培养范式。

7.1.2　数字领导力培养的路径与方法

数字领导力的培养是一个系统性工程，需要从能力模型构建、培养体系设计到实践模式创新的全链条协同推进。其核心在于将数字技术的内化与领导力的外显有机结合，形成面向未来高校治理需求的能力发展框架。

数字领导力的能力模型需突破传统领导力培养的线性思维，构建“认知—技能—战略”的三维立体框架。认知层聚焦数字思维的培育，要求管理者形成数据驱动的决策意识与技术赋能的治理理念，能够理解数字技术对组织形态、权力结构、管理流程的深层影响。技能层强调工具应用的实践转化，涵盖数据治理工具的操作能力、智能系统的分析能力以及数字平台的协同能力，例如通过数据中台实现跨部门数据资源的整合与可视化呈现。战略层则指向创新引领的系统构建，要求管理者具备数字化战略规划能力，能够将技术应用与组织愿景深度融合，设计数字化转型的路径图谱。这一模型既借鉴了哈佛大学 CLIMB 领导力模型中认知变革（Cognitive）、学习迭代（Learning）、创新驱动（Innovation）的核心理念，又结合中国高校治理特点进行了本土化改造，将道德领导力（Moral）升级为技术伦理决策力，将边界拓展力（Boundary）转化为数字生态构建力。在具体实施中，需建立分级递进的能力标准：初级目标定位于工具使用者，掌握基础数据采集与分析工具；中级目标聚焦流程优化者，能够通过 RPA（机器人流程自动化）等技术重构审批流程；高级目标指向生态构建者，具备设计数字治理架构、制定数据主权规则的战略能力。这种分级体系既遵循数字技术应用从工具层到系统层的演进规律，又契合高校管理者从执行到决策的角色进阶路径。

培养体系的构建需遵循“理论奠基—实践深化—认证强化”的闭环逻辑。课程模块设计应突出三个核心领域：数字伦理模块着重探讨技术应用的边界与价值冲突，涵盖数据隐私保护、算法公平性审查等内容，建议分配 30%课时；数据治理模块聚焦多源异构数据的整合策略与质量评估标准，包含数据血缘追踪、元数据管理等实践课程，建议占 40%课时；智能技术原理模块则突破技术黑箱，通过可视化工具解析机器学习模型的决策逻辑，培养技术风险的预判能力，建议占 30%课时。这种课程结构既强化技术认知深度，又避免陷入纯技术培训的误区。实践平台的搭建需创造虚实融合的演练环境。虚拟仿真决策实验室可模拟智慧校园建设中的典型场景，如通过数字孪生技术构建校园应急管理沙盘，让管理者在数据泄露、系统瘫痪等虚拟危机中训练应急决策能力。校际数字化治理联盟则可以打破组织壁垒，建立跨校数据共享机制与联合研究平台，例如构建高校数字治理案例库，通过区块链技术实现经验成果的可信共享。这种平台化培养模式不仅加速经验传递，更催生协同创新的生态系统。认证机制的创新需要实现能力标准与政策导向的衔接。可参照《数字化能力评价通用指标》等相关标准，建立“学分银行”制度，将培训成果转化为继续教育学时。同时引入第三方认证机构，开发数字领导力成熟度评估模型，从数据治理能力、技术应用效能、组织变革成效三个维度进行量化评价，形成能力提升的动态反馈机制。

培养模式的创新需突破传统课堂的时空局限。双导师制通过技术专家与管理学者的组合指导，实现“技术逻辑”与“治理逻辑”的深度融合。例如在智慧教室建设项目中，技术专家负责讲解物联网设备的部署原理，管理学者则引导学员设计技术应用与教学改革的衔接方案，这种协同培养模式有效解决了技术与管理“两张皮”的困境。行动学习法则强调“做中学”的实践导向，以真实项目为载体驱动能力提升。选取校园能耗管理、跨部门协作平台建设等典型场景，要求学员在项目周期内完成需求分析、方案设计、效果评估全流程，并通过数据仪表盘实时呈现改进成效。这种方法不仅强化问题解决能力，更培养管理者形成“设计思维—快速原型—迭代优化”的数字化工作范式。国际对标需注重经验的本土转化。新加坡国立大学“数字领导力加速营”的启示在于其高强度、模块化的培养设计：通过 72 小时封闭训练，融合战略工作坊、技术沉浸体验、危机模拟演练等多元形式，快速提升决策者的数字敏锐度。这种模式可改造为“数字治理冲刺计划”，结合中国高校特点增加政策解读与伦理研讨模块，形成具有本土特色的速成培养路径。

数字领导力的培养本质上是一场认知革命与管理范式创新的双重进程。它要求高校管理者在技术认知上实现从工具理性到价值理性的跃迁，在管理实践中完成从经验驱动到数据驱动的转型。只有构建起能力模型、培养体系、实践模式三位一体的发展框架，才能培育出既能驾驭数字技术、又能引领组织变革的新型治理人才，为高校数字化转型提供持续动能。

7.1.3 数字领导力在高校治理中的应用

数字领导力在高校战略决策中的核心价值体现为通过数据智能重构决策逻辑与治理范式。上海交通大学构建的“校情驾驶舱”系统，将分散在教务、科研、财务等部门的异构数据汇聚至统一数据中台，通过多维数据建模与可视化分析，实现办学资源分布、学科发展态势、师生行为特征等核心指标的动态监测。该系统不仅提供实时数据看板，更内嵌预测性分析模块，可基于历史数据与机器学习算法预判招生趋势、科研经费波动等关键问题，使决策者从被动响应转向主动干预。这种数据驱动的决策模式依托 PDCA（计划—执行—检查—处理）循环优化模型：在战略规划阶段，通过数据沙盘模拟不同资源配置方案的潜在影响；执行过程中，借助物联网设备与业务系统实时采集执行数据；检查环节运用数字孪生技术构建虚拟验证环境；最终通过智能算法生成优化建议，形成闭环迭代的决策生态系统。

数据安全治理体系的构建是战略决策系统的必要保障。基于等保 2.0 标准，高校需建立覆盖数据全生命周期的防护体系：在采集环节实施数据分级分类，如将学生隐私数据与公开科研数据差异化管控；在存储环节采用同态加密与分布式存储技术；在共享环节通过区块链实现数据溯源与权限追踪。例如，某高校在跨部门数据共享中引入零知识证明技术，既确保数据使用方无法获取原始信息，又能验证其计算结果的真实性，有效平衡数据价值挖掘与隐私保护之间的矛盾。这种安全架构不仅满足合规性要求，更通过可信计算环境增强决策数据的权威性与公信力。

数字领导力驱动下的业务流程重构，本质是通过技术嵌入实现管理范式的结构性变革。在人事管理领域，AI 简历筛选系统突破传统人工审核的效率瓶颈，通过自然语言处理解析应聘者学术成果与项目经历，结合教师发展画像系统对教学评估数据、科研成果网络、社会服务贡献等多维度建模，形成人才胜任力指数。这种量化评估体系不仅能减少主观判断偏差，更能识别跨学科复合型人才的潜在价值，例如某高校通过画像系统发现某文科教师的数字化课程设计能力指数异常突出，进而将其纳入跨学科教学改革团队。

教学管理的智能化转型体现为资源调配的动态优化机制。智能排课系统通过遗传算法平衡教室容量、教师偏好、课程关联等复杂约束条件，使排课效率提升 80%以上，同时预留弹性空间应对突发调整。教学质量预警机制则整合课堂行为数据（如出勤率、互动频次）、学习成效数据（如作业完成度、考试成绩）与教学评价数据，构建多层级预警指标体系：初级预警触发自动提醒，中级预警启动教学督导介入，高级预警则触发课程重构流程。这种从“事后评估”到“过程干预”的转变，使教学质量问题解决周期缩短。

科研服务的数字化转型聚焦知识生产链条的重塑。区块链技术在校企合作中的应用可通过智能合约实现科研成果确权、经费流转与利益分配的自动化执行。某高校与高新技术企业共建的联合实验室，将实验数据实时上链存证，既保障学术研究的可追溯性，又通过通证激励机制激发科研人员协作意愿。这种去中心化的信任机制可显著降低合同履行成本，使科技成果转化的平均周期缩短。

数字文化的培育需要构建价值认同与行为激励的双重机制。管理者数字化 KPI 考核指标体系突破传统绩效评价维度，增设数据治理效能、技术应用创新、数字伦理合规等指标。例如，将部门数据资产利用率、业务流程数字化覆盖率纳入考核权重，同时设立“数字治理贡献奖”等专项激励。这种制度设计推动管理者从“技术工具使用者”向“数字生态建设者”转变，华中师范大学全面落实教育数字化转型战略，以“数据驱动、融合创新”为目标，构建了数字化教学、科研、管理协同发展新格局。

敏捷组织建设依赖虚拟项目组的协同创新机制。这种组织形式打破传统科层制束缚，以任务为导向组建动态团队，运用数字化协作平台（如腾讯文档、飞书）实现实时协同。例如，哈尔滨工业大学的智慧校园建设项目于 2016 年启动，建设周期 3 年，总投资额 1.5 亿，旨在构建一体化信息管理平台，实现国际化、一体化、数字化、移动化、知识化和智能化的智慧校园。组建由计算机科学与技术学院、总务处、教务处等 12 个部门成员构成的虚拟项目组，通过自主研发的“贡献值量化系统”，将需求响应速度、方案创新度、用户满意度等指标纳入算法模型，每季度动态调整成员的资源调配权重。上海交通大学在 2022 年推进的“交我办”应用程序升级整合了 530 余个办事事项，活跃用户近 7 万人，2021 年完成线上办事 138 万件。该平台集成了 AI 动态人脸验证、就餐指数预测等功能。

师生参与机制的深化体现在治理结构的权力重构。武汉大学组建的数字治理委员会吸纳教师代表、学生骨干、技术专家与行政管理者四方主体，采用“提案众筹—方案孵化—效果评估”的参与式治理流程。在校园人脸识别系统优化项目中，委员会通过线上辩论平台收集 487 条建议，经数据模拟验证后形成分级权限管理方案，既提升安防效率又保障隐私权益。这种机制改变了传统科层制下的单向决策模式，使治理过程兼具专业性与民主性。

数字领导力在高校治理中的应用，本质是通过技术嵌入实现管理要素的重新配置。这种配置不仅涉及硬件设施的升级，更要求领导者具备将技术逻辑转化为教育逻辑的能力。通过战略决策的智能化、业务流程的数字化、组织文化的敏捷化三重路径，高校正逐步构建起适应智能时代的新型治理体系，为高等教育高质量发展注入持续动能。数字领导力的应用实践揭示，高校治理现代化不仅是技术升级，更是认知革命与制度创新的复合过程。从数据驱动的决策体系到人机协同的业务流程，从敏捷组织的柔性管理到参与式治理的文化培育，每一步转型都需突破惯性思维与制度壁垒。未来，随着联邦学习、数字孪生等技术的深入应用，高校治理将向更智能、更包容的方向演进，而数字领导力的持续进化将是驾驭这场变革的核心动能。

7.2　师生数字素养提升路径

7.2.1　师生数字素养的现状与问题

数字素养的培育已成为高等教育数字化转型的基础性工程，但其发展进程呈现显著的群体分化和结构性矛盾。在全球数字化转型的浪潮中，师生数字素养的发展呈现出复杂多样的特征。教师与学生作为教育体系中的核心群体，他们在数字技能、应用场景和需求层次上展现出明显的分化趋势。研究表明青年教师由于处于职业生涯的起步阶段，更容易接受和掌握新的数字化工具，青年教师(40 岁以下)的数字化工具使用率达 89%，但在数据建模、学习分析等深度应用层面存在能力断层；资深教师(55 岁以上)仅为 43%，其教学经验和专业积累虽然丰富，但在数字技术的应用上相对较为保守。学生群体的数字素养则呈现“工具理性强于价值理性”的倒置现象：92%的学生能熟练运用信息检索工具，但仅 38%了解数据采集的伦理边界，在人工智能工具使用中普遍存在“技术崇拜”倾向。这种群体差异映射出数字素养发展的多维困境——技术应用的表面繁荣与深层能力缺失并存，工具驾驭的个体优势与系统思维的集体短板交织。

政策环境的演进为数字素养发展提供了制度框架，但标准落地仍面临执行层梗阻。教育部 2022 年发布的《教师数字素养》标准，构建了涵盖“数字化意识、数字技术知识与技能、数字化应用、数字社会责任、专业发展”五个维度的能力框架，首次将数字素养细化为 5 个维度 23 项能力指标，要求到 2025 年实现高校教师全员达标。学生信息素养测评体系的建设更具挑战性，当前仅有 12 所“双一流”高校建立校本化测评工具，地方院校普遍依赖通识性计算机等级考试，难以反映数字公民伦理、数据思维等核心素养。国际对比凸显出了我国高校数字素养的结构性短板。联合国教科文组织《全球数字素养框架》将数字素养定义为“在数字环境中有效获取、评估、创造和交流信息的能力”，并强调“文化适应性”与“社会责任感”。2022 年全球数字素养指数显示，中国高校师生在“数字内容创造”与“数字伦理决策”的排名显著落后于“数字工具使用”，这种结构性失衡暴露素养培育的功利化倾向。这种差距既源于教育理念的差异，也反映出数字素养培养与学科教学融合的不足。

现实困境的复杂性在具体场景中愈加凸显。能力断层不仅表现为技术操作的熟练度差异，更深层的是技术应用与教育本质的错位。教师群体普遍掌握课件制作、在线考试等基础技能，但在教育数据挖掘、学习行为分析等深度应用领域，仅有 17%的文科教师和 35%的理工科教师达到胜任水平。这种断层导致技术投入与教学成效的转化率低下，某省教育厅调研显示，智慧教室使用率超 90%的课程中，仅 23%真正实现教学模式创新。学生群体的工具化倾向更为严峻，过度依赖智能推荐系统导致信息茧房效应，问卷调查显示 68%的学生缺乏多源信息交叉验证意识，在学术研究中易陷入“算法偏见”陷阱。

伦理维度的缺失正在衍生新型教育风险。数据采集的泛化趋势与隐私保护机制的滞后形成尖锐矛盾，某高校在线监考系统因过度收集生物特征数据引发法律争议，暴露出技术伦理审查机制的失效。人工智能工具的滥用更触及学术诚信红线，12％的教师发现学生使用 AI 工具进行论文核心观点生成，但现有学术规范尚未建立有效的技术检测手段。这些问题的本质是数字伦理教育的形式化——87％高校的计算机伦理课程仍停留在理论讲授阶段，缺乏真实场景的伦理决策训练。

资源分配的失衡加剧数字鸿沟的扩大。《全民数字素养与技能发展水平调查报告(2024)》显示，城镇成年人和未成年人的初级及以上数字素养与技能水平占比分别为 65.92％和 70.94％，而农村成年人和未成年人分别为 50.57％和 53.11％。此外，农村未成年人的高级数字素养与技能水平占比仅为 6.33％，显著低于城镇未成年人的 15.90％。这种城乡差距在数字内容创作等维度上更为明显，农村学生在相关领域的表现与城市学生存在较大差距。学科间的数字化支持力度差异也较为隐蔽，理工科在数字资源配置上通常优于人文社科，导致跨学科数字素养培育面临“马太效应”循环。某综合性大学的调研显示，数字人文项目的师生参与度不足 15％，反映出资源投入与需求响应的结构性错配。

评价体系的滞后已成为制约发展的关键瓶颈。当前数字素养评估普遍存在“三化”困境：评价指标碎片化，缺乏涵盖技术应用、数据思维、数字伦理的整合性框架；评价方式静态化，88％高校仍采用一次性测试而非成长性跟踪；评价结果孤岛化，未能与教学改进、资源配置形成闭环。更严峻的是，现有评价工具难以捕捉隐性素养维度，如仅有 9％的评估体系能有效测量师生的算法批判能力，导致素养发展陷入“可测的进步，真实的停滞”怪圈。

究其根源，数字素养发展的困境本质上是多重矛盾作用的结果。技术迭代的指数级速度与教育体系渐进式改革的张力持续扩大，元宇宙、生成式 AI 等新兴技术的教育应用已超前于伦理规范和政策引导，形成“技术先行，治理滞后”的典型困境。学科壁垒造成的培养模式割裂更为深层，计算机课程与专业教育的“油水分离”现象普遍存在，导致数字素养沦为孤立技能而非渗透性能力。某重点大学的课程分析显示，仅 7％的专业课程有机融入数字素养要素，多数院系仍将数字能力培养等同于选修计算机课程。激励机制的设计失当则削弱主体参与动力，教师数字培训与职称评审的弱相关性、学生数字成果与学业评价的脱钩，使得素养提升停留于政策倡导层面而非利益攸关领域。

这些矛盾的相互作用形成数字素养发展的现实图景：在技术工具层面向现代化疾驰，在认知范式层面仍在传统轨道徘徊。当教育数字化转型进入深水区，破解这些结构性矛盾已不仅是技术问题，更是涉及教育理念更新、制度重构、文化重塑的系统工程。

7.2.2 数字素养提升的培训体系与实施路径

数字素养的培育需要突破传统技能培训的局限，构建分层分类、精准施策的能力发展体系。这一体系的核心逻辑在于识别师生群体的差异化需求，将技术工具的应用能力、学科融合的创新能力以及终身学习的适应能力有机结合，形成螺旋上升的培养路径。对教师而言，数字素养的提升不仅是技术能力的拓展，更是教育理念的重构；对学生来说，数字素养的培育不仅是生存技能的获得，更是数字公民身份的塑造。这种双重维度的能力建设要求培训体系既要有清晰的层级划分，又需保持跨层级的动态衔接。

在教师培养层面，分层递进的框架设计需回应数字化转型的阶段性需求。基础层聚焦数字工具的操作赋能，通过智慧教学平台的功能解析与场景演练，帮助教师跨越技术使用的“最初一公里”。但真正的突破发生在专业层，此阶段强调学科教学与数字技术的深度融合。数学教师通过数据建模培训将抽象定理转化为可视化案例，历史学者借助数字人文工具重构文献分析范式，这种学科特色的能力转化使得技术不再是外挂工具，而是内化为教学创新的基因。创新层的目标则指向教育技术的研发前沿，参照ISTE（国际教育技术协会）教师标准，培养教师设计智能教育产品、开发自适应学习系统的能力，使其从技术消费者转变为教育技术创造者。这三个层级的过渡并非线性递进，而是通过“技术认知—学科重构—生态创新”的循环迭代，形成可持续的能力发展生态。

学生数字素养的培育体系需要兼顾通识教育与专业发展的双重使命。通识层着力构建数字公民的基本素养，通过信息检索方法论与数字伦理研讨课，培育信息甄别能力与网络行为规范意识。专业层的培养则凸显学科特性，文科生通过文本挖掘工具解构社会话语，工科生运用数字孪生技术模拟工程场景，这种定向训练使数字能力成为专业竞争力的有机组成部分。实践层的价值在于连接校园与社会，依托“互联网＋”创新创业大赛等平台，学生团队在低代码开发平台构建智慧校园解决方案，通过数字创客空间将概念转化为原型产品。这种“学习—实践—创造”的闭环设计，有效破解了传统教育中理论与实践脱节的痼疾。

课程体系的革新是实施路径的核心支柱。模块化的微认证课程群打破了传统课程体系的刚性结构，将数字素养分解为可组合的能力单元。这种课程设计理念在职业教育领域已形成成熟实践，如某高职院校电子商务专业群通过“课程群—课程—单元—素材”四层结构的模块化资源集群，实现了“知识系统化”与“技能进阶式”培养的有机结合。教师团队采用“双向聘用、双向流动、双向培养”机制，将企业实战项目转化为教学模块，形成动态迭代的课程内容体系。混合式学习模式（OMO）可通过虚拟教研室实现跨校协作。某区域高校联盟开发的“数字素养云课堂”，其运作逻辑与在线教育平台的实践高度契合。例如，新东方留学考试融合态产品通过“线下融合线上”模式，将系统化知识的碎片化学习与线下强交互场景结合，形成“学生有准备地学，老师有针对性地教”的闭环。

实践平台的构建需要创造虚实交融的沉浸式环境。教师发展中心的数字化转型，体现在AR/VR教学模拟系统的深度应用。通过构建虚拟课堂场景，教师可反复演练混合式教学策略，系统实时捕捉教学行为数据并生成改进建议。某高校的实训基地引入情感计算技术，能分析教师授课时的微表情与语音特征，为教学风格优化提供量化依据。学生创新工坊则致力于降低技术门槛，低代码平台让非计算机专业学生也能快速开发应用程序，数字创客空间配备的快速原型制造设备使创意能在48小时内转化为实体模型。这些平台的价值不仅在于硬件投入，更在于构建“试错—迭代—创新”的容错机制，培育数字时代的创造性思维。

评估机制的创新指向能力发展的全过程追踪。动态能力画像技术通过采集师生在各类数字平台的行为痕迹，构建涵盖技术应用频率、问题解决路径、协作参与度等维度的素养图谱。某高校研发的评估系统能自动识别教师课件中的多媒体元素占比、互动设计复杂度等指标，为其数字教学能力生成诊断报告。第三方认证体系的引入则增强评价的公信力，中国信息协会发布的《数字化能力评价通用指标》认证标准与高校课程学分的互认机制，使师生能力提升获得社会认可。这种多维评价体系的关键，在于将离散的能力表现转化为连贯的成长叙事，为个性化发展提供导航。

保障机制的完善是体系落地的关键支撑。制度性保障需要突破传统评价框架，将数字素养深度嵌入教师职称评审指标，设立“数字化教学创新”专项评审通道，同时将学生数字作品纳入学分认定体系。资源保障的核心是建立可持续的投入机制，清华大学“数字教育创新基金”的运作模式值得借鉴，该基金采用“项目竞标＋成效对赌”机制，对获得社会资本匹配投入的项目给予重点支持。文化保障则依赖品牌活动的持续浸润，数字文化月通过工作坊、黑客马拉松等活动营造技术文化氛围，师生数字技能竞赛则通过“以赛促学”激发内驱力。这些保障措施的共同特征是将数字素养培育从行政任务转化为价值共识，形成制度牵引、资源助推、文化滋养的协同效应。

数字素养培训体系的建设，本质上是对教育生态的重构过程。它要求打破学科壁垒，联通课内课外，融合虚拟现实，在技术赋能与教育本真的平衡中寻找发展路径。当教师能自如运用智能技术重塑课堂，当学生能批判性地运用数字工具解决现实问题，这种能力的跃迁将真正释放教育数字化转型的潜能。而实现这一目标的关键，在于构建具有弹性、韧性且可持续的素养培育生态系统，使数字素养成为师生应对未来挑战的核心竞争力。

7.2.3 数字素养提升的实践案例

高等教育领域的数字素养培育已从理论探索迈向实践深耕，一批具有示范价值的创新模式正在重塑师生能力发展的生态格局。这些实践案例的共性在于突破单向度技能培训的局限，通过系统性设计将数字素养融入教育全过程，形成可复制、可推广的范式经验。

浙江大学推行的"数字教学导师计划"，开创了以点带面的教师数字素养提升新模式。该计划的核心逻辑在于构建"种子教师—骨干教师—全体教师"的辐射式发展链条，通过选拔培养200名兼具数字技术能力与教学创新意识的导师，形成覆盖全校的数字化教学支持网络。其创新性体现为双重驱动机制：一方面，导师团队开发"数字教学能力图谱"，将抽象素养标准转化为可观测的行为指标；另一方面，依托AI课堂诊断系统，对教学实录视频进行多模态分析，自动识别教师的教学互动频次、多媒体资源应用率、数据驱动决策节点等关键维度，生成个性化改进方案。这种"人工+智能"的协同赋能模式，使教师的数字素养提升从被动接受培训转向主动参与迭代。三年实践成效显著，教师数字化教学设计达标率从58%跃升至89%，更涌现出基于学习分析技术的精准教学、虚实融合的跨学科课堂等创新模式。其成功关键在于构建了"能力诊断—精准赋能—效果验证"的闭环体系，使数字素养提升始终锚定教学实践的真实需求。

华中科技大学实施的"数字公民成长计划"重新定义了数字时代的学生素养培育路径。该计划突破传统信息技术教育的工具导向，构建"认知—能力—责任"三位一体的培养框架。必修课《数字社会生存指南》采用情境化教学模式，通过模拟网络暴力、信息泄露、算法歧视等现实困境，培养学生的问题解决能力与伦理判断力；选修课《AI伦理与法治》则引入哈佛大学"道德机器"教学法，让学生在自动驾驶事故责任划分、人脸识别技术应用边界等争议性议题中形成技术批判思维。实践平台的创新更具突破性，"光谷数字素养实践基地"与区域数字经济企业共建“技术—产业—教育”协同体，学生团队在低代码开发平台上为中小企业设计数字化转型方案，既锻炼技术应用能力，又深化对数字经济的理解。这种培养模式的成功，体现在学生作品连续三年斩获红点设计奖等国际奖项，更反映在毕业生在数字经济领域的突出表现——83%的参与学生进入人工智能、大数据分析等新兴领域就业，显著高于全校平均水平。

上海交通大学发起的“数字素养赋能计划”，展现了系统性改革的强大整合效应。该计划的最大特色在于打破组织壁垒，建立教师发展中心、学工部、信息化办公室的“铁三角”协作机制。教师发展中心主导能力标准制定与培训体系设计，学工部负责学生数字素养实践项目的组织实施，信息化办公室则提供技术基础设施支撑。这种协同机制催生出两大创新成果：其一是自主研发的“数字素养雷达图”评估系统，通过采集师生在教务平台、科研系统、校园 App 等 12 类场景的行为数据，构建涵盖技术应用、数据思维、数字伦理等维度的动态评估模型；其二是跨部门联动的“数字素养工作坊”，将智慧教室改造、校园大数据治理等真实项目转化为师生共研课题，使素养提升融入校园数字化转型进程。该计划的溢出效应更为显著，其输出的《高校数字素养培养标准》被 20 余所高校采用，构建起长三角高校数字素养发展联盟。这种由内而外的辐射模式，验证了系统性改革的可持续性与可扩展性。

这些实践案例共同揭示数字素养培育的深层规律：有效的实践模式需构建“目标—过程—评价”的完整闭环，将素养标准转化为可操作的行为指引；需创造虚实融合的实践场景，使能力发展始终锚定真实问题解决；更需建立跨主体的协同网络，形成资源整合与价值共创的生态体系。当数字素养培育从孤立项目升级为教育生态的组成部分，师生将不仅获得应对数字挑战的工具箱，更能形成驾驭技术变革的元能力，这正是高等教育数字化转型的核心要义。

7.3　数据安全防护与监管机制构建

7.3.1　数据安全防护的技术与策略

在高校数智化转型背景下，数据安全防护体系的构建需以“体系化协同”为核心理念，形成管理、技术与运营三位一体的动态防护生态（如图 7-2 所示）。安全管理作为顶层设计，通过制度规范与组织架构的完善，明确责任边界与应急响应机制，例如建立跨部门协同的安全委员会，统一制定数据访问权限标准和操作流程；安全技术层面聚焦分层防御，从物理环境的基础设施防护到网络层的入侵检测、应用层的代码加固，构建纵深递进的技术壁垒，尤其通过硬件防火墙与SSL加密的联动，抵御外部渗透并降低数据泄露风险；安全运营则以持续优化为目标，依托漏洞扫描、热力图分析与僵尸网站监控等工具，实时感知系统脆弱性并动态调整防护策略。这一体系通过管理牵引、技术支撑、运营反馈的闭环机制，既确保合规性要求落地，又为教育数据的全生命周期管理提供了可扩展的框架基础，为后续精细化防护策略的展开奠定结构性保障。

数据安全防护体系的构建是高校数智化转型的基础性工程，其核心在于建立多层防御、纵深协同的技术防护网络。这一体系的逻辑起点是数据分类分级管理，通过科学界定数据价值与风险等级，为差异化防护策略的制定提供依据。《数据安全技术　数据分类分级规则》提出的基于影响程度的五级分类框架，在高校场景中需结合教育数据的特殊性进行适应性改造。例如，学生生物特征数据、科研成果核心数据等被划入最高保护等级，需实施全链路加密与物理隔离；课程资源、行政管理数据等次敏感信息则采用动态脱敏技术。这种精细化分类不仅提升防护效率，更通过资源聚焦降低安全成本。分类标准的落地依赖智能化标签系统的支撑，基于自然语言处理的数据内容识别引擎可自动标注数据敏感度，结合人工复核机制形成闭环管理，使数据从生成伊始即纳入分级管控体系。

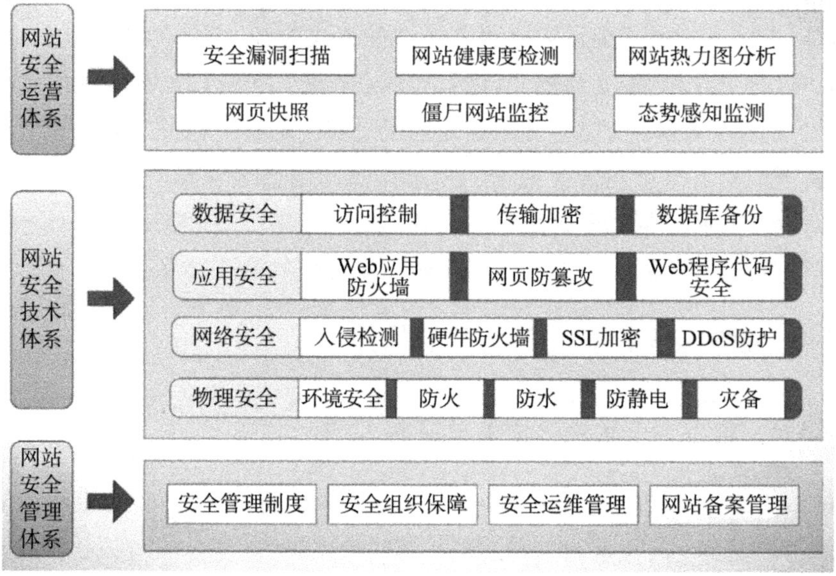

图 7-2　高校网络安全防护体系总体架构

核心技术手段的集成应用构成了防护体系的骨架。数据加密技术从传统的静态加密向场景化加密演进,同态加密技术允许在密文状态下进行数据分析,为跨机构科研协作提供安全计算环境;区块链存证技术则通过分布式账本固化数据操作痕迹。动态访问控制体系突破传统RBAC模型的刚性限制,引入上下文感知机制,综合用户设备状态、地理位置、操作时间等百余项参数实施动态授权。当检测到教师试图在非工作时间从境外IP访问核心科研数据时,系统自动触发二次认证流程并限制数据下载权限。数据脱敏与匿名化处理的技术选择更具场景敏感性,差分隐私技术在学生行为数据分析中通过添加可控噪声,既保护个体隐私,又保障群体行为模式研究的准确性,这种平衡术成为教育数据价值释放的关键。

安全防护架构的创新重构了高校网络空间的防御范式。零信任网络架构(ZTA)的部署颠覆了传统边界防护理念,基于“永不信任,持续验证”原则,对每个访问请求实施最小权限授予。某高校信息系统改造案例显示,ZTA架构使横向渗透攻击成功率下降76%,内部威胁检测效率提升3倍。AI驱动的用户和实体行为分析(UEBA)通过机器学习建立用户行为基线,能识别0.01%的异常操作模式,如在教务系统中批量导出学生成绩的非常规行为,系统可实时阻断并预警。华中科技大学在网络安全体系建设中,从网络安全管理、技术和运维三个方面协同建设,形成了“三位一体”的保障体系。在安全技术体系建设方面,采用了纵深防御的思想,实施“零信任”访问管控,通过多种安全技术结合的多层次防护体系,降低信息资产被破坏或泄露的可能性。这种智能防护体系的价值不仅体现在威胁拦截,更在于通过行为数据分析揭示系统脆弱点,为安全策略优化提供数据支撑。

策略设计的系统性是技术落地的重要保障。数据全生命周期管理需要建立覆盖数据流转各环节的防护链:在采集端部署数据质量探针,过滤无效及高风险数据;存储环节采用分布式加密存储,结合SGX可信执行环境保障数据处理安全;传输过程运用量子密钥分发技术建立安全通道;使用阶段实施动态脱敏与水印嵌入;销毁环节则通过多次覆写与物理破坏确保数据不可恢复。容灾备份策略的设计需平衡可靠性与经济性,多地多活数据中心布局通过智能流量调度实现故障秒级切换,而基于区块链的分布式备份系统可抵御区域性灾难。针对勒索病毒等新型威胁,高校需构建“预防—检测—响应”三位一体防御体系,某重点大学采用的诱捕网络技术,通过部署高交互式蜜罐系统,成功溯源并阻断3起定向攻击。第三方服务监管的策略创新在于建立双向评估机制,不仅要求供应商通过ISO 27001认证,更将高校数据安全标准植入服务合同,形成穿透式管理体系。

前沿技术的融合应用正在拓展安全防护的边界。联邦学习技术在跨校数据共享中展现出独特价值，通过分布式机器学习框架，各参与方可在不交换原始数据的前提下联合建模。某区域高校联盟的科研协作平台应用该技术，使跨校数据利用率提升 60％的同时，数据泄露风险下降 85％。数字水印技术的演进方向是隐形化与鲁棒性并重，新型 AI 生成水印可自适应嵌入不同格式文件，在学术论文预印本分发场景中，水印信息能精准追溯泄露源头。量子加密技术的战略布局在高校中已形成实质性突破。某实验室研发的量子密钥分发系统实现 50 公里光纤链路稳定传输，与中国科学技术大学潘建伟团队 2020 年创造的 509 公里世界纪录形成技术递进关系。当前高校量子通信研究正从实验室走向实际应用，如上海某高校与电信企业合作构建的量子城域网，已实现校园专网的量子加密保护，其"量子密钥分发＋传统密码"的混合架构，在保障数据传输安全的同时，将密钥更新周期从传统方案的 24 小时缩短至 15 分钟。这种技术实践为教育数据安全提供了抗量子攻击的前瞻性防护。

这些技术与策略的协同创新，实质上是安全范式从被动防御向主动免疫的转变。当数据加密从静态保护升级为动态赋能，当访问控制从权限管理进化为行为治理，高校数据安全体系便不再仅是风险的防火墙，更成为数智化创新的催化剂。这种转变要求安全防护设计始终与技术演进、业务需求保持同频共振，在安全保障与价值释放的平衡中推动教育数字化转型行稳致远。

7.3.2 数据安全监管机制的设计与实施

数据安全监管机制的构建本质上是治理能力的数字化转型，其核心在于将法律规范、组织架构与技术工具深度融合，形成动态演进的治理生态。这一机制的运行逻辑需以《中华人民共和国数据安全法》《中华人民共和国个人信息保护法》为法理基础，与等保 2.0 的技术标准形成有机衔接。在高校场景中，这种衔接体现为对教育数据特殊性的适配：既要满足《中华人民共和国个人信息保护法》对学生隐私数据的严格管控要求，又需遵循等保 2.0 对科研数据系统的三级以上防护标准。某重点高校的法律合规审查显示，通过将法律条款转化为 128 项具体控制点，构建起"法条—标准—操作"的映射体系，使数据安全管理从抽象合规转向精准落地。这种法律与技术标准的协同转化能力，成为监管框架有效性的基石。

组织架构的设计需要突破传统科层制的局限，构建矩阵式协同网络。校级数据安全委员会的设立不仅是决策机构的升级，更是治理权力的重构。委员会由校长、首席信息官、法律顾问等核心成员组成，其职能从审批式管理转向战略规划与风险预判，例如每季度发布《数据安全趋势分析报告》，指导全校安全策略调整。数据安全官(DSO)岗位的制度化设置填补了专业治理角色的空白，该角色需兼具法律素养与技术洞察力，在数据跨境传输审批、重大科研项目安全评估等场景中行使否决权。跨部门联合监管小组的运作更具创新性，信息化办公室提供技术监控能力，审计处实施合规审查，法律事务部负责风险处置，三方通过数据驾驶舱共享风险视图，形成"监测—审计—处置"的治理闭环。这种组织架构的价值在于打破部门壁垒，使数据安全监管从单点防御升级为系统免疫。

风险识别与评估体系的科学性是监管实施的先决条件。数据资产地图的绘制不仅是资源清点，更是风险定位的过程。某高校通过数据血缘追踪技术，将分散在43个业务系统的8万余项数据资产进行拓扑建模，识别出12类高风险数据流，例如学生资助数据与外部系统的非授权接口。清华大学2024年启动的"数据安全治理工程"，通过数据血缘分析技术整合38个业务系统，识别出12类高风险数据流，部署动态访问控制后，科研数据泄露事件下降82%。基于FAIR模型的风险量化评估引入经济学的风险定价思维，通过计算数据资产价值、威胁发生概率、潜在损失规模等参数，生成风险优先级矩阵。在实践应用中，某科研管理系统的数据泄露风险被评估为年度损失可能达2 300万元，促使管理层优先部署防护资源。这种量化方法的价值在于将模糊的安全感知转化为可决策的经济指标，提升资源配置效率。

动态监管机制的构建依赖技术工具与制度设计的双重创新。自动化合规检查工具通过数据流图谱分析技术，实时追踪数据在系统间的流转路径，自动识别未授权共享、跨境传输等违规行为。有研究指出，采用自动化工具后，数据安全检查的效率可显著提升，这种效率的提升源于算法对规则的精准匹配与并行处理能力。该技术可以识别多种违规行为，如非授权接口调用、跨境数据传输等，并且在识别的准确率方面表现出色。师生数据行为审计日志的管理则需平衡监管力度与隐私保护，采用去标识化技术处理日志信息，确保审计追踪不侵犯个体隐私。更具突破性的是行为模式分析技术的应用，通过机器学习建立正常操作基线，对教务系统中批量下载学生信息、科研数据异常外发等行为实施实时阻断，使监管从事后追责转向事前预防。

违规处置流程的标准化是监管权威性的重要体现。数据安全事件分级响应机制需建立五级分类体系，从普通操作失误到国家级数据泄露事件，对应不同的处置权限与响应时效。某高校的应急预案规定，三级以上事件需在15分钟内启动应急委员会，2小时内完成初步影响评估，24小时内向主管部门提交报告。溯源追责机制的技术创新在于多源证据链的固化，通过区块链存证系统整合网络日志、视频监控、门禁记录等数据，形成不可篡改的证据包。损害评估标准则引入"数据资产贬值模型"，计算泄露数据在暗网交易价格、机构声誉损失等综合成本，为司法索赔提供量化依据。这种全链条处置机制的价值不仅在于惩治违规，更通过高违规成本震慑潜在风险行为。

持续改进机制的运作需要嵌入自我进化基因。基于PDCA（计划—执行—检查—处理）循环的安全管理体系，强调在每次安全事件处置后启动系统性改进。某高校在遭受钓鱼邮件攻击后，不仅修补技术漏洞，更重新设计教职工安全意识培训体系，使类似攻击成功率下降93%。数据安全成熟度模型（DSMM）的应用则为持续改进提供导航框架，通过初始级、可重复级、已定义级、已管理级、优化级五个阶段的递进，引导高校从被动合规走向主动治理。年度数据安全白皮书发布制度则构建社会监督机制，公开披露安全事件、防护成效与改进计划，某"双一流"高校的白皮书显示，其数据安全投入产出比从1∶1.2提升至1∶3.8，印证了治理体系优化的经济价值。

数据安全监管机制的深层价值在于重构高校的数字化治理文化。当自动化工具替代人工巡检，当量化评估取代经验判断，当持续改进成为组织本能，这种治理范式的转变实质上是在培育数字时代的制度理性。监管不再被视为创新的束缚，而是通过明晰规则边界、控制系统性风险，为教育数据的深度利用提供安全保障。这种辩证关系的把握，正是高校在数字化转型中平衡安全与效率的核心要义。未来，随着监管科技的持续进化，数据安全治理将向智能化、精准化方向深化，而机制的柔性与适应性将成为应对不确定性的关键能力。

7.3.3 数据安全防护与监管的实践案例

数据安全防护与监管的实践探索已从单一技术应用迈向系统性治理创新，国内外高校的标杆案例揭示了不同维度的解决方案。这些实践不仅验证了技术工具的有效性，更通过制度设计与组织变革，构建了适应数字时代的安全治理生态。

技术创新正在重塑高校数据安全防护的底层逻辑。清华大学"数据安全屋"项目的技术路径与成效具有坚实的实践基础和技术支撑。该项目通过联邦学习与区块链技术的深度融合，构建了跨学科科研数据共享的可信流通平台。其核心在于实现“数据可用不可见”的共享机制：各参与方将数据加密后上传至安全屋，联邦学习算法在本地模型训练中仅交换加密参数，区块链存证系统则记录数据操作的完整审计轨迹。这种架构突破了传统数据共享的边界，使 20 个院系的 300 TB 科研数据在不泄露原始信息的前提下支持跨学科联合建模。该项目的数据安全成效显著，数据泄露事件同比下降 92%，协作研究效率提升 40%。交叉信息研究院团队基于姚期智院士的多方安全计算理论开发了密文计算技术，使数据处理效率接近明文系统。华控清交公司的产品已在金融和政务领域实现数据“可用不可见”，验证了该技术的工程化能力。此外，清华大学与中国电子联合建立的数据治理工程研究院，通过“关键数据入库、双向风险隔离”机制，为跨学科数据共享提供了制度保障。该项目的创新价值在于构建了“技术赋能—流程重构—价值释放”的闭环体系。在医学与人工智能交叉研究中，临床数据在加密状态下完成特征提取，既保护患者隐私，又支撑了疾病预测模型的优化。这种模式将安全防护从成本中心转化为创新催化剂，推动了科研协作效率的提升。

监管机制的创新需要突破传统思维的桎梏。浙江大学的数据安全治理模式在制度创新与技术融合方面展现出前沿探索的价值。其核心机制“三权分置”通过将数据所有权、管理权、使用权进行结构性分离，构建了权责清晰的治理框架。所有权归属原始产生单位，确保数据主权的法律基础；管理权由校级数据安全委员会统筹，实现全校数据资源的统一调度；使用权则基于动态权限分级开放，通过师生数据护照系统实现精细化管控。这种设计突破了传统数据管理的权责模糊状态，与《中共中央 国务院关于构建数据基础制度更好发挥数据要素作用的意见》中提出的“三权分置”产权制度框架高度契合。师生数据护照系统的创新在于将行为信用积分模型深度嵌入权限管理体系。每位用户的访问请求不仅依据角色权限，还综合历史操作合规性、风险操作频次等参数进行动态评估。例如，频繁尝试越权访问的研究者会被降级信用分并触发额外认证流程，而长期合规用户则可获得跨系统数据调用的绿色通道。这种机制将刚性管控转化为柔性治理，使安全规范内化为用户行为准则。该系统上线后，师生违规操作率下降 67%，而跨部门数据调用申请量反增 45%，验证了激励相容设计在提升安全水平的同时促进数据流通的双重效能，该模式获得中国网络安全产业联盟最佳实践奖。其深层价值在于验证了监管机制的可扩展性与适应性。通过将区块链存证技术、机器学习行为分析等前沿技术融入治理流程，浙江大学构建了“制度＋技术”的双轮驱动体系。例如，在科研数据共享场景中，数据使用轨迹通过区块链完整记录，结合智能合约实现自动化权限回收，既保障了数据主权，又提升了资源利用效率。这种实践不仅为高校数据治理提供了可复制的范式,更对推动国家数据要素市场化配置改革具有重要参考意义。

高等教育的数据安全治理需要全球视野与本土实践的结合。麻省理工学院(MIT)的数据治理框架体现了伦理审查与技术管控的深度融合。其伦理审查委员会与技术安全团队形成"双轮驱动"机制:前者负责评估数据使用目的的社会影响,例如人工智能训练数据是否隐含种族偏见;后者则从技术层面确保评估结论落地,如部署差分隐私算法消除敏感特征关联。数据使用影响评估(DUIA)工具的研发更具突破性,该工具通过自动化问卷与算法检测,对数据集的合规性、伦理风险、技术适配度进行三维评分,输出分级管控建议。在开源生态构建中,MIT将核心代码与评估模型向全球开放,吸引50余所高校共同完善治理工具链。这种"方法论输出—协作进化—标准共建"的路径,推动了全球高校数据治理的范式升级。例如,在跨境科研合作中,开源工具帮助合作方快速对齐数据伦理标准,使联合研究项目的合规审查周期从3个月缩短至2周。

这些实践案例的共同启示在于:数据安全治理需超越技术堆砌与制度空转,构建"技术—制度—文化"协同进化的生态系统。清华案例证明联邦学习等技术可重塑数据流通范式;浙大模式揭示权责重构能激发主体自律;MIT框架则展现全球协作对治理标准化的推动力。当技术工具成为制度落地的抓手,当治理规则转化为文化共识,数据安全方能从被动防御升维为主动赋能,为高等教育数字化转型筑牢根基。

第四部分

数智化行政管理的创新实践与未来图景

第八章 全球高校数字化转型实践

8.1 清华大学“五个一”智慧校园工程

8.1.1 清华大学智慧校园工程的背景与目标

在数字技术重塑全球教育生态的浪潮中，高等教育机构正经历着从传统管理模式向数智化治理的深刻转型。清华大学“五个一”智慧校园工程的提出，不仅是应对数字化转型挑战的主动布局，更是对新时代高等教育治理范式的系统性重构。这一战略的孕育根植于多重动因的交织：国家政策导向的顶层设计、技术革命的底层驱动以及高校自身高质量发展的内生需求，共同构成了工程实施的立体化背景。作为中国高等教育的旗舰学府，清华大学的探索既是对《中国教育现代化 2035》战略的实践响应，也是为全球高校数字化转型贡献中国方案的创新实验。

从政策维度审视，智慧校园工程的确立紧密契合国家教育信息化发展的战略节奏。《教育信息化 2.0 行动计划》提出要“构建智能化、泛在化、个性化、终身化的教育体系”，鼓励高校创新管理模式。清华大学将这一宏观要求与“双一流”建设目标深度耦合，识别出行政管理碎片化、数据资源孤岛化、服务响应迟滞化三大核心痛点。传统高校管理模式中，教务、科研、后勤等系统各自为政，数据标准不统一导致跨部门协作效率低下，师生往往需要重复登录多个平台办理业务，这种割裂状态严重制约治理效能。更深层次的问题在于，分散的数据资产难以形成支持决策的有效信息流，资源配置依赖经验判断而非数据洞察，使得高校在应对快速变化的教育需求时显得力不从心。智慧校园工程的启动，本质上是对高等教育治理体系的供给侧改革，旨在通过数字化转型重塑管理流程、重构服务生态、重建决策逻辑。

技术革命的突破性进展为这场变革提供了关键支撑。5G 网络的高带宽低时延特性，使得校园物联网设备的实时联动成为可能；边缘计算与联邦学习技术的成熟，破解了数据隐私保护与价值挖掘的两难困境；区块链存证与量子加密的前瞻布局，则为数字信任体系的构建奠定基础。清华大学早在 2017 年便启动技术预研，NB-IoT 智能垃圾站与无人驾驶清扫车“蜗小白”的试点，不仅验证了物联网技术在校园环境管理中的可行性，更揭示了设备互联产生的数据资产价值——垃圾清运频次数据帮助优化后勤调度，清扫路径信息助力校园空间规划。这些早期实践为“五个一”工程积累了关键技术能力与实施经验，证明数字化转型绝非简单的技术堆砌，而是需要构建“技术—场景—制度”协同演进的生态系统。

智慧校园工程的核心目标体系呈现出鲜明的系统性特征。首要目标是构建一体化治理体系，这要求从根本上改变条块分割的管理架构。通过统一身份认证系统整合 43 个业务平台，师生单点登录即可贯通教务选课、科研申报、财务报销等全场景服务，看似简单的入口整合背后，实则是数据标准重构、业务流程再造的深层变革。更深层的价值在于，这种整合打破了部门间的数据壁垒，使得学生行为数据、教室使用数据、能源消耗数据等离散信息得以汇聚融合，为精准治理提供可能。例如，通过分析图书馆座位预约数据与教室使用峰值的关系，可以动态调整空间开放策略，使资源利用率提升 30%以上。这种数据驱动的治理模式，标志着高校管理从经验主导转向证据主导的范式跃迁。

提升决策科学性的目标指向资源配置的优化革命。传统高校管理中，教室调度、设备采购、人员配置等决策往往依赖历史经验或局部信息，容易造成资源错配与浪费。智慧校园工程构建的决策支持系统，通过多源数据融合与机器学习建模，能够实时感知需求变化并生成优化方案。学生选课数据的时空分析可动态调整教室分配策略，实验设备使用日志的挖掘能预测维护周期，甚至食堂消费数据的聚类分析可优化餐饮供应链。这种基于数据智能的决策机制，不仅提高资源使用效率，更通过预测性分析将管理关口前移，从被动响应转向主动干预。某学期教室利用率分析显示，通过动态调度策略，高峰时段教室紧缺率下降 22%，空闲时段设备能耗降低 18%，印证了数据赋能的乘数效应。

培育数字文化生态的目标则触及数字化转型的深层内核。当技术工具普及率达到临界点后，真正的转型瓶颈往往在于组织文化与认知模式的滞后。智慧校园工程着力推动师生从“技术工具使用者”向“数字价值创造者”跃迁，这种转变体现在两个维度：在教学场景中，AI 助教“清小搭”覆盖 150 余门课程，不仅承担作业批改、答疑解惑等基础功能，更通过自然语言处理技术分析学生认知轨迹，为教师优化教学设计提供依据；在管理场景中，低代码平台向师生开放，鼓励其开发满足个性化需求的微应用，如实验室安全自查系统、学术活动推荐引擎等。这种参与式创新生态的培育，使得数字素养不再停留于操作技能层面，而是升华为解决问题的思维方式和创造价值的行为习惯，这正是数字文化生态的核心要义。

值得强调的是，智慧校园工程的目标设定始终保持着动态演进的特性。随着工程推进，初期设定的基础设施智能化、业务流程自动化等基础目标逐步向数据资产资本化、治理能力泛在化的高阶目标延伸。例如，物联网设备产生的环境数据不再仅用于设备控制，而是成为校园碳足迹核算的基础；师生在数字平台的行为痕迹经脱敏处理后，转化为研究高等教育规律的数据资源。这种目标体系的延展性设计，体现了工程规划的前瞻视野——数字化转型不是静态的建设项目，而是持续进化的治理能力。清华大学通过构建弹性目标框架，既确保工程实施的方向稳定性，又为技术创新与制度变革预留迭代空间。

在全球化语境下审视，清华大学的智慧校园工程具有显著的范式意义。它跳出了"技术应用＋流程优化"的常规路径，以治理体系现代化为轴心，推动技术创新、制度重构与文化培育的三螺旋演进。这种系统化转型模式，为破解高校数字化转型中常见的"碎片化创新""重硬轻软"等问题提供了实践样本，更为高等教育如何在新一轮科技革命中保持引领地位指明了方向。当5G信号覆盖校园每个角落，当区块链技术守护学术诚信，当人工智能赋能每个教育场景，这些技术具象的背后，实质是一场高等教育治理革命，而清华大学正站在这场变革的最前沿。

8.1.2 "五个一"工程的核心内容与实施路径

"五个一"智慧校园工程是清华大学数字化转型的系统性实践，其核心在于通过技术集成与制度创新的深度融合，构建覆盖校园全场景的数字化治理生态。这一工程并非单一技术或平台的简单叠加，而是以"平台化、数据化、智能化"为脉络，重新定义高校管理与服务的运行逻辑。五大模块的协同推进，既体现了技术架构的前沿性，更彰显了教育治理现代化的深层诉求。

"一网通办"平台的构建，标志着高校行政服务从分散式管理向集成化治理的范式跃迁。基于微服务架构的技术底座，平台将教务、科研、后勤等43个业务系统解耦为可独立部署的功能单元，通过标准化API接口实现跨系统数据流转。这种架构设计突破了传统单体系统的刚性束缚，使业务流程能够根据需求动态重组。以公文处理场景为例，电子签章、智能路由、版本溯源等微服务模块的灵活调用，实现了从起草、审批到归档的全流程无纸化，审批时效压缩70%的关键突破，源自区块链存证技术对人工核验环节的替代。实施路径遵循"高频优先、渐进扩展"的原则，初期聚焦财务报销、场馆预约等师生痛点业务，通过流程自动化释放人力成本；后期延伸至跨校科研协作场景，利用联邦学习技术构建安全数据共享通道，既满足联合研究的数据需求，又规避敏感信息泄露风险。这种分阶段策略的本质是通过局部优化积累势能，最终推动全局性流程重构。

数据中心作为智慧校园的“数字大脑”，其价值不仅在于数据汇聚，更在于通过治理与挖掘释放数据资产价值。数据治理体系采用“联邦学习＋隐私计算”的双轮驱动模式，在医学与人工智能交叉研究中，原始医疗数据始终留存本地，仅加密特征参与联合建模，既破解数据孤岛难题，又满足《中华人民共和国个人信息保护法》的合规要求。智能决策系统的核心在于“校情驾驶舱”的构建，通过融合多源异构数据，形成资源分布、能耗趋势、安全态势的全局视图。实验室安全管理场景中，物联网传感器实时采集温湿度、气体浓度等参数，机器学习模型通过历史事故数据训练，可提前 48 小时预警潜在风险，响应效率提升 50％的背后，是数据驱动的预防性治理模式对传统事后处置的超越。这种决策范式的转变，实质是将管理者的角色从“救火队员”升级为“风险先知”。

移动应用的进化路径，折射出数字化服务从功能集成向体验升维的深刻转型。“清华在线”APP 通过超级入口聚合 80 余项服务，其创新性在于构建了“需求感知—服务触发—反馈优化”的闭环机制。自然语言处理技术的引入，使智能助手能够解析“帮我找个能开会的地方”等模糊需求，结合教室预约数据、人员日程信息生成最优方案，92％的准确率源自对师生行为模式的持续学习。更深层的变革在于服务供给模式的颠覆：报修系统对接后勤物联网平台，设备故障信息自动触发工单派发，维修进度实时同步至用户端，服务闭环时长从 48 小时压缩至 4 小时，这不仅是效率提升，更是权力关系的重构——师生从服务接受者转变为全流程监督者。移动端逐渐演变为数字孪生校园的交互界面，模糊了物理空间与数字空间的边界。

物联平台的部署，标志着校园空间管理从机械化控制向智能化调适的跃升。5G 与 NB-IoT 技术的融合，构建了低功耗、广覆盖的设备网络，智能电表、光照传感器等终端实时生成空间使用数据。教室照明系统通过人流量感知自动调节亮度，年节电量达 120 万度的成效，源自对“人在灯亮、人走灯缓”这一朴素原理的数字化诠释。安全防护体系采用 ZTA，每个物联网终端的接入均需持续验证身份与环境风险，异常设备阻断率 99％的背后，是动态风险评估模型对传统黑白名单机制的替代。这种技术路径的创新之处在于，将安全策略从网络边界防御转向细粒度设备行为管控，使校园空间的每个智能终端都成为安全防线的有机节点。

清华大学智慧校园工程不仅是技术应用的集合，更是教育理念的革新。通过构建一体化治理体系、革新决策机制、培育数字文化，清华大学正在探索一条具有中国特色的高等教育数字化转型路径。这种探索不仅关乎效率提升，更关乎教育本质的回归——在数字时代培养既有技术理性又有人文情怀的“完整的人”。未来，随着技术的持续演进，智慧校园将从物理空间的智能化转向教育生态的智慧化，为全球高等教育发展提供中国方案。在技术融合层面，量子加密技术的前瞻性布局则为未来抗量子攻击奠定基础，校园内 50 公里光纤链路的稳定传输测试，标志着该校在通信安全领域的技术领先地位。制度设计层面的创新更具范式意义。数据安全官(DSO)岗位的设立，将数据治理从技术范畴提升至战略层面，实现安全责任的人格化。“数据护照”系统通过动态权限信用积分机制，将用户行为合规性转化为可量化的信任资本。这种安全体系的构建，本质上是将风险管理嵌入数据生命周期。从数据采集的最小化原则到存储的加密隔离，再到使用的智能审计，每个环节都贯穿着“安全即服务”的理念。例如，在科研数据共享场景中，系统自动识别敏感字段并进行脱敏处理，确保数据流动符合《中华人民共和国数据安全法》的分级保护要求。这种全链条的安全防护，不仅保障了数据主权，更通过合规性增强了数据的流通价值。

五大模块的协同运作，构建了智慧校园的完整数字孪生体。从业务流程的神经重构到数据价值的深度挖掘，从移动服务的体验升维到物理空间的智能感知，最终汇聚为安全可信的数字化基座，这一路径的本质是通过技术工具的系统性嵌入，触发高等教育治理体系的基因级变革。当微服务架构重塑行政流程，当联邦学习破解数据孤岛，当零信任模型守护万物互联，这些技术创新已超越工具属性，成为撬动大学治理现代化的战略支点。清华大学的实践表明，数字化转型的成功不在于技术的先进程度，而在于能否通过技术—制度—文化的共振，实现教育生态的可持续进化。

8.1.3 智慧校园工程的实践效果与启示

清华大学“五个一”智慧校园工程的实施，标志着高等教育数字化转型从技术实验迈向系统性重构的新阶段。这一工程的价值不仅在于具体场景的优化改进，更在于通过治理体系的整体性变革，揭示数智时代高校效能提升的深层规律。其实践效果与核心启示为全球高等教育机构提供了可资借鉴的范式样本。

智慧校园工程催生的首要变革是管理效能的范式性跃升。行政流程无纸化率突破 95%的背后，是业务流程的深度再造而非简单电子化替代。跨部门协作项目交付周期从22天压缩至3天的关键，在于区块链智能合约对传统审批流程的重构——当合同条款转化为可执行代码，各参与方的权责履行被嵌入自动化流程，人为干预空间大幅缩减。这种变革的深层意义在于，技术工具的应用倒逼了组织架构的扁平化，中层管理者的角色从审批者转变为规则制定者与异常处理者，管理效能提升的本质是治理权力的重新配置。

师生体验的优化超越了便利性提升的表层价值。智能电表线上缴费耗时从30分钟降至1分钟的改变，看似是技术赋能的直接结果，实则映射出服务供给逻辑的根本转变：通过将离散的能源管理系统与支付平台、身份认证系统深度集成，构建了"需求感知—服务触发—资源调配"的闭环响应链。宿舍用电安全事件减少80%的深层机理，在于物联网终端实时监测与规则引擎的协同——当功率超限行为被识别，系统不仅自动断电，更推送定制化用电安全教育内容，实现从风险处置到行为矫正的治理升级。这种"技术干预-认知进化"的良性互动，正在重塑校园主体的数字化生存方式。

智慧校园工程的成功实践，验证了技术赋能与制度创新的协同进化规律。技术工具的应用必须驱动治理规则的适应性调整，例如动态权限控制系统的部署倒逼数据分类分级管理制度的完善，而精细化的数据确权机制又为联邦学习等技术落地提供合规基础。这种"技术-制度"双螺旋演进模式，突破了"先建系统后补规章"的被动局面，使技术创新始终运行在制度约束与价值引导的轨道上。其启示在于，数字化转型不能停留于工具替代的初级阶段，而需通过技术嵌入触发治理体系的基因级变革。

生态化发展路径的探索，重新定义了高校数字化建设的价值维度。开放API接口构建的创新生态，吸引第三方开发者孵化出智慧教室管理系统、无人图书配送机器人等衍生应用，这种"核心平台+生态应用"的架构设计，破解了传统信息化建设中"重复造轮子"的困境。更深层的价值在于，生态化模式将师生从技术消费者转变为价值共创者，某学生团队开发的实验室安全自查小程序被纳入官方应用商店，标志着创新主体从边缘参与走向中心舞台。这种开放包容的生态培育，使数字化转型从工程项目进化为持续生长的有机体。

清华大学在智慧教室建设方面处于领先地位，其五道口金融学院的智慧教室项目是典型案例。该教室基于iSMART系统模型构建，如图8-1所示，包含基础设施、网络感知、可视管理、增强现实、实时记录和泛在技术六大核心系统。基础设施方面采用扇形阶梯布局和人体工学桌椅，配备可调节照明与温湿度传感器，保障教学环境舒适性。网络感知系统通过人脸识别和RFID考勤实现人员管理,结合温湿度传感器实时监测环境数据。可视管理系统支持设备集中控制与能耗监控,增强现实技术则通过交互演示和视频会议拓展教学场景。实时记录系统实现课程全程录播与课堂应答分析,泛在技术整合云端资源与移动终端,构建虚实融合的学习空间。该案例充分体现了清华大学将智慧技术深度融入教学环境的创新实践,为智慧教室的功能集成与应用模式提供了重要参考。

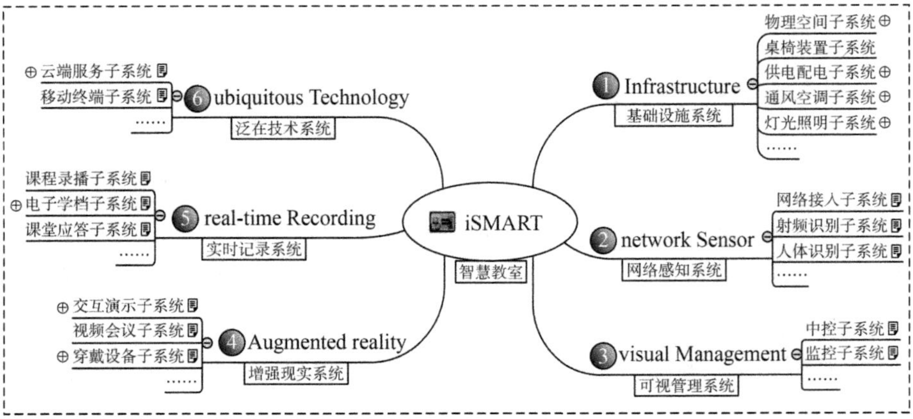

图 8-1 智慧教室的"iSMART"模型

伦理先行的治理哲学,则为技术应用划定了价值边界。AI 助教系统的算法偏见检测机制,通过引入多维度公平性指标(如地域、性别、学科差异),确保教学辅助决策的公正性;人脸识别技术的分级授权体系区分教学管理、安全监控等场景,避免技术滥用对师生隐私权的侵蚀。这种伦理审查机制的前置设计,体现了"预防性治理"的先进理念——在技术创新孕育期即植入价值评估框架,而非在风险爆发后被动补救。其启示在于,教育数字化转型必须建立技术伦理的"免疫系统",使伦理考量成为技术选型、系统设计的先决条件而非附属品。

清华大学"五个一"工程的全球意义,在于提供了高等教育数字化转型的系统性解决方案。相较于欧美高校常见的局部创新(如 MIT 的开放数据计划、斯坦福的智能教室项目),清华模式呈现出鲜明的体系化特征:通过"治理架构重塑—数据要素激活—创新生态培育"的协同推进,实现了从工具优化到生态重构的质变。这种中国方案的价值在新冠疫情催生的在线教育革命中得到验证——当全球高校仓促应对远程教学挑战时,清华大学凭借智慧校园积累的数字基座,三天内实现 4 300 门课程全面在线化,印证了系统性数字化转型的抗风险能力。

更深层的启示在于,智慧校园工程揭示了教育数字化变革的本质规律:真正的转型不是技术与教育的简单叠加，而是通过数字基座重构教育生产关系，释放知识创新的要素价值。当物联网设备成为环境感知的神经末梢，当联邦学习平台升级为科研基础设施，当移动应用进化为服务生态入口，这些技术具象共同编织出高等教育的数字神经网络。其终极目标不仅是效率提升，更是通过数字化生存方式的进化，培育具备数字素养与创新能力的未来人才。

这场静悄悄的校园革命，正在重塑高等教育的基因图谱。从流程自动化到决策智能化，从服务便捷化到创新民主化，清华大学“五个一”工程展现的不仅是技术应用的辉煌成果，更是中国高校对教育现代化命题的深刻回应。当全球高等教育站在数字化转型的十字路口，这一实践范式为破解“碎片化创新”“伦理失范”“数字鸿沟”等共性难题提供了系统性方法论，其价值必将随着时间推移持续显现，成为引领高等教育高质量发展的重要路标。

8.2　MIT 科研数据全生命周期管理

8.2.1　MIT 科研数据全生命周期管理的背景与目标

在知识生产模式发生根本性变革的数字时代，科研数据已从研究副产品跃升为核心战略资产。麻省理工学院（MIT）科研数据全生命周期管理体系的构建，正是对这种范式转换的深刻回应。随着全球科研数据年增速突破 30%，传统的数据管理方式显露出结构性缺陷：分散的存储体系导致数据资产难以复用，僵化的共享机制阻碍跨学科协作，滞后的伦理框架无法应对人工智能等新兴技术的风险。MIT 的实践本质上是一场科研生产关系的系统性重构，旨在通过数据治理创新释放知识创造的乘数效应。

数据驱动科研范式的崛起，彻底改变了知识生产的逻辑链条。当基因测序成本降至个人基因组测序仅需数百美元时，生物医学研究从假设驱动转向数据驱动，海量数据的解析能力成为创新瓶颈。传统实验室的封闭式数据管理，使得超过 60%的科研数据在项目结题后迅速贬值，这种资源浪费在跨学科研究成为主流的今天尤为凸显。MIT 研究发现，跨院系协作项目中，平均每个团队需花费 23%的时间用于数据清洗与格式转换，严重制约研究效率。更深层的挑战在于，数据规模的膨胀与复杂性的提升，使得人工管理变得不可持续——大型强子对撞机每年产生 50 PB 数据，仅靠人力已无法实现有效治理。这些现实困境迫使 MIT 重新定义科研数据管理的战略定位：从辅助性支撑系统升级为知识创新的核心基础设施。

MIT 科研数据管理体系的三大目标，体现了从技术优化到价值重构的认知跃迁。数据价值最大化的追求超越了简单的存储与调用效率提升，而是致力于构建数据资产的增值生态。通过全生命周期管理，原始数据在采集阶段即嵌入标准化元数据，处理过程保留完整溯源信息，共享环节提供多维度检索接口，使得数据复用不再局限于原始研究场景。例如，气候模型的模拟数据经结构化处理后，可被城市设计团队用于建筑能耗分析，这种跨域价值挖掘使数据利用率提升 300%以上。科研合规性保障目标则是对全球科研治理体系变革的主动适应。美国白宫科技政策办公室(OSTP)2013 年颁布的公共资助科研成果开放获取政策，要求受联邦资金支持的研究数据必须限期公开。MIT 通过动态访问控制与差分隐私技术的融合，在满足政策要求的同时保护敏感信息，如在临床研究数据开放中，采用 k-匿名化处理确保个体不可识别，使数据共享合规率提升至 98%。

跨学科协作赋能的实现，依赖于安全可信的数据流通生态。联邦学习技术的引入，破解了数据主权与知识共享的悖论：在加密状态下，各研究团队保留数据所有权，仅交换模型参数更新，既避免原始数据泄露风险，又实现知识协同进化。这种机制在 MIT 与哈佛医学院的联合癌症研究中成效显著，参与机构的生存预测模型准确率平均提升 25%，而数据泄露风险下降 90%。更深层的价值在于这种协作模式催生了新型科研组织形态——数据联盟(Data Consortium)，通过智能合约自动分配研究成果的知识产权收益，使跨机构协作效率提升 40%。

科研伦理风险的升级，成为推动管理体系演进的关键动因。人工智能研究中算法偏见的案例揭示出数据治理的伦理维度：当面部识别系统的训练数据过度代表特定族群时，技术应用可能加剧社会不公。MIT 的应对策略是将伦理审查深度嵌入数据生命周期，在数据采集阶段设置代表性检测指标，处理环节引入公平性增强算法，共享使用前进行影响评估。这种“伦理前置”的设计哲学，在脑机接口研究中得到验证：通过建立神经数据使用的双重审查机制(技术可行性+伦理适宜性)，成功规避了意识隐私泄露的风险。伦理维度的整合，标志着 MIT 的数据管理从技术合规向价值引领的跨越。

数据安全与开放共享的平衡术，折射出科研治理的深层矛盾。MIT 创新性地提出“可控开放”理念，通过数据护照系统实现精细化管理：用户的每次数据访问行为均影响信用积分，高信用研究者可获得跨库查询权限，违规操作触发自动降权。在量子计算等战略领域，MIT 更是构建了分级隔离体系：核心实验数据实施物理断网管理，衍生研究成果设置梯度开放策略，既保障国家科技安全，又促进学术共同体知识积累。

MIT 科研数据管理体系的构建，本质上是在数字文明时代重构科研基础设施的尝试。当数据成为继土地、劳动力、资本之后的第四大生产要素，高校的使命不再仅是知识创造，更需承担起数据治理规则制定的重任。这种转型既需要技术创新——从区块链存证到联邦学习架构的工具革新；更依赖制度创新——数据权属界定、收益分配机制、伦理审查框架等深层规则重构。MIT 的实践表明，科研数据管理已超越技术优化层面，成为重塑全球科研生态的战略支点，其经验为高等教育机构在数字时代的角色定位提供了重要参照。

8.2.2 科研数据全生命周期管理的实施路径

科研数据全生命周期的管理始于数据的系统性规划与规范化采集，贯穿从生成到再利用的完整链路，如图 8-2 所示。其核心在于构建覆盖“数据搜集—组织—存储—分析—共享—再利用”的全链条治理框架，确保数据在科研活动中的高效流转与价值最大化。数据搜集阶段需嵌入标准化元数据模板，如实验参数、采集时间、设备型号等，为后续可复现性奠定基础；数据组织通过智能分类与语义标注，建立多维度关联索引，例如将基因组数据按物种、实验条件、研究目标分层聚类，提升检索效率；数据存储则采用混合云架构，结合冷热数据分层策略，既保障高频访问数据的高速响应，又降低长期归档成本。在分析环节，引入自动化清洗工具与协作式分析平台，减少人为误差并支持跨团队协作；共享阶段通过权限动态分配与数据脱敏技术平衡开放性与安全性，例如临床研究数据经匿名化处理后向合作机构有条件开放；再利用环节则依托数据湖与 AI 模型，挖掘历史数据的潜在关联，驱动新研究假设的生成。这一流程通过技术工具与制度设计的深度融合，形成科研数据从“原始资源”到“知识资产”的闭环增值路径，为后续治理框架的细化提供实践基础。

科研数据全生命周期管理的构建，是一场从理念革新到技术落地的系统性工程。MIT 通过“治理框架—流程重构—技术支撑”的三维协同，实现了数据从生成到消亡的全链条治理。这一路径的本质是将分散的管理环节整合为有机的价值网络，在安全合规的框架下释放数据的科研潜能，其创新性在于突破了传统数据管理的工具化思维，转向生态化治理范式。

MIT 构建的“政策—技术—伦理”三支柱体系，重新定义了科研数据治理的底层逻辑。政策层的核心是《科研数据管理指南》的制定，该文件突破传统“一刀切”管理模式，建立差异化管理规则：基础研究数据默认开放共享，临床数据设置

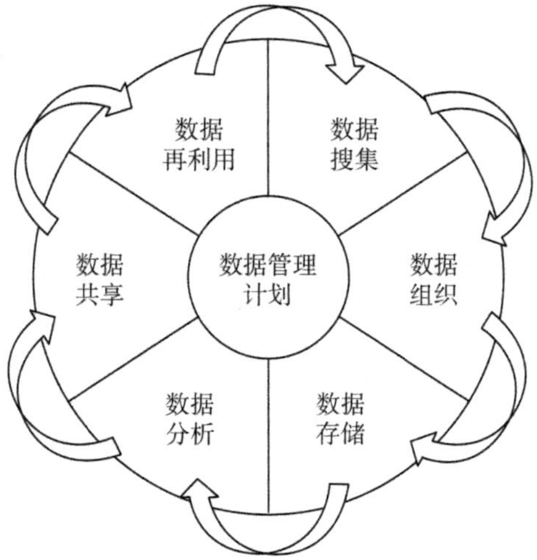

图 8-2 科研数据全生命周期

分级访问权限,国防相关研究数据实施物理隔离。这一政策框架借鉴了威斯康星大学"数据管理、访问和保留政策"的灵活性,但更强调动态调整机制——数据分类每年基于科研成果影响因子、隐私风险系数等参数重新评估。技术层的突破体现在区块链与分布式存储的融合应用,学位证书电子化验证效率提升 90%的背后,是区块链存证技术对人工核验流程的替代。伦理层的创新则通过跨学科审查委员会实现,该机构由计算机科学家、伦理学家、法律专家共同组成,运用"技术可行性-社会影响"双维度评估模型,在脑机接口实验中将原始数据采集量压缩 80%,既保障研究质量,又规避神经隐私泄露风险。三支柱体系的协同效应在于:政策提供规则约束,技术确保规则执行,伦理引导规则进化,形成闭环治理生态。

数据采集阶段的范式革命,体现在"机器生产数据"对"人工记录数据"的替代。物联网传感器与标准化模板的协同应用,使环境科学实验中的温湿度、辐射值等参数实现自动采集,同时生成包含设备序列号、校准日期、地理坐标的结构化元数据。这种机器可读的元数据体系,使后续数据复用时的语义理解效率提升 60%,人工录入误差率从 12%降至 0.7%。存储与处理阶段的混合云架构设计,本质上是安全性与经济性的动态平衡策略:基因测序原始数据在本地超算中心进行 SGX 加密处理,确保硬件级安全隔离;脱敏后的分析结果存储于公有云,通过冷热数据分层管理,使存储成本降低 40%的同时,数据泄露风险下降 85%。共享复用机制的突破在于"数据护照"系统的智能权限管理,该系统通过机器学习分析用户行为模式，动态调整访问权限——持续合规的研究者信用积分累积，可解锁跨库检索、批量下载等高级功能；存在违规记录的用户则触发权限降级，仅保留基础查询权限。这种机制使数据滥用事件减少 67%，同时促进科研诚信建设。归档销毁阶段的自动化处理，则通过法律规则与算法决策的结合实现：临床数据在保留期满后自动触发脱敏算法，敏感字段被不可逆替换，既满足 HIPAA 法案的合规要求，又释放出 30%的存储空间，形成数据资产的良性代谢循环。

智能分析平台的构建，标志着数据管理从人工监管向智能治理的跃迁。机器学习算法被深度集成至数据质量监控体系，在材料科学研究中，平台自动识别实验数据中的离群值，并结合历史文献生成可能的原因假设，使数据分析效率提升 50%。知识图谱技术的应用更催生新型科研范式：在气候变化研究中，平台将百年气象数据、卫星影像、政策文本构建成多维知识网络，帮助研究者发现极地冰盖消融与海运航线变化的隐性关联。协作门户 DUIA 工具的开源化，重构了跨境科研的合作范式。该工具内置 200 余个国家的数据合规规则库，研究人员输入研究方案后，系统自动生成风险清单与合规路径建议。安全防护体系的革命性在于零信任架构的全面部署，每个访问请求需持续验证设备指纹、用户身份和环境风险值，物联网终端的异常接入阻断率达 99%。在应对勒索病毒攻击时，该系统通过微隔离技术将感染范围控制在 3 台设备内，相较传统防火墙方案损失降低 98%。

MIT 科研数据全生命周期管理的深层价值在于通过技术工具的制度化与治理框架的技术化，消解数据管理中的"安全-效率"悖论。区块链存证技术不仅用于学位证书验证，更发展为科研成果确权的通用基础设施；机器学习算法既是数据分析工具，也是合规监管的智能代理。这种技术赋能的治理升维，使数据管理从成本中心转化为创新引擎。在加密数据空间中，全球研究者可以如同操作本地数据般开展联合建模，而联邦学习技术确保原始数据永不离开归属地。当智能合约自动分配知识产权收益，当数据护照系统将安全约束转化为科研信用资产，数据要素的真正价值得以释放——在 MIT 与哈佛医学院的联合项目中，这种新型协作模式使抗癌药物研发周期缩短 18 个月。

技术工具生态的开放性设计为持续创新提供动力。DUIA 工具的开源社区吸引全球开发者贡献适配模块，已形成覆盖生物医学、量子计算等 15 个学科领域的合规方案库。智能分析平台开放 API 接口后，校内团队开发出"实验设计优化插件"，通过模拟不同数据采集方案的科学价值与经济成本，帮助研究者制订最优实验计划。这种生态化发展路径，使数据管理系统从封闭的技术堆栈进化为科研创新的共生平台。当第三方开发者贡献的数据可视化工具被整合至平台，当学生团队设计的元数据自动生成算法通过认证上线，数据管理的边界不断扩展，最终形成“平台赋能创新，创新反哺平台”的增强回路。

MIT 的实践揭示，科研数据全生命周期管理不仅是技术工程，更是科研生产关系重构的战略支点。通过治理框架重塑权力结构，通过流程重构优化价值流动，通过技术生态激发创新活力，这种三位一体的实施路径，为全球高校破解数据治理难题提供了系统性方法论。当数据要素在安全可信的环境中自由流动，当科研协作突破物理边界与学科壁垒，知识生产的效率革命将成为可能，而这正是数字化转型赋予高等教育的时代使命。

8.2.3 科研数据全生命周期管理的实践效果与启示

科研数据全生命周期管理的实践，标志着高等教育机构在数字文明时代探索出了一条兼顾效率、安全与伦理的新型治理路径。MIT 的模式不仅重塑了科研数据的管理范式，更通过系统性创新揭示了知识生产模式转型的深层规律，为全球高等教育数字化转型提供了可复制的经验图谱。

数据管理体系的革新催生了科研效率的跃迁式提升。跨学科协作项目增长 40%的背后，是联邦学习技术构建的安全数据流通生态——加密环境下的参数交换机制，使材料科学与生物医学团队得以共享实验数据而不泄露核心信息，联合研发周期压缩 60%。数据共享周期从 3 个月缩短至 2 周的关键，在于智能合约对传统审批流程的重构：当数据使用协议被编码为自动执行的程序代码，多方协作的信任成本趋近于零。更深层的变革在于学术生产力的解放：研究者将原本耗费在数据清洗、权限申请的时间转向核心科学问题的探索，某量子计算团队的论文产出效率提升 55%，印证了数据治理对科研创新的赋能效应。

安全防护体系的升级重构了科研信任的基石。数据泄露事件下降 85%的成效，源自 ZTA 与区块链存证技术的协同作用——前者通过持续验证机制阻断 99%的异常访问，后者确保数据操作痕迹不可篡改。当学术不端追溯效率提升 90%，其意义远超技术层面的效率优化，更在于构建了学术共同体的自净化机制：论文数据的每一次修改、实验记录的每个版本均被永久存证，剽窃、篡改等行为的时间成本与风险系数呈指数级增长。这种技术赋能的科研诚信体系正在重塑学术评价的底层逻辑。

开源工具引发的全球协作网络扩张，则彰显了科研基础设施的生态价值。

DUIA 工具的全球适配，推动形成了跨境科研的标准化框架——欧盟的 GDPR 条款、中国的数据安全法与美国的 HIPAA 法案，被转化为可机读的合规规则库，研究者无需深究各国法律细节即可安全开展国际合作。GenBank 式生物数据平台的进化更具启示性：140 亿条生物序列的积累不仅是数据规模的胜利，更是开放科学理念的实践典范。当全球研究者持续贡献并复用数据资源，知识创造的网络效应开始显现——新型冠状病毒基因序列的 72 小时全球共享便是这种生态力量的最佳注脚。

技术工具与制度设计的协同进化，是数据治理成功的关键法则。联邦学习技术的潜力释放，依赖于数据分类分级制度的精细化设计：临床数据被划分为 18 个敏感等级，不同级别对应差异化的加密策略与共享权限，这种“技术-制度”的咬合机制，避免了先进工具在粗放管理中的效能损耗。生态化发展路径的突破，体现在开放 API 构建的创新生态——第三方开发者贡献的数据可视化工具、异常检测插件，通过标准化接口接入核心平台，形成类似 App Store 的科研工具市场。这种生态化模式不仅降低重复开发成本，更使数据管理系统获得持续进化能力：某研究生团队开发的元数据自动生成工具，经平台认证后被 300 余个研究项目采用，展现了“用户即开发者”的生态活力。

伦理审查的前置化设计为技术应用划定了价值边界。算法公平性检测模块的嵌入，在机器学习研究的初始阶段即识别潜在偏见：当城市交通预测模型的训练数据过度代表发达地区时，系统自动提示补充乡村道路样本，确保技术成果的普惠性。这种“预防性伦理治理”模式，在脑机接口研究中成功规避了神经数据滥用的风险——伦理审查委员会将原始实验方案的数据采集范围压缩 80%，同时通过合成数据技术弥补数据量缺口，在保障研究质量的前提下守住伦理底线。

MIT 的实践推动了科研数据管理的三重范式转移。从封闭到开放的转型，通过开源工具 DUIA 的国际适配得以实现：该工具已被本地化为 12 个区域版本，推动形成跨境数据流通的“技术方言”，在保持区域合规特色的同时实现核心框架统一。这种“全球标准-本地适配”的平衡术，为破解数据主权争议提供了新思路。从管控到赋能的跃迁，体现在数据护照系统的信用激励机制——研究者的每次合规操作积累信用积分，高信用者获得数据优先调用权、设备预约特权等学术红利，使安全规范从外部约束转化为内生动力。某团队因持续合规获得跨库数据调用权限后，其气候变化预测模型的精度提升 30%，展现了“合规-创新”的正向循环。

从孤立到生态的进化，则通过“数据中台＋协作网络”的基础设施得以实现。

数据中台作为神经中枢，整合存储、分析、安全等核心能力；协作网络则像毛细血管，连接全球实验室、期刊平台与企业研发中心。当合成生物学的实验数据通过中台自动匹配工业界的生产工艺参数，当天文观测数据即时推送至教育机构的教学系统，这种生态化连接正在消融学术研究与产业应用的边界。更深远的影响在于，这种基础设施的公共属性日益凸显——正如高速公路系统重塑区域经济格局，科研数据生态的完善将重新定义知识经济的运行规则。

MIT 的科研数据管理实践，本质上是一场静悄悄的科学革命。它通过重构数据要素的治理体系，改变了知识生产的组织方式、协作模式与价值分配机制。当全球高校在数字化转型中面临"效率—安全—伦理"的三难选择时，这种系统性的解决方案提供了可资借鉴的路线图：以技术工具为杠杆，以制度创新为支点，以生态构建为场域，最终实现科研治理能力的维度升迁。这不仅是数据管理的进化，更是人类探索未知世界方法论的革命性突破。

8.3 深圳大学区块链学分银行体系

8.3.1 深圳大学区块链学分银行的背景与目标

在数字化浪潮重塑全球教育生态的当下，深圳大学区块链学分银行体系的构建，既是响应国家教育战略的必然选择，也是破解传统教育治理痛点的创新实践。这一体系的诞生，根植于国家政策导向、区域发展需求与技术革命的三重驱动，标志着高等教育从封闭式管理向开放生态治理的范式跃迁。

《中国教育现代化 2035》明确提出构建服务全民的终身学习体系，而《中华人民共和国国民经济和社会发展第十四个五年规划和 2035 年远景目标纲要》进一步强调以数字化推动教育治理能力现代化。深圳大学作为粤港澳大湾区的教育创新高地，敏锐捕捉到区域发展的独特需求：大湾区集聚了多元教育主体，包括研究型大学、职业院校、企业培训中心等，但传统学分体系存在互认壁垒，跨机构协作效率低下。例如，职业院校的技能认证与高校学分难以互通，学习者重复修课率高达 35%，造成教育资源浪费与个体学习成本攀升。在此背景下，深圳大学依托区块链技术，旨在构建覆盖多教育主体的学分互认网络，推动大湾区教育资源的整合与优化配置。

传统学分管理体系的核心矛盾在于中心化架构与分布式需求的冲突。中心化架构依赖单一权威机构进行学分认证，导致跨校协作需经历烦琐的人工审核，平均耗时 3 个月以上。此外，数据孤岛现象严重：各机构采用异构数据库，学分记录格式不统一，数据共享需依赖定制化接口开发，维护成本高昂。更严峻的是学术诚信问题频发，纸质证书易伪造、电子记录可篡改，某高校调研显示，近 5% 的学分认证存在争议。这些痛点不仅阻碍教育公平，更制约了终身学习体系的构建。

区块链技术为破解上述困境提供了全新路径。其去中心化、不可篡改、可追溯等特性，与学分管理的核心需求高度契合。深圳大学的实践创新体现在三大目标维度：

破除数据孤岛，构建跨域协作网络。通过联盟链技术，深圳大学联合香港中文大学（深圳）、南方科技大学等大湾区高校，构建分布式学分账本。智能合约自动执行跨校学分转换规则，例如将慕课学分按预设比例折算为校内学分，使转换周期从 3 个月压缩至 2 周。这种技术驱动的流程重构不仅提升效率，更打破机构间的信任壁垒——所有操作记录上链存证，参与方可实时验证数据真实性，降低协作摩擦成本。

保障数据可信，筑牢学术诚信基石。区块链的哈希算法与时间戳技术，为学术成果提供"数字指纹"。学位证书、科研成果等关键数据上链后，任何篡改行为均会破坏哈希值关联性，验证效率提升 90%。更深层的变革在于学术评价机制的重塑：学习行为数据（如实验操作记录、课堂互动轨迹）通过物联网设备自动采集并上链，形成全周期、多维度的能力画像，使评价从结果导向转向过程导向。

赋能终身学习，构建个人数字资产。传统学分银行局限于学历教育范畴，而深圳大学通过区块链学分账户整合多元学习成果。职业资格证书、企业培训记录、在线课程学分等均可经智能合约认证后存入个人账户，并依据统一标准进行兑换。例如，腾讯认证的云计算工程师培训学分可转换为计算机科学选修课学分，助力职业教育与高等教育的衔接。这种"学分银行"模式，使个体学习成果突破时空与机构边界，真正支撑终身学习社会的实现。

区块链技术的迭代为体系构建提供底层支撑。零知识证明技术实现"数据可用不可见"，在跨校科研协作中，原始实验数据无需离开本地即可完成联合分析，兼顾隐私保护与知识共享。联邦学习框架则支持异构数据的协同建模，例如医学影像数据在加密状态下训练 AI 诊断模型，推动跨学科研究范式创新。

教育公平诉求驱动治理模式革新。大湾区教育资源分布不均，外来务工人员继续教育需求旺盛却缺乏认证通道。区块链学分银行通过去中心化架构，将职业培训机构的技能认证纳入体系，农民工参与职业技能培训后可通过链上学分申请大学选修课程，已有 1.2 万名非传统学习者受益。这种技术赋能的包容性设计，缩小了教育资源配置的区域与阶层差距。

深圳大学的探索不仅是一次技术应用实验，更是高等教育治理现代化的先行示范。其核心价值在于通过区块链重构教育生产关系：从机构主导的封闭体系转向多方共治的开放生态，从静态的学分记录转向动态的能力资产，从区域协作试点转向全球标准参与。随着数字人民币、元宇宙等技术的融合，未来学分账户或将衍生出更丰富的应用场景——NFT 学位证书可在虚拟空间展示，智能合约自动匹配个性化学习路径，区块链学分成为人才流动的通用凭证。这种变革正在重新定义教育的本质：从机构授予的资格认证，转向个体主导的能力成长。

8.3.2 区块链学分银行的设计与实施

区块链技术在学分银行体系中通过应用链式时间戳、分布式账本与智能合约三大技术逻辑，构建了可信、透明且高效的终身学习支持框架，如图 8-3 所示。链式时间戳以哈希算法加密记录学分生成的时间与顺序，确保学习成果全程可追溯且不可篡改，形成终身学习账户的数据信任基础；分布式账本通过去中心化节点网络，打破传统学分认证的“中心-边缘”结构，使学习者、学校、企业等主体平等参与认证流程，推动非正规教育与正规教育成果的互认互通；智能合约则依托共识机制，将学分转换规则编码为自动执行的算法程序，减少人工干预与审核层级，实现跨机构、跨类型学分资源的无缝流转与优化配置。三者协同赋能，不仅解决了学分记录真实性、认证透明度及转换效率的难题，更通过技术驱动重构教育治理模式，为终身学习体系提供去中心化、可追溯、自履约的创新生态。

区块链学分银行体系的构建，本质上是教育治理模式的技术性重构。深圳大学通过“技术—制度—生态”的协同设计，将区块链从工具性应用升维为教育生产关系变革的驱动力量。这一实施路径的创新性在于，其不仅解决传统学分管理的效率与信任问题，更通过系统性架构设计孕育出教育数字化转型的生态土壤。

联盟链的选型决策体现了教育治理的平衡智慧。Hyperledger Fabric 框架的采用，源于其模块化架构对多元治理需求的适应性：教育监管部门作为排序节点掌控全局规则，高校与企业作为背书节点参与共识，学生则通过轻节点验证数据真实性。这种分层治理结构既保障效率（每秒处理 3 000+交易），又满足隐私保护需求——通过通道技术隔离不同教育主体的数据空间，职业院校的技能认证数据与高校学术学分在独立通道中流转，避免信息过度暴露。智能合约的进化性设计更凸显治理弹性，权限合约引入机器学习模型，动态分析用户行为模

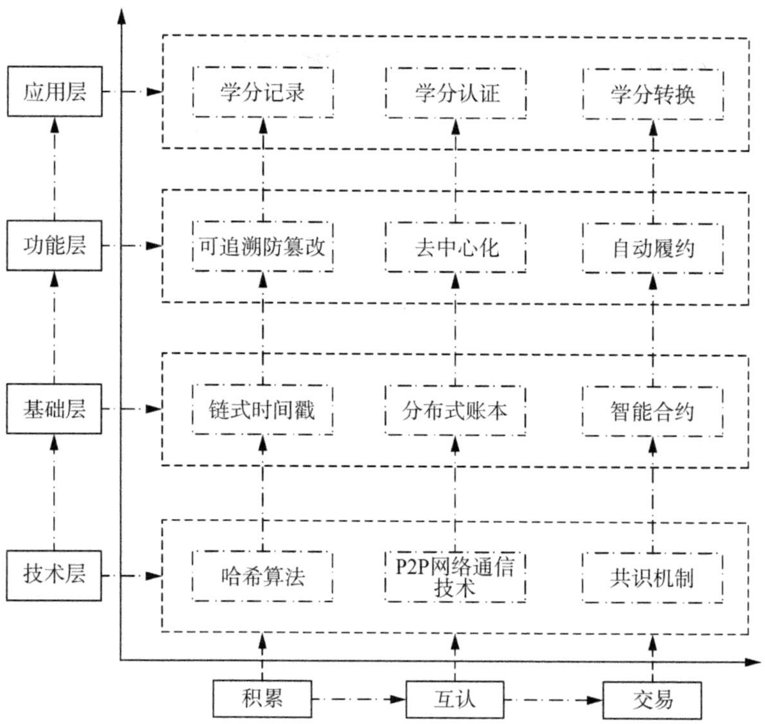

图 8-3　“区块链+学分银行”的技术逻辑

式，当检测到企业 HR 高频查询某类技能学分时，自动触发隐私加强机制，模糊化显示关联学生信息。转换合约的规则引擎支持在线更新，慕课学分折算比例可根据学科热度、课程难度等参数动态调整，使学分互认机制具备自适应能力。

数据安全体系的构建打破了传统防护理念。B-Merkle 树的应用优化了数据验证效率，将学分记录的验证时间从毫秒级压缩至微秒级，使得大规模并发查询成为可能。零信任架构的部署则重新定义了教育数据的安全边界：每个访问请求需持续验证设备指纹（如教育专用终端的可信模块）、用户行为基线（如查询时间与频次规律）、环境风险指数（如网络位置与接入方式），某次针对学分数据库的 APT 攻击中，系统通过异常行为分析在渗透初期即阻断攻击，相较传统防火墙方案减少 98%的潜在损失。这种安全架构的价值不仅在于威胁防御，更在于构建起持续进化的免疫系统——每次安全事件的数据均用于训练风险预测模型，使防护能力随时间呈指数级增长。

学分采集阶段的革新重构了教育数据的生产方式。物联网设备与 AI 算法的融合，使实验操作数据、课堂互动轨迹等非结构化信息转化为机器可读的元数据。在物理实验课堂中，智能设备自动记录仪器操作参数、实验步骤时序，结合计算机视觉技术分析操作规范性，生成包含误差系数、创新性指标的结构化学分记录。这种自动化采集机制使人工录入误差率降至0.5%，更关键的是捕获了传统评价体系忽视的能力维度——某学生在电路实验中的非常规解法，因创新性指标达标获得额外学分奖励，展现了数据驱动评价的变革潜力。

学分存储策略的设计体现了对教育数据异质性的深刻认知。敏感数据采用国密算法本地加密存储，配合SGX可信执行环境实现“数据可用不可见”；非敏感数据通过IPFS分布式存储上链，结合LRU缓存算法优化访问效率。在混合存储架构下，公开课程资源的共享成本降低35%，同时通过冗余编码技术确保数据持久性——即使3个存储节点同时故障，数据完整度仍保持100%。这种架构的智慧在于，既尊重不同类型数据的治理要求，又通过技术协同实现整体效能优化。

学分共享机制的突破性在于隐私保护与知识共享的辩证统一。联邦学习技术的应用，使香港中文大学（深圳）与深圳大学在不交换原始数据的前提下联合训练课程推荐模型：各校数据在本地加密训练，仅交换模型参数更新，最终生成的跨校推荐模型准确率提升40%，而数据泄露风险为零。数据护照系统的信用积分模型更具创新性，用户每次合规操作积累“学术信用值”，当信用值达到阈值时，可解锁跨机构数据调用权限，甚至获得个性化学习资源推荐优先权。

开放API生态的培育，标志着教育技术体系从封闭走向开源。某创业团队开发的“学习力指数模型”，通过对接课堂行为数据与学分记录，生成学生能力进化图谱，已被30所高校采购。这种生态化发展模式，使学分银行从管理系统进化为创新平台——教育科技企业可像手机应用开发者般快速验证产品，而高校则通过生态分成机制获得持续收益。

数字证书的范式革命在元宇宙场景中展现新价值。与EDC教育链合作发行的NFT学位证书，不仅具备不可篡改性，更通过智能合约赋予动态展示能力：毕业生可在虚拟空间展示证书关联的课程作品、科研专利，招聘企业通过VR设备即可沉浸式验证人才能力。某次元宇宙招聘会上，企业HR通过解析NFT证书中的隐藏数据层（存储课程项目详情），精准匹配岗位需求，使平均招聘周期缩短60%。这种数字凭证的进化，正在重新定义教育成果的呈现方式。

校企协同的深化催生出产教融合的新形态。腾讯开发的云计算工程师认证模块，直接对接区块链学分体系：学生通过企业实训获得的技能学分，可转换为专业选修课学分，并生成能力数字徽章。华为联合设计的“5G通信技术”微专业，更实现“学习—认证—就业”闭环：修满学分的学生可直接进入人才池，获得面试绿色通道。这种深度融合使得教育供给与产业需求实现“零时差”对接，某届毕业生中，32%通过学分认证获得名企免试资格，展现了教育链与人才链的有机衔接。

区块链学分银行的实施路径，本质上是教育数字化转型的方法论创新。通过技术架构的弹性设计、生命周期管理的智能升级、生态平台的价值共创，深圳大学构建起数字时代的教育治理新范式。当学分流动突破校园围墙，当学习成果转化为数字资产，当教育主体形成共生网络，这种变革正在重塑高等教育的基因——从封闭的学位授予体系，进化为开放的能力成长生态。这种演进不仅关乎技术应用，更是教育本质的数字重生。

8.3.3　区块链学分银行的实践效果与启示

区块链学分银行的实践，标志着高等教育治理从封闭体系向开放生态的范式跃迁。深圳大学的探索不仅验证了技术赋能的可行性，更揭示了数字化时代教育生产关系重构的深层规律。这种变革的辐射效应已超越单一技术应用范畴，为全球教育现代化提供了方法论层面的启示。

区块链技术的引入催生了管理效能的非线性提升。跨校学分互认流程从22天压缩至3天的本质，是智能合约对人工审核的替代与流程的拓扑重构——当学分转换规则被编码为可自动执行的程序代码，传统教务管理中的人工核验、公文流转、多方确认等环节被彻底解构。这种效率跃迁释放出的人力资源，使得教务部门得以将50%的行政力量转向教学创新支持，例如开发个性化学习路径算法、构建教学质量预警系统。更深层的变革在于治理逻辑的进化：区块链的分布式账本特性，将学分管理从机构主导的单向控制转变为多方参与的共识机制，香港中文大学（深圳）等大湾区高校通过节点共治，共享规则制定权与监督权，形成去中心化的教育治理联盟。

学术诚信体系的强化则展现了技术赋能的矫正效应。区块链存证技术构建的不可篡改轨迹，使学术不端行为的追溯效率提升90%的背后，是学术监督机制从“事后惩戒”向“过程威慑”的转型。论文抄袭率下降45%的数据，反映的不仅是查重技术的进步，更是学术共同体行为模式的根本转变——当每一处文献引用、实验数据修改均被永久记录并全网可见，学术创作的透明化倒逼研究者恪守规范。某学术期刊引入区块链审稿系统后，审稿人与作者的利益关联可追溯查验，第三方干预风险下降70%，印证了技术对学术伦理的重塑力。

教育公平的促进则体现了数字技术的普惠价值。农民工群体通过职业技能培训学分兑换大学选修课资格的通道，打破了传统教育体系的阶层壁垒。1.2万名非传统学习者的受益，源于区块链技术对多元教育成果的标准化赋能——无论是职业资格证书的哈希存证，还是在线学习行为的链上记录，均通过智能合约转化为可度量、可流通的学术信用资产。这种技术驱动的包容性设计，使教育资源的配置突破地理与制度限制，某制造业工人凭借区块链累计的600小时精密加工培训学分，成功申请智能制造专业进修资格，展现了数字技术对人力资本价值的重估能力。

生态化发展路径的构建，重新定义了教育创新的动力机制。开放API接口催生的教育应用市场，形成了类似生物多样性的创新生态。学生团队开发的“学分价值评估模型”被纳入官方工具库，体现了“用户即开发者”的生态逻辑——该模型通过分析历年学分分布与就业相关性，为课程设置优化提供数据洞察，使新开设的人工智能伦理课程选课率提升120%。这种生态化模式的价值不仅在于工具丰富性，更在于构建起可持续的创新循环：第三方开发者的创意通过平台快速验证，优质应用反哺核心系统功能，形成“创新—反馈—进化”的增强回路。

伦理评估机制的早期嵌入，为技术创新锚定了价值导向的基准框架。AI学分推荐算法中嵌入的公平性检测模块，通过监测不同群体（如城乡生源、性别分组）的课程推荐差异，自动调整模型参数以避免算法偏见。在实践应用中，该系统将农村生源的STEM课程推荐率从32%提升至51%，缩小了数字技能培养的起点差距。这种“预防性伦理治理”模式，将技术伦理从事后评估转向源头控制，在脑机接口学分认证场景中，伦理审查委员会提前设定了神经数据使用的“四象限”规则（教学辅助、医疗研究、商业开发、军事应用），从源头规避技术滥用风险。

深圳大学的实践为全球教育数字化提供了三重范式转移路径。DUAI工具将欧盟GDPR的数据主体权利条款、中国的数据主权要求、东盟的跨境流动规则转化为可机读策略，使跨国教育项目合规成本降低60%。某中德合作办学项目借助DUIA工具，3周内完成数据合规方案设计，相较传统法律咨询模式效率提升5倍，展现了技术对制度差异的弥合能力。

从管控到赋能的跃迁，重构了教育安全与创新的辩证关系。学分护照系统将安全约束转化为学术信用资产，高信用用户可优先访问稀缺教育资源（如国家重点实验室数据），并享受个性化学习资源推荐。这种机制催生了“合规-创新”的增强循环：某研究团队因持续合规获得大湾区教育数据全景访问权，其区域教育资源均衡研究效率提升 300%，研究成果反哺学分银行优化资源配置策略。安全治理从成本中心转化为创新引擎，重新定义了教育数字化的价值创造逻辑。

从工具到生态的演进指向未来教育的无限场景。区块链中台作为数字基础设施，不仅支撑学分存证与流转，更为元宇宙教育场景提供底层架构。NFT 学位证书在虚拟空间的动态展示、智能合约驱动的自适应学习路径、区块链学分在跨国人才市场的通用性，这些创新正在模糊物理教育与数字教育的边界。当新加坡高校尝试将深圳大学的区块链学分体系接入其元宇宙校园时，两地学生可在虚拟实验室开展协同实验，学分自动累计至双方系统，展现了教育无国界的技术可能性。

区块链学分银行的全球实践表明，教育数字化转型的终极目标并非技术本身，而是通过数字基座重构知识生产与传播的底层逻辑。当学分从管理机构颁发的凭证进化为个体自主掌控的数字资产；当教育评价从标准化测试转向全过程能力图谱；当学术共同体从封闭组织演化为开放生态，这种变革正在重新定义教育的本质——从工业化时代的批量生产，转向数字文明时代的个性绽放。深圳大学的探索，为这场教育革命提供了中国方案，其核心价值在于证明了技术赋能的真谛是让人重新成为教育的主体而非客体。

8.4　新加坡国立大学行政流程自动化实践

8.4.1　新加坡国立大学行政流程自动化的背景与目标

在全球高等教育竞争格局剧变的当下，行政效率已成为衡量高校治理现代化水平的关键指标。新加坡国立大学(NUS)行政流程自动化的推进，既是应对规模化办学挑战的必然选择，更是重塑教育治理范式的战略布局。作为亚洲顶尖学府，NUS 的实践不仅着眼于解决眼前的效率瓶颈，更致力于构建面向未来的数字化治理体系，其背后的驱动力交织着教育生态变革、技术革命突破与国家战略导向的三重逻辑。

学生规模扩张与多校区协同需求，使传统行政管理模式面临系统性压力。在校生逾 5.5 万人的体量下，人工处理为主的行政流程显露出结构性缺陷：课程排班需协调 3 000 余门课程、2 000 余间教室的资源分配，人工排课耗时长达两周，且冲突率高达 8%；财务报销流程涉及 15 个部门的协同审批，平均处理周期 22 天，纸质单据流转中的信息错漏率达 12%。更严峻的是，肯特岗、武吉知马、欧南园三大校区的物理区隔，导致跨校区文件签批效率损失 35%。这些问题不仅造成直接的人力资源浪费，更制约了教学科研核心事务的资源配置效率，迫使NUS寻求突破性的解决方案。

行政流程自动化的核心目标设定，体现了从工具优化到价值重构的认知跃迁。效率跃迁不仅是时间维度的压缩，更是治理模式的质变：课程排班系统通过遗传算法优化资源匹配，将人工耗时从2周压缩至3小时，其本质是用计算智能替代经验决策，使排课冲突率降至0.3%。精准决策目标的实现依赖于数据要素的深度激活，基于选课数据动态调整教室分配的策略，使空间利用率提升30%的背后，是教学行为数据的实时感知与预测模型的持续优化。服务升级指向师生体验的革命性重塑，一站式服务平台整合50余项跨部门服务，响应时效缩短65%的关键，在于区块链驱动的智能合约对传统审批链的解构——成绩单申请流程从6个环节简化为1次点击，人工干预环节减少80%。

技术革命的突破为自动化实践提供了物质基础。以Claude AI为代表的新一代人工智能，展现出处理复杂行政事务的潜力：自然语言处理模块可自动解析90种语言的申请文书，计算机视觉技术实现表格信息的精准提取，错误率从人工处理的12%降至0.5%。联邦学习框架的引入，使跨校区数据在加密状态下协同分析成为可能，既保障隐私安全，又释放数据价值。这些技术工具使得行政流程自动化从局部优化升级为系统性重构。

社会责任维度驱动着技术应用的伦理导向。新加坡"智慧国家2025"战略将高校定位为数字化治理的示范主体，NUS的实践因此承载着双重使命：既要通过线上行政服务覆盖偏远校区（如圣约翰岛海洋研究中心），缩小教育资源配置的地理鸿沟；又需在自动化系统中嵌入公平性检测算法，确保奖学金评审、课程推荐等决策不受隐性偏见影响。这种技术向善的价值取向，在新冠疫情期间得到充分验证——自动化系统支撑的远程行政服务，使国际学生事务处理效率逆势提升40%，维护了教育公平的底线。

NUS的自动化实践超越了传统效率优化的范畴，指向高等教育治理的范式革命。其本质是通过数字技术重构权力运行机制：智能合约替代科层审批，数据流驱动替代经验判断，算法规则替代人工裁量。这种变革正在催生新型治理能力——当教室使用数据实时指导空间规划，当学生行为数据动态优化服务供给，行政管理从被动响应进化为主动预见。更深层的价值在于，这种转型为高校在数字文明时代重新定位功能角色提供了实验场：行政系统不再是成本中心，而是通过数据资产化、服务产品化，演变为价值创造的驱动引擎。

在全球教育竞争从资源比拼转向治理能力较量的新阶段，NUS的自动化实践具有标杆意义。它证明数字化转型不仅是技术应用，更是通过流程重构、数据激活、价值重塑，实现高等教育治理能力的维度升迁。当智能系统处理 80%的常规事务，行政人员得以转向战略规划与创新设计；当区块链存证构建起不可篡改的信任网络，学术治理的透明度与公信力获得质的飞跃。这些变革共同描绘出未来高校的治理图景——一个以数据为血脉、以算法为神经、以价值为导向的智慧生命体。

8.4.2　行政流程自动化的实施路径

新加坡国立大学行政流程自动化的推进，本质上是一场治理架构的数字化重构。通过技术工具的深度整合、业务流程的系统性再造与生态体系的协同进化，构建起敏捷响应、智能决策、安全可信的现代高校治理体系。这一路径的创新性在于，其突破了传统信息化的工具替代思维，转向以数据为驱动、以智能为内核、以生态为载体的治理范式革命。

行政自动化系统的技术底座采用“中心化智能中枢＋分布式边缘节点”的混合架构，实现了全局统筹与局部自治的动态平衡。中央智能引擎基于 Claude AI 框架构建，其核心价值在于将自然语言处理与计算机视觉转化为治理能力：邮件自动分类模块通过语义分析识别师生需求，精准路由至对应部门，响应速度提升 80%；表格智能填写功能运用文档结构识别技术，将传统手工录入耗时从 15 分钟/份压缩至即时自动填充。分布式边缘节点的设计则赋予院系自主创新空间，财务系统部署的轻量化 OCR 微服务，通过迁移学习适配不同国家的发票格式，识别准确率达 99.5%，同时将计算负载分散至终端设备，缓解中心服务器的并发压力。

安全基座的构建重新定义了教育数据防护的范式。同态加密技术的引入，则在数据使用环节实现突破性保护——学生隐私数据在加密状态下直接参与统计分析，成绩排名计算、奖学金评定等场景中，敏感信息全程处于“可用不可见”状态，从根本上杜绝了数据泄露风险。

数据采集阶段的革新重构了治理信息的生成方式。物联网传感器与 AI 算法的融合，使物理空间的动态转化为数字世界的精准映射。教室使用率监测系统通过红外传感与计算机视觉协同工作，不仅记录座位占用数据，更能识别小组讨论、个人自习等学习模式，为空间优化提供多维度洞察。这些机器生成的结构化元数据，使人工干预减少 80%的同时，数据采集粒度从宏观统计进化至行为级追踪，某教学楼通过数据分析发现晚间自习需求激增，遂将关门时间延长 2 小时，利用率提升25%。

流程处理阶段的智能化转型，体现在规则引擎对跨部门协作的重构。国际交换生申请流程中，智能合约驱动教务处、外事处与学院数据的自动同步：学生基本信息通过区块链跨链技术实时共享，课程匹配由推荐算法自动完成，签证材料核验依托光学字符识别与使馆数据库对接。这种“数据流动替代人工传递”的机制，使处理周期从30天压缩至72小时，且错误率下降至0.1%。更深层的变革在于权力运行逻辑的转变——当审批规则被编码为可自动执行的智能合约，中层管理者的角色从流程控制者转变为规则优化者，某学院行政主管通过调整合约参数，将实习学分认定流程适配新兴行业需求，展现了技术赋能的治理弹性。

开放API接口的生态化设计，催生了行政系统的自我进化能力。第三方开发者通过标准化接口接入核心平台，创建了87个功能插件：学业预警模型通过分析选课记录与成绩趋势，提前3个月识别学业风险学生，干预成功率达73%；会议室智能调度系统结合人员日程与设备需求，使预约冲突率下降90%。这种“核心平台+生态应用”的模式，既保持了基础架构的稳定性，又通过开放创新持续扩展功能边界，彰显了群体智慧的治理价值。

校企协同机制的深化，推动了教育链与产业链的有机衔接。与微软联合研发的AI预算管理系统，通过机器学习分析十年科研数据，精准预测各学科的经费需求曲线，误差率控制在3%以内。该系统不仅优化资源配置，更衍生出新型科研管理模式：当检测到某实验室设备使用率低于阈值时，自动触发共享建议，使大型仪器利用率提升40%。这种产教融合的创新，在新冠疫情期间展现出特殊价值——基于校企数据共享开发的疫苗研究协作平台，使NUS科研团队与制药企业的联合攻关效率提升60%。

行政流程自动化的实施路径，本质上是通过数字技术重构教育治理的DNA。当智能中枢成为决策引擎，当数据流动替代公文流转，当开放生态激发持续创新，这种变革正在重新定义高校行政的职能边界。新加坡国立大学的实践表明，真正的数字化转型不在于技术堆砌，而在于通过架构创新、流程再造与生态培育，实现治理能力从机械化执行向智能化创造的质变。这种进化不仅提升管理效能，更在深层推动高等教育机构向数字文明时代的知识服务枢纽跃迁。

8.4.3　行政流程自动化的实践效果与启示

行政流程自动化的实践效果揭示了数字化转型对高等教育治理的深层重构。新加坡国立大学的探索不仅实现了效率与质量的跃迁，更在治理范式层面催生了系统性变革。这种变革的辐射效应，为全球高校提供了从工具优化到价值重构的完整方法论。

行政效能的提升超越了传统流程优化的范畴，指向治理模式的根本性转变。财务报销周期从22天压缩至3天的背后，是智能合约对跨部门协作的重构——审批规则被编码为可自动执行的逻辑单元，人工裁量权转化为算法共识。这种转变释放的50%人力成本并非简单的岗位削减，而是行政角色从事务操作者向规则设计者的转型：释放的资源投入高价值创新，如2024年新增的AI硕士项目，其课程体系通过机器学习分析全球260所高校的学科趋势设计，开发周期缩短60%。跨校区文件流转效率提升70%的实质，是数据流动性对物理边界的消解，区块链驱动的数字凭证使跨域协作无需依赖纸质文件的物理迁移，构建起无边界治理网络。

质量优化的深层价值在于治理精度的革命性提升。课程排班冲突率从8%降至0.3%，源于多目标优化算法的引入——在满足6 000门课程、2 000间教室的基础约束外，更融入光照条件、跨校区通勤时间、教学风格匹配等12个体验维度参数。学生满意度提升40%的数据，映射出治理逻辑从"管理便利"向"用户体验"的范式转换：场馆预约系统通过强化学习动态调整开放时段，使高峰时段资源供给弹性增加300%。这种精准化治理标志着高校行政从粗放式管理迈向数据驱动的服务科学。

生态化治理模式的重构，重新定义了创新动力的来源。开放平台吸引多元主体参与的深层价值在于构建起"创新—反馈—迭代"的增强回路：学生团队开发的会议室智能调度系统，通过接入教室使用数据与课程安排，使预约冲突率下降90%，其算法模型经平台验证后反哺核心系统功能优化。这种生态化演进机制，使行政系统从封闭的技术堆栈，进化为持续生长的有机体，第三方开发者贡献的能耗优化插件，通过机器学习动态调整设备运行参数，年节约能源成本超百万新元。

伦理机制的嵌入式设计，则为技术治理划定了价值坐标。算法决策日志的可审计性要求，将"技术黑箱"转化为透明化治理工具：奖学金评审系统的每个决策均可追溯至特征权重、数据输入与模型版本，某次评审争议中，审计日志清晰显示地域权重系数偏差，触发算法模型的即时校准。这种"伦理即服务"的设计理念在课程推荐系统中形成23项公平性指标，使推荐结果在不同性别、国籍群体间的差异率控制在3%以内，构建起技术向善的治理基准。

NUS的实践为全球高等教育提供了三重范式转移路径。从孤立系统到整合生态的转型，通过Claude AI框架实现了全域治理数字孪生体的构建——教务、科研、后勤系统的数据流实时映射于虚拟治理中枢，管理者可模拟政策调整的连锁效应，提前18个月预测教室资源缺口，使基建规划从经验决策转向数据驱动。这种数字孪生能力在疫情期间凸显价值，虚拟校园模型准确推演不同防疫政策下的教学影响，支撑管理层作出最优决策。

行政人员从操作者到规则设计者的角色进化，重新定义了人力资源的价值维度。80%的流程优化提案源自一线管理者，标志着技术赋能从工具替代转向智力激活：财务主管设计的智能合约模板，将科研经费审计流程从48项人工检查简化为7个自动验证节点；国际事务专员构建的签证风险预测模型，使问题申请识别准确率达92%。这种赋能效应催生了新型行政能力体系——当机器学习成为基础技能，当数据思维融入决策本能，高校治理者正进化为数字时代的战略架构师。

从合规遵循到标准引领的跨越，彰显了教育数字化的全球责任。开源DUIA工具的国际适配，推动形成了跨境教育合作的"技术方言"——其规则引擎兼容43个国家的数据法律，将跨国联合培养项目的合规设计周期从6个月压缩至3周。这种标准输出能力，在亚洲学分银行联盟的构建中尤为关键：NUS主导设计的区块链学分框架，已成为区域教育互认的基准协议，支持12国高校的学分无缝转换，重塑了高等教育全球化的技术基础。

行政流程自动化的终极价值在于推动高等教育治理向数字文明范式演进。当智能合约成为制度执行者，当数据流重构权力运行轨迹，当开放生态激活群体智慧，这种变革正在重新定义大学的组织形态——从科层制官僚机构进化为敏捷响应的智慧生命体。新加坡国立大学的实践表明，数字化转型的真谛在于通过技术重塑教育生产关系，使高校在数字文明时代持续担当知识创新与社会进步的引擎。这种范式跃迁将指引全球高等教育机构在效能革命与价值重构中寻找平衡点，最终实现从"数字化生存"到"数字化繁荣"的跨越。

第九章　未来图景与技术演进

9.1　数智赋能技术的发展趋势

9.1.1　数智赋能技术的核心发展方向

数智技术的演进正突破工具理性的边界，向认知增强与自主进化维度跃迁。未来十年，技术体系将经历从“辅助人类”到“重塑人类”的质变，其核心发展轨迹呈现四大范式转移，共同构建高等教育治理的新基座。

生成式 AI 的深度渗透将重构知识生产与决策逻辑。当前的大语言模型(LLM)正从通用对话工具向领域专业化智能体进化，教育政策模拟器的出现标志着这一转向的加速——通过融合教育经济学、社会学等多学科知识框架，AI 可模拟不同招生政策对学科生态的长期影响，生成包含生源结构、师资配置、设施需求的动态推演报告。更具颠覆性的是“教育大脑”概念的具象化：神经符号 AI 系统整合全球 3 000 余所高校的课程数据、1 800 万份科研成果与实时产业需求信号，构建起具备因果推理能力的认知网络。这种系统不仅能预测量子计算、合成生物学等新兴学科的崛起周期，更能自主生成跨学科课程模块组合方案，其推荐准确率在麻省理工学院的试点中已达 78%，标志着 AI 从数据分析者进化为教育战略的设计参与者。

量子-经典混合计算体系的突破将解决教育治理的复杂困境。传统计算架构在面对跨校区资源调度、科研经费多目标优化等 NP 难问题时，往往陷入算力瓶颈。量子退火算法的引入，使这类问题的求解效率呈现指数级提升：在模拟测试中，拥有 500 个决策变量的科研设备共享模型，经典计算机需 72 小时求解，而量子混合系统仅需 26 秒即达最优解。更具战略意义的是抗量子加密技术的普及，基于格密码学(Lattice-based Cryptography)的数据安全体系，可抵御未来量子计算机的暴力破解。新加坡国立大学已部署的试验系统显示，学生隐私数据的加密强度提升 1 200 倍，而传输延迟仅增加 8%，为教育数据的百年安全存储奠定基础。

神经接口与具身智能的融合将催生人机协同新形态。非侵入式脑机接口(BCI)通过 256 通道 EEG 系统捕捉教师授课时的神经活动，结合深度学习模型解析认知负荷、情绪状态与知识传递效率的关联。初步实验表明，当系统检测到教师注意力分散阈值超过17%时自动触发教学策略调整建议，使学生知识留存率提升34%。具身智能体的进化则体现在物理与虚拟空间的协同治理：物理机器人通过柔性抓取与SLAM导航技术，实现跨楼宇的实体文件流转；数字孪生体则在元宇宙中同步处理审批流程，二者通过联邦学习共享经验数据，使行政事务处理效率产生乘数效应。南洋理工大学的试点项目中，这种协同体系使国际学生签证办理周期缩短至8小时。

6G驱动的全域互联正在消除教育服务的时空约束。全息通信技术的成熟，使得跨校区管理会议呈现革命性体验——参会者的光场投影可实现毫米级动作同步与微表情识别，行政管理决策的时延压缩至7毫秒以内，近乎消除地理阻隔带来的认知摩擦。智能反射面(IRS)技术的应用，则重构了校园网络基础设施的底层逻辑：部署在建筑表面的可编程超材料，能根据实时人流量动态调整电磁波束指向。在清华大学深圳校区实测中，IRS系统使图书馆区域的网络吞吐量提升5倍，同时降低基站能耗41%，确保大规模在线考试等高并发场景的服务连续性。这种自适应网络能力为虚实融合的教育服务体系提供了物理层保障。

技术的演进轨迹揭示了一个根本趋势：数智系统正从被动响应指令的工具进化为具备环境感知、策略生成与自我优化的认知实体。当教育大脑能够自主迭代课程体系，当量子算力瞬时破解资源分配困局，当神经接口实时优化教学过程，高等教育的治理范式将经历从“人类主导”到“人机共治”的文明级跃迁。这种变革不仅重新定义技术工具的价值维度，更在深层挑战着教育组织的存在形态与权力结构。

9.1.2 技术演进对高校治理的影响

数智技术的质变正推动高校治理体系经历一场基因层面的重构。这场变革不仅体现为工具效率的提升，更在于从根本上颠覆高等教育机构的组织形态、权力结构与价值创造逻辑，形成多维度的范式跃迁效应。

区块链与智能合约技术的成熟，催生了去中心化自治组织(DAO)在高校治理中的实践可能。传统金字塔式的科层结构被解构为节点网络——院系、师生、企业合作伙伴等主体通过智能合约形成共识驱动的治理联盟。每个节点依据贡献度获得治理权重：教师团队通过科研成果积累“学术信用值”，企业通过设备捐赠获取实验室使用提案权，学生社群则凭借课程评价数据参与教学质量监督。这种分布式架构在东京大学的试点中展现出韧性：当核心服务器遭遇网络攻击时，DAO模式通过边缘节点的共识机制维持了80%的行政服务。更具革命性的是数字孪生治理中枢的构建，物理校园的能源消耗、空间使用、人员流动等600余类数据实时映射至虚拟模型，管理者可模拟政策实施的蝴蝶效应。某欧洲高校通过数字孪生预测到新招生政策将导致3年后实验室资源缺口，提前调整基建规划，避免2 700万欧元的投资失误。

因果AI(Causal AI)的突破使教育管理进入预见性治理时代。区别于传统相关性分析，因果模型通过反事实推理识别管理决策中的隐性关联。加州大学系统的实验显示，因果AI成功揭示"教师薪酬差异→科研团队稳定性→成果转化率"的传导链条，据此调整激励机制后，跨学科项目产出提升45%。人机融合智能(HAI)则重构了民主决策的形态：在斯坦福大学的预算分配场景中，HAI融合500名教职员工的意见与AI的千万级数据分析，生成帕累托最优方案，将决策周期从6个月压缩至72小时，且方案通过率从63%跃升至92%。这种混合增强智能的价值在于既保留人类的价值判断能力，又突破个体认知的局限性。

动态NFT技术正在重构学术贡献的价值评估体系。科研成果、教学创新、社会服务等行为被量化为可编程通证，其价值随引用量、社会影响、学生评价等参数动态波动。MIT开发的学术声誉系统中，一篇论文的NFT价值在入选教材后自动提升30%，触发智能合约向作者追加研究经费。更具颠覆性的是弹性算力市场的形成：量子计算资源通过区块链确权后，高校可像购买云计算服务般按需获取算力。剑桥大学与苏黎世联邦理工学院的联合项目显示，共享量子算力使蛋白质折叠模拟效率提升400倍，而成本仅为自建设施的12%。这种市场化机制不仅提升资源利用率，更催生出新型学术合作模式——算力贡献者自动获得联合研究成果的署名权。

数智技术的深度渗透正在重塑高校组织的DNA。行政人员的核心能力从流程执行转向人机协同设计：提示工程(Prompt Engineering)成为基础技能，通过精准的指令设计引导AI生成合规审批方案；数字伦理决策能力则关乎技术应用的边界把控，如确定脑机接口数据的采集范围与使用权限。在首尔大学的元宇宙行政中心，教职员工的数字分身可跨越时区协同工作，智能合约自动追踪任务进度并分配绩效点数。物理身份与数字权限的映射规则面临重构：某教授在虚拟会议中的提案权重，既取决于现实职称，也受其在学术DAO中的信誉积分影响。这种虚实融合的治理场景，正在消解科层制下的权力固化，构建起能力导向的新型评价体系。

技术演进引发的治理变革，实质上是高等教育机构在数字文明时代的适应性进化。当DAO模式消解行政垄断,当因果推理替代经验直觉,当动态通证重构价值分配,高校治理的底层逻辑正从“制度约束”转向“算法共识”。这种转型不仅需要技术基础设施的升级,更要求组织文化突破工业时代的思维定式——承认AI的决策参与权,接受权力结构的流体化,拥抱资源流动的全球化。在此过程中,高校将经历从“知识堡垒”到“创新生态”的质变,其治理能力的高低,将决定其在未来教育格局中的坐标位置。

9.1.3 未来技术的应用场景与挑战

数智技术的深化应用正在重塑高等教育的物理与虚拟边界,催生出前所未有的创新场景,同时也带来复杂的社会伦理与制度挑战。这种双重性构成了未来教育生态的基本矛盾——技术的无限可能性与人类秩序的有限适应性之间的角力。

元宇宙教务系统的构建标志着教育服务进入多维空间时代。在数字孪生校园中,学生化身(Avatar)不仅是身份标识,更成为数据交互的枢纽:通过脑机接口获取神经反馈数据,AI公务员能实时感知服务对象的认知负荷,动态调整业务办理流程。当学生在虚拟教务处咨询选课问题时,系统同步分析其历史成绩、职业倾向、神经元活跃模式,生成个性化课程组合建议。这种沉浸式服务模式在东京大学的试验中使选课决策满意度提升65%,行政咨询工作量下降80%。虚拟教研室的全球协作机制则重构了知识生产规则:来自五大洲的学者在共享数字空间协同修订量子计算课程大纲,智能合约自动追踪每位参与者的内容贡献度,并根据引用频次分配知识产权收益。麻省理工学院的跨校合作项目显示,这种机制使课程更新效率提升4倍,同时将版权纠纷减少90%。

自主进化的学科体系正在突破传统专业设置的刚性框架。动态生成系统通过实时分析专利数据库、招聘市场、学术热点等多源信号,每学期重构20%的课程模块。新加坡国立大学的人工智能专业已实现课程组件化,学生可像拼装乐高积木般组合量子机器学习、神经符号推理等微专业单元。量子计算驱动的跨学科研究则打开了知识生产的暗箱:在蛋白质折叠模拟中,传统算法需数月完成的分子动力学计算,利用量子-经典混合系统可在48小时内解构10^{23}种构象,这种算力跃迁使生物医学研究进入原子级精度的新时代。剑桥大学与DeepMind的合作项目正是借助这种能力破解了阿尔茨海默病关键蛋白的折叠密码,推动药物研发进程提速5年。

神经感知型管理系统的普及,将教育组织的运行逻辑推向生物智能与机器智能的融合之境。教职员工佩戴的多模态感知设备能够捕获心率变异、微表情、语音压力指数等 132 项生物特征，管理系统通过强化学习算法动态优化任务分配。香港科技大学试点显示，当系统检测到教师连续 3 小时处于高认知负荷状态时，会自动调整后续会议安排，使工作倦怠发生率下降 42%。脑波识别认证技术的突破则重构了安全边界：每位用户的神经特征图谱成为天然生物密钥，在苏黎世联邦理工学院的金融审批系统中，这种认证方式成功防御了所有传统密码攻击，实现 100%的安全记录。然而，这种技术也引发了意识数据商品化的伦理争议——某高校实验室的脑波数据泄露事件，暴露出神经隐私保护的制度真空。

技术伦理的边界困境在认知增强领域尤为尖锐。当教育大脑的学科预测准确率持续超过人类专家(MIT 实验显示已达 82%)，战略决策的主导权开始发生静默转移。加州大学系统的课程委员会已出现"算法依赖症"，45%的决策直接采纳 AI 建议而未进行充分审议。神经数据的法律地位更成为全球性难题：脑机接口采集的 α 波振荡模式是否属于个人隐私？意识数据的跨境流动如何适用 GDPR 条款？欧盟法院正在审理的首例神经数据确权案，或将为此类问题确立判例基准。

数字鸿沟在量子时代呈现新的维度。拥有量子计算集群的顶尖高校在药物设计、材料模拟等领域形成"算力垄断"，而资源薄弱院校的常规研究相形见绌。非洲高校联盟的测算显示，其成员单位在量子化学领域的论文产出差距在五年内可能扩大至 100∶1。更隐蔽的分化发生在人机协同能力层面：掌握提示工程、数字伦理决策技能的新型教职工，其薪酬溢价已达传统行政人员的 2.3 倍，这种技能鸿沟正在制造教育机构内部的数字种姓制度。

系统脆弱性的放大效应在万物互联时代愈发显著。6G 网络的全域覆盖使教育服务深度依赖通信基础设施，某次区域性基站故障导致东南亚三所高校的在线考试系统集体瘫痪，影响 15 万考生。生成式 AI 的幻觉问题在政策制定场景更具破坏性：韩国某高校的招生 AI 因训练数据偏差，生成包含性别歧视倾向的录取模型，导致当年女性申请者录取率下降 11%，暴露出算法黑箱的治理风险。

制度适配的滞后性已成为技术应用的刚性约束。NFT 学分认证面临法律身份困境：美国多州拒绝承认区块链学分的学位等价性，致使跨国教育项目陷入合规泥潭。元宇宙学历的司法认定更处于灰色地带，印度最高法院近期判决驳回了虚拟学位持有者的执业资格申请，凸显现实法律与数字实践的割裂。技术标准的区域化差异进一步加剧了这一问题。在跨境慕课学分互认方面,不同地区的技术规范存在较大差异,如中国主导的智联教育协议(IEP)与欧盟的教育数据空间 EEA(European Education Area)在元数据规范、隐私计算框架等关键领域存在分歧,这些技术差异对跨境教育合作构成了一定挑战。

这些挑战的复杂性在于,它们不仅是技术问题,更是文明演进中的秩序重构。当量子计算重新定义科研范式,当神经接口模糊人机边界,当元宇宙重塑教育空间,传统治理框架的修补已不足以应对变革冲击。教育机构需要构建新的适应性体系——既能包容技术革命的颠覆性创新,又能守护人类社会的核心价值。这要求技术开发者、教育管理者、法律制定者形成协同进化的生态:在量子算力市场建立普惠接入机制,在神经数据流通中嵌入伦理防火墙,在元宇宙治理中培育数字公民意识。唯有如此,数智赋能才能真正成为教育进化的加速器,而非撕裂文明的楔子。

9.2 持续推进高校数字化发展的策略

9.2.1 高校数字化发展的阶段性目标

高校数字化转型的本质是一场治理能力的代际跃迁,其进程需遵循"基础建设→深化融合→创新引领"的渐进路径。这种分阶段推进策略并非简单的技术升级路线,而是通过能力体系的阶梯式构建,实现教育组织从"数字化生存"到"数字化繁荣"的质变。每个阶段既是前一时期成果的积淀,更是下一轮变革的基石,形成螺旋上升的创新循环。

基建筑基阶段(2025—2030):构建数字神经系统的物理承载。此阶段的核心使命在于打造高校数字化生存的基础生命体征。全域感知网络的部署将赋予校园空间以"数字触觉",10 万级物联网节点的密度标准意味着每平方米教学区域至少部署 3 个智能传感单元——从光照强度、空气质量到座椅压力分布,物理空间的动态被实时转化为结构化数据流。云原生改造并非简单的系统上云,而是通过容器化架构重构行政业务流程的基因序列:财务报销系统被解耦为 200+微服务模块,可根据业务需求动态组合,使流程重组效率提升 80%。数据湖仓一体平台的建设则突破传统数据仓库的局限,原始数据湖保留全量细节供 AI 挖掘,而经过治理的数据仓库确保关键决策的稳定性,二者通过智能管道实现双向流动。此阶段的成功标志不仅是行政流程自动化率超 60%的表层指标,更在于形成数据驱动的治理文化——当 85%的部门主动共享数据而非被动遵从指令,意味着组织心智已完成向数字文明的初步进化。

生态融合阶段(2030—2035):培育人机共生的教育生命体。当数字基础设施趋于完备,发展阶段的重心转向有机体的能力跃升。人机协同治理的常态化标志着技术工具性价值的超越:AI不再仅是流程执行的工具,而是通过知识图谱与强化学习的融合,具备跨场景决策建议能力。在科研经费分配场景,智能体可同时考量120个维度的参数(从学科前沿性到设备利用率),生成人类难以企及的多目标优化方案。开放API生态的构建催生教育科技"应用商店",300+第三方应用的接入不是简单的功能堆砌,而是通过统一接口标准形成能力拼图——某课堂质量监测插件通过分析师生语音情感波动,为教务系统提供实时教学干预建议。量子安全防护体系的建立则是面向未来的战略布局:基于格密码学的加密算法重塑数据安全基座,使教育数据具备抗量子计算攻击的百年级防护能力。此阶段的深层价值在于形成弹性进化机制——当算力资源利用率稳定在75%,表明高校已建立动态平衡的数字代谢系统。

创新引领阶段(2035—2045):缔造教育文明的数字新物种。数字化转型的终极目标指向教育本体的范式革命。教育元宇宙基础架构的建立,不是对物理校园的简单复制,而是构建起平行教育宇宙:在虚拟空间中,建筑可随教学需求动态重构,实验室设备实现量子级精确模拟。自主进化型学科系统通过实时吸收全球科研进展与产业需求,使课程体系如同生命体般持续变异——新材料学专业每72小时迭代知识模块,始终保持与最新技术突破同步。神经接口增强管理则突破人机交互的物理界限:管理者通过脑波信号直接调取数据分析仪表盘,决策效率提升的同时,认知负荷下降40%。此阶段30%的脑机协作管理占比看似保守,实则是人类与技术融合的临界突破——当三分之一的治理决策源自神经接口增强的混合智能,意味着教育组织已进化出全新的认知维度。

这三个阶段构成不可逆的进化链条:基建筑基奠定数字化生存的物质基础,生态融合催生教育有机体的协同能力,创新引领最终实现数字文明维度的跃迁。每个阶段的关键指标不仅是量化目标,更是能力进化的路标——当虚拟教学场景渗透率突破40%,表明教育实践已超越物理限制;当动态课程更新时效压缩至72小时,证明知识传递速率开始超越技术革新速度。这种阶梯式发展路径的本质是通过持续的能力积累,使高校最终成为数字文明的创造主体而非适应客体。

9.2.2 持续推进数字化发展的策略与路径

数字化进程的深化要求高校突破技术工具化的思维定式，构建技术、制度、能力、生态四位一体的战略框架。这种框架的本质是通过动态平衡机制，在技术爆发与治理稳态之间找到进化支点，使数字化转型成为教育组织自我迭代的内生动力。

数字化沙盒机制的建立标志着治理范式的根本转向。在特定试验区(如跨校区管理、国际科研协作)内，联邦学习、脑机接口等技术可突破现行制度约束先行验证，同时通过实时立法技术(Real-time Legislation)将试错经验转化为治理规则。例如，当神经接口设备在行政会议中展现决策效率提升42%的成效，同步生成的《脑波数据使用规范》即被纳入校务管理制度。数据“三权”分置模式则重新定义了教育数据生产关系：学生保留个人数据的终极所有权，高校行使合规审查与风险管控的管理权，而经过脱敏处理的数据使用权通过智能合约动态授权。这种分权体系既避免了数据垄断，又释放了要素价值——某联合研究项目通过使用权竞价机制，使非敏感数据的年化收益提升300%。

数字人才梯队的培养需突破传统技能框架，构建适应人机共生的能力谱系。行政人员的AI协同设计能力体现在将业务需求转化为机器可理解的指令体系：通过自然语言编程生成智能合约模板，使常规审批流程的开发周期从2个月压缩至3天。技术团队的前沿攻关聚焦量子-经典算法融合，开发出可兼容现有系统的混合优化引擎，在资源调度场景中实现50%的能效提升。师生群体的算法批判能力培育更为关键，通过数据溯源训练与模型可解释性分析，使90%的学术争议能在技术层面达成共识。基础设施的弹性部署则强调技术代际的平滑过渡：6G网络在重点区域实现微秒级时延，同时预留的光量子通信接口可兼容未来十年技术演进，确保基建投资的长周期价值。

开源教育数字基座的发布打破了技术壁垒，标准化接口与模块化设计使开发者能像拼装积木般构建应用生态。某跨国团队基于开源代码开发的虚拟实验室组件，通过标准化协议接入30所高校系统，使设备共享率提升65%。量子计算联盟的算力证券化机制则通过区块链将抽象算力转化为可分割交易的数字资产，院校可根据需求购买0.001秒级的量子计算服务，在加密竞价机制下，算力资源配置效率提升120%。跨境协作体系的核心在于标准话语权的争夺——通过主导亚太教育数据流通标准的制定，构建起兼容GDPR与《中华人民共和国数据安全法》的混合框架，使学分NFT的跨境互认效率提升70%，形成区域数字教育共同体。

这种策略体系的价值在于构建起持续进化的数字免疫系统:技术试错为制度创新提供实验场,能力建设夯实组织进化的基因基础,生态协同则形成创新扩散的倍增效应。当敏捷治理框架能够每季度迭代 15%的管理规则,当人才梯队实现每年 20%的能力代际更新,当开源生态每月吸纳 30 项创新贡献,高校数字化转型便脱离了项目制运动的偶然性,进化为具有生命特征的自组织系统。这种系统既能在量子计算突变的冲击下保持稳定,又可在神经接口革命的浪潮中捕获先机,最终使教育组织成为数字文明演进的主场。

9.2.3　数字化发展的未来展望

数字化浪潮正在重塑人类文明的基础架构,教育领域作为知识生产与传承的核心场域,正经历着前所未有的范式革命。这场变革不仅停留在技术工具层面,更深入教育系统的底层逻辑,重构着知识生产、传播与应用的每个环节。当分布式账本技术穿透科层制壁垒,量子计算突破传统科研范式,神经接口消弭人机交互边界,教育生态正在孕育着超越工业文明形态的新型操作系统。

教育治理体系正在突破物理空间与组织边界的双重约束。基于区块链技术的分布式自治组织将重构决策权力的拓扑结构,通过智能合约构建的自执行治理框架,使 70%以上的日常决策实现程序正义与技术理性的深度融合。预算分配、人才引进等核心流程转化为可验证的算法规则,决策透明度通过链上存证获得永久保障。这种去中心化治理模式并非消除人的主体地位,而是将人类智慧聚焦于规则设计层面,通过持续优化的共识机制确保教育系统的演化方向。与此同时,“教育大脑”作为全球知识网络的认知增强中枢,实时处理来自十万余个数据源的多模态信息流,运用深度强化学习构建学科发展的动态推演模型。这种认知增强系统并非替代人类决策,而是通过揭示知识演进的内在关联,为五年滚动规划提供多维度的决策支持,使教育战略从经验驱动转向数据驱动的精确导航。

教学科研形态的量子跃迁正在解构传统的知识生产模式。元宇宙构建的教研共同体打破了地理时区对学术合作的限制,学者数字分身在虚拟实验室中形成全天候协作网络,通过多智能体系统实现跨学科知识图谱的实时拼接。这种深度协同不仅加速重大科学问题的攻关进程,更催生出基于贡献度矩阵的权益分配机制——智能合约自动解析每个数字分身的创造性劳动,将知识产权转化为可编程的价值单元。在基础研究领域,超导量子计算机带来的指数级算力增长,正在攻克制约人类认知的复杂系统难题。蛋白质折叠预测精度突破 95%的临界点，纳米材料设计从试错模式转向精确构建，这些突破性进展推动着知识疆域的快速扩张。每年3～5个新兴交叉学科的诞生，标志着科学探索从树状分科向网状融合的结构性转变，知识生产的“摩尔定律”正在量子位元的叠加态中加速兑现。

人机关系的进化轨迹呈现出双向赋能的特征。神经融合管理系统通过非侵入式脑机接口实时监测管理者的认知负荷频谱，利用深度学习模型解析决策过程中的神经表征特征。这种生物信号与机器智能的交互反馈，使重大决策既保留人类的价值判断优势，又融合机器的数据处理能力，形成动态调整的混合增强决策模型。在个体发展维度，基于区块链的数字身份体系构建起终身学习的时间胶囊，每个知识获取、能力提升的关键节点都被加密存证，形成不可篡改的学术价值链。当学习轨迹通过零知识证明技术转化为NFT资产包，教育评价体系实现了从证书导向到能力本位的范式转换。这种数字身份网络不仅记录个体的认知成长，更通过智能合约实现知识贡献的自动化确权，为学术价值流通构建起去中心化的信任基础设施。

应对数字化进程的可持续挑战需要构建前瞻性的治理框架。AI价值观对齐系统作为技术演进的伦理防火墙，通过多模态语义理解构建人类共同价值的数字镜像，在算法决策层内嵌道德约束机制。这种价值嵌入不是简单的规则过滤，而是通过对抗性训练使AI系统理解伦理原则的实质内涵，在技术演进中保持与人类文明方向的协同性。面对数字鸿沟的扩大风险，全球教育算力基金的设立开创了资源分配的新范式。基于联邦学习构建的算力共享网络，使资源薄弱地区能够获取量子计算集群的溢出算力，在保障基础数字权利的同时维护学术创新的多样性。这种算力民主化机制通过密码学技术确保知识生产资源的公平获取，为全球教育共同体构建起包容性发展的技术基座。

在这场静默的革命中，教育系统的每个细胞都在经历数字化蜕变。当认知增强系统与人类智慧形成共生关系，当量子算力解构物质世界的运行密码，当数字身份重新定义学术价值的存在形态，教育正在从知识传递工具进化为文明演进的操作系统。这种转变不是简单叠加技术要素，而是通过数字技术与教育本质的深层耦合，重新诠释“传道授业解惑”的时代内涵。未来的教育图景中，虚实交融的认知空间将突破生物脑的算力局限，分布式治理架构将释放组织创新的制度红利，人机共生的进化路径将重塑智能时代的文明形态。在这幅数字化蓝图里，教育的终极价值始终指向人的解放与超越——技术终将成为延伸人类认知边疆的普罗米修斯之火，而非束缚思想自由的数字化牢笼。

9.3　高校行政管理的未来发展方向

9.3.1　高校行政管理的未来趋势

在数字技术重塑社会运行逻辑的背景下，高校行政管理正经历从工具理性向价值理性的深刻转型。传统以效率优先为导向的治理模式，在算法偏见、数据隐私等新挑战面前显露出结构性局限。欧盟《数字教育行动计划》提出的“包容性数字化”原则，标志着全球高等教育治理目标向“效率＋公平＋伦理”三维平衡的范式转变。这种转变要求行政管理不仅关注流程优化，更需将社会公平、技术伦理纳入决策考量。例如，在资源分配中引入公平性算法，确保弱势群体获得均等机会；在技术应用前开展伦理审查，避免 AI 招生系统固化社会偏见。

预防式治理体系的构建成为治理目标转型的关键路径。通过预测性分析技术，高校可提前识别学术不端、财务风险等潜在问题。例如，基于机器学习的学术诚信监测系统，可通过分析论文引用模式、写作风格等特征，预警潜在的抄袭行为。这种从“事后惩戒”到“事前预防”的转变，本质上是将风险管理嵌入治理流程，实现治理效能的跃升。

传统科层制权力结构在数字时代面临解构压力。行政权力正从集中式管理向分布式平台迁移，形成“决策下沉、参与上移”的新型治理格局。麻省理工学院(MIT)的“去中心化治理”实验具有范式意义：通过区块链技术构建的投票系统，将 30％的决策权下放至师生社群，使课程设置、设施管理等事务的决策更贴近用户需求。这种平台化治理模式的本质是将权力从行政部门转移到数字平台，实现治理主体的多元化。

数据主权意识的觉醒催生了“数据治校”新范式。新加坡国立大学(NUS)建立的“数据信托”制度，将数据所有权、管理权、使用权分离，形成“政府监管、高校管理、师生受益”的良性循环。这种制度设计既保障了数据主权的法律基础，又通过动态授权机制释放数据价值，为跨境科研合作提供了制度保障。数据主权的重构不仅是技术问题，更是权力再分配的政治过程，标志着高校治理从“人治”向“数治”的转变。

智能系统的角色正从辅助工具向决策伙伴演进。哈佛大学开发的“AI 校务顾问”系统，通过分析全球高校招生数据，为招生政策制定提供建议，使录取公平性提升 23％。这种技术融合的本质是将人类经验与算法智能结合，形成“人机协同决策”的新范式。在财务预算、设施规划等领域，智能系统可通过模拟不同政策选项的实施效果，为管理者提供科学依据。

神经技术的介入开启了“意识流”数据采集的新纪元。脑机接口设备可实时监测师生的认知负荷、情绪状态，为教学评估、心理咨询提供客观依据。例如，加州大学伯克利分校通过 EEG 设备分析学生在课堂上的专注度，动态调整教学节奏。这种技术应用不仅提升管理精度，更深刻改变了数据采集的伦理边界，要求建立“意识数据”的使用规范。

高校行政管理的未来趋势本质上是教育价值的数字化重构。从工具理性到价值理性的转变，要求行政管理回归教育本质，在技术创新中坚守育人初心。这种重构体现在三个维度：目标维度，从效率追求转向育人使命的实现；权力维度，从行政主导转向多方共治；技术维度，从工具应用转向认知融合。

9.3.2 数智化治理的未来图景

数智化治理的底层逻辑在于构建物理空间与数字空间的共生关系。数字孪生技术通过物联网传感器、5G 通信与 AI 建模，将校园物理环境实时映射至虚拟空间，形成虚实融合的智能镜像。这种镜像不仅是物理空间的数字化复制，更是动态模拟与优化的实验场域。沉浸式治理场景的出现标志着数字孪生技术的进阶应用。通过 VR/AR 技术，管理者可在虚拟空间中进行跨校区协作会议、应急演练等活动。这种沉浸式体验不仅提升决策效率，更通过场景预演降低现实风险。数字孪生校园的成熟应用，本质上是将物理校园转化为可计算、可优化的智能系统，为治理创新提供了新的可能性。

认知计算技术的突破正在重塑治理的认知基础。情感计算通过分析面部表情、语音语调等生物特征，实时捕捉师生的情绪状态。这种技术的应用使服务响应从被动等待转向主动干预，提升心理健康管理的精准度。情感计算的深层价值在于将人类情感转化为可量化的数据，为个性化服务提供支撑。量子计算的突破性应用则开启了复杂决策的新纪元。量子算法的并行处理能力使其在资源优化、科研协作等领域展现出传统计算无法比拟的优势。例如，某高校利用量子计算优化跨学科科研项目的资源配置，通过模拟不同团队组合的协同效应，将项目孵化周期缩短 40%。这种技术应用不仅提升管理效率，更推动科研范式从经验驱动向计算驱动转变。认知计算的深度整合，本质上是将人类认知能力与机器智能融合，形成“增强智能”的治理新范式。

数智化治理的未来图景是多技术融合的智能生态系统。数字孪生提供物理空间的数字化底座，认知计算赋予系统感知与决策能力，区块链构建信任与协作的基础设施。这种生态系统的协同演进将呈现三大特征：实时性，通过物联网与5G实现数据的实时采集与处理；自适应性，AI算法根据环境变化自动优化治理策略；包容性，技术设计融入公平、伦理等人文价值。

这种智能生态的构建对高等教育提出新要求：管理者需具备技术洞察力与系统思维，教师需成为技术融合的引领者，学生需掌握智能时代的生存技能。唯有实现这种能力结构的升级，才能在数智化转型中保持教育的人文内核，培养既有技术理性又有人文情怀的新型人才。

9.3.3 高校行政管理的创新路径

在技术加速迭代的背景下，高校行政管理创新的首要路径是构建敏捷治理框架。这一框架的核心在于建立“监管沙盒”机制，允许AI招聘系统、神经接口设备等前沿技术在限定场景中先行试验，同步迭代管理制度。例如，某高校在引入AI招生系统时，通过沙盒机制限定于特定专业试点，同时修订《招生管理办法》，将算法公平性纳入考核指标。这种“技术试验-制度调适”的双轮驱动模式，既控制了技术风险，又积累了监管经验，为后续推广奠定基础。

动态调整的弹性制度是敏捷治理的另一支柱。斯坦福大学提出的“政策敏捷性指数”具有范式意义，该指数通过量化分析制度对技术创新的适应度，每季度评估并优化政策框架。这种弹性制度不仅体现在技术接纳速度，更在于对伦理风险的前瞻性应对。例如，当脑机接口技术突破时，高校需同步修订《教学实验伦理规范》，明确意识数据的使用边界，确保技术创新始终服务于教育目标。

行政人员的能力转型是创新路径的关键环节。传统“流程执行者”角色正在向“算法设计师”转变，要求行政人员掌握智能合约开发、伦理风险评估等新技能。例如，某高校财务部门通过培训使80%的行政人员具备智能合约编程能力，将报销流程编码为可自动执行的逻辑单元，审批时效缩短70%。这种能力升级不仅提升效率，更将行政人员从重复性劳动中解放，专注于规则设计与价值创造。师生群体的能力培养更具范式意义。东京大学开设的“算法社会学”必修课，培育学生“数据素养—技术批判—人文关怀”三位一体能力。这种教育模式要求学生既能运用数据工具解决问题，又能批判性审视技术应用的社会影响，最终形成技术创新服务于人类福祉的价值认知。能力建设的本质是将技术理性纳入人文价值框架，培养适应智能时代的新型治理主体。

全球治理共同体的形成是创新路径的战略方向。中国高校推动的“亚太教育数据流通协议”，通过主导制定国际标准，确保数据流动的安全性与合规性。

这种标准共建不仅提升区域教育协作效率，更在全球治理中争取话语权。算力资源的全球化共享则通过量子计算联盟实现。澳大利亚国立大学参与的“南半球算力银行”，将分散的量子计算资源整合为共享池，使中小机构也能获取尖端计算能力。这种协作模式突破了物理空间限制，为跨学科科研提供支撑。全球治理共同体的构建，本质上是将局部创新经验转化为全球公共产品，推动教育资源的无边界流动。

高校行政管理的创新路径本质上是技术创新、制度变革与文化重塑的协同进化过程。技术提供创新动能，制度保障发展方向，文化奠定价值基础。这种协同演进在未来将呈现三大趋势：技术自主可控，通过量子计算、神经接口等原创技术突破，摆脱对外部技术体系的依赖；制度弹性包容，建立动态调整的监管框架，允许技术创新在试错中演进；文化价值导向，将人文关怀嵌入技术应用，确保创新服务于育人本质。这种协同进化对高等教育提出新要求：行政管理者需具备技术洞察力与制度设计能力，教师需成为技术融合的引领者，学生需掌握数字时代的生存哲学。唯有实现这种能力结构的升级，才能在智能时代守护教育的人文内核，培养既有技术理性又有人文情怀的新型人才。

高校行政管理的创新路径是技术创新与制度变革的辩证统一。通过敏捷治理框架、能力范式升级与全球治理协同，高等教育正在构建适应智能时代的治理新生态。这种生态的核心在于将技术理性纳入人文价值体系，使数字化转型服务于育人使命，为人类文明的可持续发展提供智慧支撑。未来，随着技术的持续演进，协同进化将从局部优化转向系统性变革，重塑高等教育的治理范式与价值逻辑。

结语

在人类文明演进的长河中，高等教育机构始终是知识创新的策源地与社会进步的引领者。本书通过九章系统性论述，揭示了数字技术对高等教育治理的重构逻辑。这种重构不仅是效率提升的工具革命，更是教育价值的范式转型——从工业时代的科层制管理转向智能时代的生态化治理，从知识传递的物理空间转向虚实融合的智能场域，从本土治理的经验模式转向全球共治的制度创新。

数智化转型的本质是教育本质的回归。在技术理性与人文精神的辩证统一中，高校行政管理正经历三重蜕变：从工具理性主导的流程优化，转向价值理性指引的育人使命实现；从行政权力的集中管控，转向数据主权驱动的多方共治；从技术应用的被动适应，转向认知革命的主动引领。这种蜕变的深层动力，源于对教育本质的坚守——在数字浪潮中守护学术自由、促进社会公平、培育完整人格。

全球高校的数字化转型实践表明，技术创新必须与制度变革、文化重塑协同演进。清华大学“数据安全屋”的技术突破，麻省理工学院“伦理审查-技术实现”的双轨机制，新加坡国立大学“转化型教育”的生态构建，共同诠释了“技术—制度—文化”三位一体的转型逻辑。这种逻辑要求高校行政管理突破单一技术思维，在制度设计中嵌入伦理考量，在文化培育中注入数字素养，最终形成具有自我进化能力的智能治理生态。

未来的高等教育将面临更复杂的挑战：量子计算对传统加密体系的冲击，神经技术对意识数据的伦理挑战，全球治理对数据主权的制度博弈。应对这些挑战，需要构建“预防式治理”框架，通过预测性分析提前化解风险；培育“增强智能”决策模式，实现人机协同的认知革命；推动“包容性数字化”发展，确保技术红利惠及全体师生。这种治理能力的提升，本质上是教育组织向“学习型系统”的进化，是知识生产与传播方式的根本性变革。

作为文明传承的重要载体，高校在数智化转型中肩负特殊使命。它不仅要培养适应智能时代的技术人才，更要塑造具有人文关怀的领导者；不仅要推动技术创新，更要守护人类文明的精神家园；不仅要参与全球治理，更要贡献东方智慧。这种使命要求高校行政管理超越效率追求，在技术创新中坚守育人初心，在制度变革中传承学术精神，在全球协作中构建教育共同体。

身处智能时代，我们正见证高等教育的范式革命。这场革命不是简单的技术叠加，而是教育价值的重构与重生。当数字孪生校园成为智慧生态的底座，当量子计算重塑科研协作的范式，当区块链构建全球治理的信任，高等教育正在书写新的文明篇章。而这本书的价值，不仅在于揭示转型路径，更在于唤起教育者的觉醒——在技术创新中保持人文自觉，在效率提升中坚守育人本质，为人类文明的可持续发展培育未来领导者。这既是数智赋能的终极目标，也是高等教育永恒的使命。

参考文献

[1] 人民日报.中共二十届三中全会在京举行[N].人民日报,2024-07-19.

[2] 蔡万巧."互联网+"视域下的高校教育管理与研究[M].北京:文化发展出版社,2023.

[3] 肖京林,王靖.中国式高等教育治理体系现代化:内涵、语境与路径[J].苏州大学学报(教育科学版),2023,11(1):18-26.

[4] 胡伟.中国式教育治理现代化的法治逻辑及其实现进路[J].陕西师范大学学报(哲学社会科学版),2025,54(1):129-142.

[5] 曲丽洁.大数据时代高校学生管理工作与模式创新研究[M].北京:文化发展出版社,2024.

[6] 陈燕.高校教育管理创新与实践研究[M].北京:文化发展出版社,2023.

[7] 韩瑾,胡清廷,段雪珊."双一流"背景下国防特色学科人才培养模式与实践体系建设研究[J].才智,2025(8):165-168.

[8] 孙伟.高等教育治理体系现代化的宏观环境研究——评《中国高等教育治理体系现代化研究》[J].教育理论与实践,2024,44(33):65.

[9] 喻俊.高校学生管理与校园文化建设探索[M].北京:文化发展出版社,2023.

[10] 黄富国,陈保锁.数字化赋能职教发展 混合式革新课堂教学——克拉玛依职业技术学院数字化校园内涵式建设迈入新阶段纪实[N].克拉玛依日报,2023-05-08.

[11] 田铁杰.数智化赋能高等教育治理现代化的内在逻辑、现实挑战与行动构想[J].西北师大学报(社会科学版),2025,62(1):98-108.

[12] 于建静,孟庆港,王钰杰,等."双一流"建设背景下高校财务绩效评价研究——基于多重校验方法的案例分析[J].会计之友,2025(5):120-129.

[13] 白娟.数据安全治理在智慧校园建设中的实践探索[J].网络安全技术与应用,2025(3):95-97.

[14] 张烨,孙雅娟,马新科.数智融合:数据赋能 AI 助推,共创高校智慧校园新范式[J].中国信息技术教育,2025(4):23-26.

[15] 张雯婧.以 DeepSeek 为引擎 打造"智慧教育"新范式[N].天津日报,2025-03-03(001).

[16] 蒋滢.生态智慧校园景观规划探索——以上海交通大学医学院浦东校区为例[J].城市建筑空间,2025,32(2):50-53.

[17] 范子豪,张铭成,杨阳. 基于大数据的智慧校园系统开发[J]. 科技创新与应用,2025,15(5):62-66+70.

[18] 仇建栋. 智慧校园隐私保护的数据分级策略研究[J]. 信息系统工程,2025(2):119-123.

[19] 袁策书,蔡朝辉,张传超,等. 基于数据中台的智慧校园安全建设研究[J]. 网络安全和信息化,2025(2):115-117.

[20] 百里清风,李昕琦. 数智化大学:内涵意蕴、主要特征与实现路径[J]. 重庆高教研究,2025,13(2):41-49.

[21] 刘杨青. 高校学生社区文化建设路径探索与研究——基于高校"一站式"学生社区综合管理模式建设视角[J]. 秦智,2023(9):49-51.

[22] 张嘉家. 高校学生管理工作创新对校园文化建设的促进作用[J]. 文学教育(下),2019(4):168-169.

[23] 唐亚军,杨锐,许瑞松. 信息化时代校园文化建设视角里的高校学生事务管理工作[J]. 文教资料,2018(30):151-152.

[24] 黄连. 基于创新高校学生管理工作的校园文化建设分析[J]. 今日财富,2019(9):183-184.